KB142727

통치와 광기

국립중앙도서관 출판예정도서목록(CIP)

통치와 광기 / 지은이 : 류광철. – 파주 : 말글빛냄, 2017
  p. ; cm

ISBN 979-11-86614-07-5 03900 : ₩18000

세계사[世界史]
폭군[暴君]

909-KDC6
909-DDC23   CIP2017015796

세계사를 바꾼 정복자와 독재자들

통치와 광기

류광철 지음

말글빛냄

CONTENTS

CONTENTS

1부

사람들 위에 선 사람들

역사의 주역

역사에는 반드시 주역이 있기 마련이다. 세상의 역사는 사람이 만드는 것이고 또한 사람들을 이끄는 사람이 있기 마련이다. 그것이 왕이되었든, 희대의 정복자가 되었든, 아니면 폭군이나 미치광이가 되었든, 역사의 무대 앞에 나선 사람들은 역사를 이끌어야 했다. 동서양을 막론하고 역사에는 보기 힘든 인물이 많이 등장했다. 이들 중 서양에서 세 사람 그리고 동양에서 두 사람이 이 책의 대상이다. 고대와 중세에 활동했던 인물이 둘이고 나머지는 현대사에 등장하는 인물들이다. 이들에 대한 역사적 평가는 이미 다양하게 나와 있다. 어떤 인물에 대해서는 영웅적으로 평가하는 시각이 대세인가 하면 어떤 인물에 대해서는 정반대로 평가한다. 그러나 이러한 평가가 고정된 것은 아니다. 세월이 흘러가고 새로운 사실이 밝혀짐에 따라 평가는 달라질수 있다. 또 학자들이 자료를 해석하는 방식에 따라서도 평가는 달라진다.

　역사가들의 평가에 관계없이 이들이 그 시대에 미쳤던 영향은 압도적이고 광범위했다. 이들은 당대에만 영향을 미쳤을 뿐 아니라 그 영향은 오랫동안 지속되었다. 희대의 독재자 사담 후세인Saddam Hussein al-Majid al-Awja이 미친 영향은 지금도 이라크를 강타하고 있으며 언제 그칠지 모른다. 조지 부시 대통령 시절 미국의 오판으로 이라크 상황은 훨씬 복잡해졌다. 죽고, 다치고, 실종된 많은 사람들, 오랜 고통과 절망 속에서 살아온 사람들의 시련이 언제 끝날 수 있을까? 한 세대 또는 두 세대가 걸릴 수도 있을 것이다. 후세인이 끼친 해악이 주로 이라크에 국한된 것을 감안하면 스탈린Joseph Stalin이나 히틀러Adolf Hitler가 유럽, 아시아는 물론 전 세계에 안겨준 고통과 시련은 얼마나 컸을 것인지? 세계제국을 건설했던 칭기즈칸 Genghis Khan이나 알렉산드로스 대왕Alexander the Great에까지 거슬러 올라가보면 이른바 '거인'들이 끼친 엄청난 영향은 가늠하기 어려울 정도이다.

역사에는 많은 폭군과 독재자들이 있었다. 물론 여기에서 다루려고 하는 5인의 통치자가 모두 폭군은 아니다. 그러나 이들 중 상당수가 이미 유명한 폭군이거나 폭군은 아니라고 해도 폭군과 다름없는 행동을 간헐적으로 보여준 것은 사실이다. 정복전쟁에 나선 영웅은 때때로 폭군이 되어야 했기 때문이다. 폭군들의 끊임없는 살인과 고문은 분명 생존의 차원을 넘어서는 문제였다. 이들의 잔인함을 볼 때 세상에는 진화론자 다윈이 주장한 '적자생존'이 아닌 니체가 언급한 '부적자 생존'이 더 들어맞는 것 같기도 하다.

폭군이라고 해서 얼굴에 써 있는 것은 아니다. 누구나 폭군이 될 수 있다. 전투 때마다 무자비한 처벌을 서슴지 않은 칭기즈칸은 그것만으로도 이미 탁월한 폭군의 자질을 유감없이 드러냈다. 부녀자를 포함하여 저항하는 양민을 몰살시키는 것이나, 병사들에게 제한 없는 약탈과 강간, 폭력을 허용하는 것을 보면 분명히 정상은 아니다. 칭기즈칸은 "남편의 시체 앞에서 절규하는 부녀자의 목소리를 들으면 큰 희열을 느낀다"라고 했던 사람이다. 미친 사람이 아니면 할 수 없는 이야기이다. 수많은 전투를 직접 치렀던 알렉산드로스도 잔혹한 행동을 저질렀을 것이다. 알렉산드로스의 성품으로 보아 고대의 장군들보다 좀 덜 잔인했을 수는 있지만 끊임없는 폭력 속에서 지내왔던 그가 아닌가. 스트레스가 많았던 그는 자신에게 말대꾸하는 죽마고우를 화가 치밀어 죽인 적도 있다. 물론 그는 나중에 이러한 일을 깊이 후회했지만.

알렉산드로스와 칭기즈칸의 공통점 중 하나는 이들이 소수의 병력으로 세상을 정복했다는 사실이다. 알렉산드로스는 3만의 보병과 5천의 기마병을 이끌고 동방원정에 나섰으며, 칭기즈칸의 경우 총병력은 5만~10만에 불과했다. 알렉산드로스는 소수의 병력으로 대군을 물리치는 전략을 수립한 최초의 장군으로 알려져 있다. 소수의 병력이었지만 이들이 점령한 영토는 상상을 초월하는 것이다. 영웅들의 정복욕은 끝이 없었고 전쟁은 그들의 직업이었다. 알렉산드로스는 10년에 걸친 동방원정을 마치고 2차로 북아프리카 원정을 준비하던 중 열병으로 급사했다. 그가 더 오래 살았더라면 어떤 기록을 남겼을

지 모른다. 분명한 것은 그가 살아있는 동안 정복을 멈추지 않았을 것이라는 사실이다. 알렉산드로스는 진정 전쟁을 좋아하고 전투를 즐긴 사람이었다. 그에게 전쟁은 일종의 게임이었다. 알렉산드로스는 그라니쿠스 강 전투Battle of the Granicus나 말리 족과의 전투에서 죽을 뻔 했으나 살아남았다. 그는 자신이 천하무적이 될 것이라는 주술사의 점괘를 믿었는데 신통하게도 그 예언은 들어맞았다.

알렉산드로스가 수 만 명의 병력을 이끌고 10년에 걸쳐 수만 킬로미터를 진군한 것은 경이적이다. 당시에 제대로 된 도로나 다리가 있을 리 없다. 험준한 산맥을 넘어야 했고 넓고 깊은 강을 건너야 했으며 죽음의 사막을 행군해야 했다. 먼 길을 가야 하는 그에게 가장 중요한 것은 병사들에게 필요한 식량과 물자를 원활히 공급하는 일이다. 그는 병참을 가장 중요시했고, 효과적인 병참은 늘 승리의 원동력이 되었다. 알렉산드로스는 지형지물을 파악하는 데 수완이 있었다. 그는 막무가내로 싸우는 사람이 아니다. 알렉산드로스는 언제나 공격 목표와 주변의 지형을 충분히 파악하여 병력을 배치한 후 진격 명령을 내렸다. 전투지의 지형지물을 냉철하게 분석하고 상황에 따라 전술을 조정하는 능력만을 놓고 볼 때 세계사를 통틀어 알렉산드로스와 나폴레옹이 최고봉으로 꼽힌다.

칭기즈칸은 인류 역사상 가장 빠른 시간에 가장 넓은 지역을 정복한 사람이다. 그는 북중국을 점령한 후 전쟁을 중단하고 초원에서 평화롭게 여생을 즐기려고 했다. 계속되는 전쟁에 신물이 난 때문이었을 것이다. 그러나 역사는 그를 쉬도록 놔두지 않았다. 환갑에 가까운 칭기즈칸이 서방 원정에서 이룬 업적은 놀랍다. 그를 '타고난 정복자'라고 부르는 이유이다. 몽골군의 기동력은 신화에 가까웠다. 병력의 열세를 빼어난 기동력으로 충분히 만회할 수 있었다. 마케도니아군도 기동성이 뛰어났다. 가우가멜라 전투Battle of Gaugamela에서 패한 다리우스 3세Darius Ⅲ가 죽을힘을 다해 도망쳤지만 알렉산드로스가 그를 금방 따라잡을 수 있을 정도였다. 알렉산드로스는 정신적으로는 매우 고집이 셌으나 육체적 쾌락에는 큰 관심이 없었다. 황태후 시시감비스를 비롯 아름다운 페르시아 여인들에 대한 그의 신사적인 태도는 유럽의 기사도정신을 연상케 했다. 그는 점령지 여성을 강간한 마케도니아 장군을 사형에 처하기도 했다. 반면, 칭기즈칸은 육체적 쾌락에 매우 탐닉한 사람이었다. 그는 거의 매일 저녁 여자를 바꾸어 잤으며 점령지에서도 반드시 여자를 취했다. 그가 남긴 DNA로 의해 세계의 넓은 지역에서 수많은 자손이 생긴 것은 우연이 아닐 것이다.

20세기를 풍미했던 많은 웅변가들 중에서도 탁월하다는 평가를 받은 역대급 선동의 달인, 나치 선전장관 파울 요제프 괴벨스Paul Joseph Goebbels는 자신보다 능력이 뛰어난 히틀러의 장기를 사람을 움직이는 '동료의식'으로 평가했다. 히틀러에게 매료되어 끝까지 곁을 지켰던 괴벨스는 그를 이렇게 평가했다.

"웅변가로서 그만한 인물을 본 적이 없다. 그는 사람을 흥분시키고 열광의 도가니로 몰아넣기 위해 태어난 인물이다. 그와 함께라면 우리는 세계를 정복할 수도 있다."

히틀러가 전 유럽을 공포에 떨게 만들었던 비결은 그의 혀에 있었다. 히틀러는 어떻게 보면 우스꽝스러울 정도로 확신에 차고 파워풀한 연설로 대중을 매료시켰다. 그는 말의 힘을 신봉했다. "세상을 바꾼 원동력은 펜이 아니라 말이다, 말! 모든 위대한 것들은 언제나 말로써 이루어졌다."

제1차 세계대전에서의 패배 그리고 그 후에 벌어진 굴욕적인 상황과 독일사회의 혼란, 그러한 상황이 일어나지 않았더라면 무명의 히틀러에게는 기회도 없었을 것이다. 그러나 역사의 흐름은 그에게 절호의 기회를 부여했다. 마치 울고 싶었던 아이의 뺨을 때린 것처럼 히틀러의 분노한 음성은 뮌헨의 맥주 집에 모인 사람들의 좌절과 울분 그리고 적개심을 정확히 건드렸다. 그의 전매특허인 감정적이고 선동적인 어투는 사람들의 심장에 비수처럼 꽂혔다. 히틀러는 청중의 감정을 건드렸을 뿐 아니라 해법까지 내놓았다. 그가 내린 진단과 처방은 어린아이도 이해할 수 있을 정도로 간단명료했고 그의 확신은 강철과 같이 단단했다. 히틀러는 누구도 흉내 낼 수 없는 방식으로 군중들의 공포와 증오심을 부추기고 그들이 분노를 발산토록 선동했다. 히틀러의 연설은 단순했고 과장이 심했지만 사람들의 마음을 움직이는 힘이 있었다. 많은 정치인이 혼돈의 시대를 헤쳐가기 위한 해법을 내놓았지만 국민이 공감하는 처방을 내놓는 사람은 히틀러 밖에 없었다. 사람들은 히틀러에게서 희망을 보았다. 연설의 내용보다 제스처나 포효하는 음성 등 연설의 표현에 더 매료되었다. 히틀러는 전쟁에서 패하고, 땅을 뺏기고, 막대한 배상금으로 어깨가 처진 독일 국민의 절망과 분노를 이용할 줄 알았다.

모스크바 엘리트들이 그루지야의 촌뜨기로만 생각했던 스탈린은 인내심과 결단력에 있어서는 타의 추종을 불허했다. 적들이 그를 과소평가하고 있는 동안 스탈린은 권력의 정점을 향해 질주했다. 사람 보는 눈이 뛰어난 것으로 알려진 레온 트로츠키Leon Trotsky도 어수룩한 겉모습 뒤에 감춰진 스탈린의 진면목을 알아차리지 못했다. 그는 스탈린을 '당이 아직 발견하지 못한 위대한 범인(凡人)'이라고 비웃고 있었다. 레닌 사망 후 벌어질 것이 확실한 권력투쟁의 와중에서 스탈린을 자신의 앞잡이로 이용하려고 했던 지노비예프Grigory Yevseyevich Zinoviyev와 카메네프Lev Borisovich Kamenev는 오히려 그로부터 역습을 당해야 했다. 일찍이 스탈린을 발탁했으며 그의 능력과 인물 됨됨이를 제대로 평가했던 스승 레닌Vladimir Lenin 조차 모스크바에 연고도 없는 이 그루지야인이 자신의 계승자가 될 것이라고는 상상도 못했다. 모스크바가 바쁘게 돌아가는 동안 스탈린은 지역 일꾼들과 일반 대중을 상대로 조용히 힘을 규합했다. 드러나지 않게 힘을 키우고 미래를 준비하는 스탈린 특유의 저인망식 저변 확보 전략이었다. 그러면서 경쟁자 트로츠키와 부하린Nikolai

Ivanovich Bukharin이 중앙 무대에서 역동적으로 활동하는 모습에는 눈길도 돌리지 않았다. 묵묵히 자신의 때가 오기만을 기다렸다. 스탈린은 기다리는 법을 아는 인물이었다. 스탈린이 가진 자질 중에 가장 돋보이는 것은 인내심이다. '기다림,' 이것이 스탈린을 위대하게 만든 원동력이 되었다.

코카서스에서 노동자를 선동하고 게릴라 투쟁을 벌이던 스탈린은 1908년 차르의 비밀경찰에 의해 체포되어 동료들과 함께 사람이 거의 살지 않는 시베리아의 벽지로 추방된다. 이후 볼셰비키 혁명이 일어난 1917년까지 그는 대부분의 시간을 차가운 감옥에서 보내야 했다. 시간이 멈춘 것 같은 동토에서의 생활은 고독과 외로움 그 자체였다. 극도로 고통스러운 환경에서 혁명의 열기는 지푸라기처럼 가라앉았고 동료들 간의 연대 의식도 점차 엷어져 갔다. 그러나 끈질긴 스탈린은 투쟁을 멈추지 않았다. 체포될 때마다 집요하게 탈주하여 9년 동안 총 체포 7회와 탈주 5회의 경이적인 기록을 세웠다. 그러나 탈주의 기쁨도 한 순간, 다시 잡혀 돌아올 때마다 절망을 느끼지 않을 수 없었다. 죽지 않은 것이 경이로울 정도였다. 하늘은 그의 인내심을 시험했고 그는 이를 견뎌냈다. 당시 그의 인내심과 불굴의 투지는 가히 절세적이라고 할 만하다. 짐작하겠지만 시베리아의 유형생활이 힘든 이유는 자연환경 때문이다. 끝없이 펼쳐져 있는 평원과 삼림, 인가라고는 찾아볼 수 없는 메마르고 외로운 땅, 여름 한 철을 제외하고는 늘 영하의 추위 속에서 시달려야 하는 혹독한 기후 등 시베리아는 유형지로 최악의 조건을 두루 갖춘 곳이다. 죄수들은 육체적인 고통 외에도 고독, 상실감, 두려움 등으로 험한 세월을 지내야 했다. 곤충 특히 바퀴벌레의 공격도 무서웠다. 엄청난 크기의 바퀴벌레들은 죄수들의 침상을 뒤덮고 몸과 얼굴에 기어올라 죄수들을 괴롭혔다. 스탈린은 이들의 습격을 이겨내기 위해 머리에 타르 칠을 한 망사를 쓰고 몸에는 진흙 칠을 한 채 책을 읽어야 했다.

훗날 스탈린이 소련 곳곳에 설치한 강제노동수용소는 시베리아 감옥의 재판(再版)이었다. 아마 스탈린은 자신의 경험을 토대로 사람들을 극한으로 몰아넣는 방법을 고안해냈을 것이다. 스탈린의 강제수용소는 그가 들어앉아 고통을 겪었던 감옥보다 훨씬 더 열악했다. 변변한 옷도 먹을 것도 없는 사람들이 사시사철 운하 건설과 광석 채굴에 동원되어 강제노동에 시달렸다. 노벨 문학상 수상자인 솔제니친의 역작『이반 데니소비치의 하루』는 비참한 수용소의 실상을 적나라하게 묘사하고 있다. 죄수들은 현대판 노예였고 그들에게 가해진 폭력과 멸시는 테러를 방불케 했으며, 채찍을 든 교도관의 위세는 파라오 시대 채석장의 감독관을 연상케 했다.

스탈린의 외동 딸 스베틀라나Svetlana는 아버지의 냉정하고 거칠며 옹고집적인 성격에 대해 증언하고 있다. 그녀에 의하면 스탈린은 아무리 오래되고 가까운 사이라도 일단 적으로 여기면 그것으로 끝이었고, 한번 적으로 간주한 사람을 사면하는 일은 없었다고 한다. 레덴스(스탈린의 손위 동서), 파블루샤 외삼촌, 알료샤 스바니제(스탈린의 첫째 부인의 오빠) 등 가까운 인척도 예외가 아니었으며, 그의 눈 밖에 나면 그것으로 끝이었다. 스탈린은 과거 따위는 생각하지 않았다. 이것이 그의 성격에서 가장 냉혹한 부분이었다. 서로의 공통점, 의기투합, 동지애, 우정 등 모든 아름다운 추억들이 존재 의미를 잃고 사라져버렸다.

철의 인간으로 알려진 스탈린의 특징 중 하나는 그의 신념이나 의지, 행동뿐 아니라 그의 심장도 쇠로 만들어졌다는 사실이다. 온갖 시련과 고난을 견디고 지구상에서 가장 거대한 소비에트연방공화국을 창건한 그에게 있어서 배신은 거의 일상사였다. 같은 편이라고 믿었던 사람이 순식간에 돌아설 수 있다는 사실을 그는 다년간의 경험을 통해 너무나 잘 알고 있었다. 스탈린이 암살되지 않고 길고긴 권력투쟁에서 최후의 승자로 남았던 것은 그가 누구도 믿지 않았기 때문이다. 딸 스베틀라나의 증언대로 스탈린은 어떠한 인간관계에도 미련을 두지 않았다. 그에게 계속 충성을 바치는 자는 살아남았으나 누구든지 한 번이라도 삐걱하면 그것으로 끝이었다. 스탈린은 두 번의 기회를 허용하지 않았다.

사담 후세인은 히틀러나 스탈린이 정권의 터전을 닦고 바야흐로 철권을 휘두르던 시절에 태어났다 후세인은 어떻게 보면 이들보다도 더 비천한 출생이다. 그는 태어날 때부터 자신의 앞날을 스스로 개척하지 않으면 존재조차도 인식되지 못할 운명이었다. 운명을 개척할 운명이었던가. 후세인은 온갖 역경을 초인적인 의지로 극복하면서 권력의 사다리를 하나씩 하나씩 올라가기 시작한다. 그는 젊은 시절 온종일 일하기 위해 사무실에 간이침대를 들여놓고 그곳에서 기거했다고 한다. 후세인은 침대 근처에 늘 비싼 구두를 20켤레 이상 놓아두었는데 이는 그가 어린 시절 신발 없이 지냈던 콤플렉스 때문이었을 것이다. 어쩌면 고급구두를 보면서 어린 시절을 생각하고 투지를 다졌을지도 모른다.

후세인에게 영웅은 스탈린이었다. 후세인의 집무실은 스탈린에 관한 책으로 가득 차 있었다. 자신이 숭배하는 영웅을 닮고 싶은 마음에 그의 집착력이 더해져 그의 집무실은 '스탈린 소도서관'으로 꾸며졌다. 비천한 출신 환경과 역경을 이기고 혁명을 통해 권력을 잡았다는 점에서 스탈린은 후세인의 영웅이자 모델이었다. 후세인이 스탈린에게서 배운 진리는 권력을 잡기 위해서는 피도 눈물도 없어야 하며 심장을 강철로 만들어야 한다는 사실이다. 후세인은 이를 금과옥조로 삼고 자신의 정치 인생을 걸었다.

후세인이 특히 좋아했던 영화는 말론 브란도와 알 파치노가 주연으로 나왔던 '대부Godfather'이다. 후세인은 기분이 우울할 때는 늘 이 영화를 보면서 힘을 얻었다고 한다. 후세인은 극 중의 마피아 두목 돈 콜레오네에게 강한 매력을 느꼈다. 막강한 패밀리를 구성하고 그들을 지키기 위해 권력에 집착하는 영화 속의 인물 돈 콜레오네는 현실 속의 인물 스탈린과 함께 후세인의 좋은 모델이다. 그래서 그런지 후세인과 돈 콜레오네 사이에는 공통점이 많다. 비천하고 가난한 밑바닥 출신으로 폭력에 의존해 권력을 장악했다는 점, 가족이 권력의 열쇠라는 점, 패거리에 의존하지만 그들을 신뢰하지 않는다는 점 등이다. 스탈린과 돈 콜레오네를 닮으려고 했던 독재자, 이것이 후세인의 모습이다. 한 편은 독재의 화신, 또 다른 한 편은 폭력 보스의 화신인 두 사람을 한꺼번에 닮는 것이 가능할까? 만일 가능하다면 어떤 인물로 나타날까? 우리는 후세인에게서 그 답을 찾을 수 있다.

후세인의 정치는 여느 독재자에게서도 흔히 볼 수 있는 철권통치이지만 한 편으로 마피아 두목을 방불케 하는 깡패정치의 모습도 나타난다. 우다이와 쿠사이 두 아들과 친족이 총동원된 후세인의 패밀리 정치에서는 국가 권력을 사유화한 두목 후세인의 취향이 여실히 드러나 있다. 출신에 대한 콤플렉스가 강한 후세인은 자신을 비판하는 목소리나 가족을 멸시하고 깔보는 언행을 결코 용서하지 않았다. 후세인의 측근이었던 티크리트 출신의 오마르 알 하자 장군은 어느 날 여자 친구 집에서 자랑삼아 자신이 후세인의 어머니와 동침한 적이 있다고 고백했다. 그들은 물론 도청장치가 이 대화를 낱낱이 녹음하고 있을 것이라고는 꿈에도 생각지 못했다. 비밀경찰이 건네준 녹음테이프를 들은 후세인은 고통을 참지 못해 큰소리로 울었다. 얼마 뒤 하자 장군과 대통령 경호실에 근무하던 그의 아들은 총살되었고 하자의 고백을 들었던 여자 친구는 교수형에 처해졌다. 후세인의 역린은 가족이었고 이 역린을 건드린 자는 누구나 보복을 감수해야 했다.

후세인은 숱한 역경을 거치면서 성장했다. 그가 단계 단계마다 헤쳐 온 과정은 생존을 위한 투쟁이자 도박이었다. 그는 정상의 자리에 오르기 위해 물불을 가리지 않고 싸웠다. 하나를 얻으면 다른 것을 얻기 위해 노력했고 한 단계에 오르면 늘 다음 단계를 생각했다. 날이 갈수록 그의 배포는 커져갔고 자신의 운명에 대한 자신감도 커졌다. 그러나 아무리 해도 마음 한 구석에 있는 허전한 느낌은 지울 수 없었다. 그것은 자신의 출신 배경에 대한 콤플렉스 때문이었다. 가난하고 무식한 시골 농부의 아들로 태어나 거칠고 힘든 세월을 살아온 기억이 늘 뇌리 속에서 떠나지 않았으리라. 후세인이 이러한 콤플렉스를 극복하기 위해 취한 수단은 혈통을 위조하는 것이다. 후세인은 조상의 뿌리가 예언자 무함마드에게까지 이르는 엉터리 족보를 만들어냈다. 그리고 조작된 핏줄을 자랑스럽게 이라크 국민에게 선전했다. 다른 한편, 후세인은 아랍을 대표하는 나라로 이라크를 격상시켰다. 이라크가 고대 메소포타미아 문명의 중심지인데다 이슬람 압바스 칼리프의 본거지이기 때문이다. 이라크가 격상되면 그가 아랍의 지도자로 떠오를 것은 자명한 일이다.

"아랍의 영광은 이라크의 영광과 같다. 우리는 이라크가 흥할 때마다 아랍도 흥했다는 사실을 기억해야 한다. 이라크를 강한 나라로 만드는 것은 우리의 역사적 소명이다." 후세인은 자신의 미래에 대한 비전을 과장하기 위해 찬란했던 메소포타미아의 역사를 끌어들였다. 그가 이미지를 대입(代入)한 인물은 고대의 유명한 군주 네부카드네자르Nebuchadnezzar이다. 바빌론 제국의 정복자 네부카드네자르 2세는 BC 586년 예루살렘을 침공하여 유다왕조를 멸망시키고 수많은 유대인을 유프라테스 강변으로 끌고 갔다. 후세인은 한때 세상을 호령했던 고대 바빌론을 재현하기 위한 프로젝트를 추진했다. 바빌론 성의 벽돌위에는 "위대한 바빌론 제국이 사담 후세인의 손으로 다시 태어나다"라는 문구가 새겨졌다. 호화로운 야간축제에서 사람들은 별이 빛나는 밤하늘을 쳐다보았다. 그곳에는 레이저빔으로 쏘아 만든 후세인과 네부카드네자르의 얼굴이 나란히 놓여있었다.

후세인이 가진 강점은 서민을 잘 알고 이해한다는 점이다. 이것은 그가 청년 시절의 대부분을 밑바닥에서 살아왔기 때문이다. 이라크가 독립한 지 50년 남짓 지나 정권을 장악한 후세인은 어느 지도자들보다 보통 사람들과 가까웠고 그들의 삶을 잘 이해하고 있었다. 후세인은 또 영원한 사막의 유목민인 베두인의 언어를 말하고 그들과 소통할 수 있었다. 후세인은 어려운 일이 있을 때마다 서민이나 베두인과 직접 대화하면서 그들의 의견을 듣고 이를 정책에 반영했다.

후세인은 또 자신을 키워준 두 명의 핵심 인물, 즉 바트당 창설자 아플라크Michel Aflaq와 혁명정부 대통령 바크르Ahmad Hassan Al-Bakr 앞에서 매우 예의바르고 조심스럽게 행동했다. 두 사람을 만날 때는 늘 상의 단추를 잠갔고 사진을 찍을 때는 항상 한 걸음 뒤로 물러섰다. 또한 그들의 이야기가 끝날 때까지 그리고 그들이 의견을 물을 때까지는 절대로 먼저 입을 열지 않았다. 후세인은 혁명정부에서 2인자였지만 아무리 급한 일이라도 미리 방문 약속을 한 후 바크르의 집무실에 들어갔다.[1] 후세인이 이들에게 최상의 존경을 표한 것은 다분히 의도적이었다. 이는 수하에 있는 사람들이 후세인을 모실 때 취해야 할 행동을 미리 보여주는 것과 같았다. 절대적 권력을 원하는 후세인은 고대의 네부카드네자르처럼 전제군주로서 대접받기 원했다. 그는 사실상 이라크의 현대판 왕이었다.

진정한 영웅

알렉산드로스는 가히 진정한 영웅이라고 할 만하다. 20대 초반에 세계 정복에 나서 이룬 업적과 발자취는 믿기 어려울 정도이다. 알렉산드로스가 보기 드물게 비범한 인물이었다는 데 누구도 이의를 달지 않는다. 젊은 알렉산드로스는 박력이 넘치고 친구를 좋아했다. 주변에는 늘 친구들이 있었고 그들과 격의 없는 대화를 나누었다. 알렉산드로스는 병사들과도 거침없이 소통하는 지휘관이었다. 그는 병사들의 이름을 일일이 기억했으며 대화를 통해 애로사항을 청취하고 고민을 덜어줄려고 노력했다. 알렉산드로스는 또한 매우 지적인 사람이었다. 어려서부터 학습력과 순발력이 뛰어났고 많은 분야에 두루 호기심을 보였다. 그를 가르친 스승들은 제자의 뛰어난 능력에 감탄을 금치 못했다. 알렉산드로스는 전쟁터에서도 책을 손에서 놓지 않았다.

알렉산드로스 대왕 Alexander the Great.

독서는 그에게 취미이자 습관이었다. 알렉산드로스는 당시 지식인들
처럼 역사와 시, 희곡 등에 깊은 관심을 보였다. 그는 그리스와 마케
도니아의 대표적 신(神)인 제우스의 능력을 깊이 신봉했다. 그리스인
은 물론 페르시아인, 박트리아인, 인도인 등 다양한 민족을 모두 제우

스의 자손으로 여길 정도였다. 알렉산드로스의 신에 대한 믿음은 자기중심적이었다. 그는 제우스가 세상에서 가장 뛰어난 사람으로 자신을 선택했다고 믿었다. 자신을 이 땅에 보내준 신의 뜻에 보답하는 길은 위대한 인물이 되는 것이다. 알렉산드로스는 자신을 위대하게 만들어 신에게 봉헌하기 위해 정복전쟁에 나섰다. 알렉산드로스는 타고난 영웅주의자였다.

알렉산드로스에게 과음하는 습관이 있었는지는 확실치 않다. 알렉산드로스가 늘 취해있었다는 증거는 없지만 그렇다고 그가 술을 싫어했다는 기록도 없다. 당시 마케도니아 귀족은 대부분 술고래들이었다. 늘 귀족과 어울려 지낸 젊은 알렉산드로스가 그들과 동떨어진 습관을 가지지는 않았을 것이다. 기록으로 보아 그는 최소한 몇 번은 만취해 있었음에 틀림없다. 술로 인해 실수한 적도 여러 번 있다. 한 가지 분명한 점은 그가 신하들과 밤늦게까지 어울려 지내는 것을 좋아했다는 사실이다. 그러나 이를 술과 연결시킬 수는 없다. 신하들과의 토론이나 대화를 즐겼기 때문일 수도 있다. 알렉산드로스는 기본적으로 사람들에게 둘러싸여 있는 것을 좋아했다. 칭찬 받는 것을 좋아했고 업적을 높이 평가해주기를 바랐다. 칭찬이 미흡하다고 생각하면 더 좋은 표현을 찾아보도록 요구하기도 했다. 에너지가 넘치는 동적(動的) 인간 알렉산드로스는 늘 쉬지 않고 움직였다. 달리는 마차에서도 뛰어내렸다가 다시 올라탈 정도로 뛰어난 운동신경을 과시했다.[2]

알렉산드로스는 가히 천하무적의 용맹한 정복자였고 뚜렷한 장점을 가졌던 반면 약점과 흠도 많은 사람이다. 그러나 약점이 그의 위대성을 덮을 정도는 아니었다. 알렉산드로스는 빼어난 군인일 뿐 아니라 성자(聖者)나 철인(哲人)에게 합당한 자질을 가지고 있었고, 그 밖에도 수많은 특성이 결합된 복합적인 사람이었다. 그는 정의감이 충만했으나 쉽게 흥분하는 성격이 있어 때때로 이해할 수 없는 행동을 보였다. 복합적 인물 알렉산드로스는 짧은 삶에도 불구하고 수많은 에피소드를 생산해냈다. 그가 남긴 일화에는 영웅심과 기사도 정신으로 가득 찬 초현실적인 이야기가 많다. 불구대천의 원수 페르시아를 무찌르고 적장 다리우스 3세의 가족을 포로로 잡았을 때 보인 자비로운 태도는 오직 그만이 할 수 있는 것이었다.

반면 알렉산드로스는 자신에게 거역하거나 적의를 보이는 자들을 결코 용서치 않았다. 평소 병사들에게 아버지처럼 자비롭다가도 뜻에 어긋나면 서슴지 않고 처단해버렸다. 남성적이고 호탕하면서도 자칫 삐지고 토라지는 성격도 있었다. 럭비공과 같이 어느 쪽으로 튈지 몰라 부하들이 늘 신경을 곤두세웠다. 젊은이라고는 믿기 어려울 정도로 자제력이 강한가 하면 지극히 방종한 면도 있었다. 친구들에 대해서도 우정과 미움이라는 대칭적인 감정 사이를 왔다 갔다 했다. 알렉산드로스가 이와 같이 양극적인 성격을 보인 배후에는 어머니 올림피아스Olympias가 있었다. 그의 자존심을 하늘 끝까지 높여놓았기 때문이다. 올림피아스는 늘 "너는 위대한 제우스의 아들로서 대적 페르시아를 쓰러뜨릴 것이다"라고 부추겼다. 알렉산드로스는 자신을 과

장했고 어느 누구의 도전도 용납하지 않았다. 그에게 겸손은 거리가
먼 미덕이었다. 당시 마케도니아에서는 겸손과 절제를 미덕으로 여기
지도 않았다. 엄청난 자존심을 가진 알렉산드로스의 야심과 허영은
상상을 초월했다.

다양한 재능과 다면적인 성격을 가진 알렉산드로스에 대한 평가는
매우 다양하다. 긍정적인 입장에서는, 불세출의 정복자, 전쟁의 천재,
유럽의 진정한 영웅 등으로 평가하는가 하면 철학자적인 자질을 가진
왕, 심지어는 예수와 같은 구세주로 평가하는 견해도 있다. 반면 부정
적인 입장에서는, 예측하기 어려운 폭력적인 인물, 먼 훗날 나타나게
될 스탈린이나 히틀러와 같은 독재자의 시조, 과대평가되었을 뿐 실
제로는 '별 볼 일 없는 알렉산드로스 Alexander the Terrible' 등으로
폄하하기도 한다. 2300년 전 세상에 등장했던 한 인물에 대한 평가가
이렇게 다양한 것은 그가 이룬 업적이 워낙 뛰어나고 세계사에 미친
영향이 엄청났기 때문일 것이다. 젊은 알렉산드로스가 10년 동안 정
복한 영토는 실로 어마어마한 것이었다. 소아시아, 시리아, 메소포타
미아, 이집트, 페르시아, 중앙아시아, 북서부 인도에 이르기까지 그가
밟은 영토는 상상을 초월했다.

알렉산드로스는 병력의 열세에도 불구하고 한 번도 전투에서 패한
적이 없었다. 지금까지도 군사학교에서 그의 병법을 연구하고 있는
이유이다. 종교에서도 알렉산드로스를 보는 눈이 서로 다르다. 성경
의 『다니엘서』는 다니엘의 꿈에 나타나 온 세상을 피로 물들이는 '셋

째 짐승'을 알렉산드로스로 본다. 반면 코란은 '신비스런 두 뿔'을 가지고 사악한 세력을 물리치는 영웅으로 해석한다. 그리스정교는 알렉산드로스를 성인으로 만들어 후대의 성 게오르기우스로 추존했다. 알렉산드로스를 찬양하는 시와 노래의 종류는 엄청나며 그에 관한 이야기는 수천 개의 문헌으로 전해져 내려오고 있다. 가히 영웅에 걸 맞는 대접이다.

칭기즈칸은 정복자로서 역대 신기록을 세운 인물이다. 그의 말발굽은 아시아와 중동, 유럽에 이르렀고 몽골군이 온다는 소식은 사람들에게 공포 그 자체였다. 죽음의 사자와 같은 몽골군은 칸이 명령을 내리면 도시와 마을을 초토화시켰으며 사람은 물론 동물까지 그 생명의 뿌리를 뽑았다. 세상은 그를 '신이 내린 재앙'이라고 불렀으나 한편에서는 역사상 최고의 전사이며 왕 중의 왕이라고 칭송하고 있다. 진정한 영웅에 대해서는 이렇게 극단적인 평가가 불가피한 것 같다. 유럽이 낳은 불세출의 영웅 나폴레옹은 한때 연전연승을 거두며 유럽 최강의 군대를 이끌었다. 그러나 정복의 규모나 승리의 정도에 있어서 칭기즈칸과는 비교가 되지 않는다. 나폴레옹은 이집트 원정 시 영국 함대에 패하자 병사들을 남겨놓고 혼자 탈출했고 러시아 원정에서는 폭설 속에 군대를 버려둔 채 철수했다. 엘바 섬에 유배되었던 그는 극적으로 탈출하여 권토중래를 노렸으나 결국 워털루 전투에서 영국에 패하여 군인으로서의 종지부를 찍었다. 세인트헬레나 섬에 유배된 그가 마지막 세월동안 무슨 생각을 하며 지냈을까? 나폴레옹이 세운 제국은 그의 몰락과 함께 무너지고 말았다. 마치 카드로 세운 집House of Cards과 같았다.

신화적인 정복자 알렉산드로스는 자신의 운명에 대한 자신감을 토대로 정복전쟁에 나서 원래 세운 목표를 달성하고도 남을 만큼 찬란한 성과를 올렸다. 백전백승, 임전무퇴라는 말은 마치 그를 위해 존재하는 단어 같았다. 알렉산드로스는 목표였던 페르시아 정복을 마친 후에도 진군을 멈추지 않았다. 브레이크 없는 마차처럼 동쪽을 향해 계속 나아간 그는 인더스 강에 도달했다. 부하들이 말리지 않았더라면 인도를 횡단한 후 동남아시아까지 갔을지도 모른다.

알렉산드로스와 칭기즈칸 이 두 영웅은 모두 승리의 정점에서 죽었으며 그들의 업적과 명성은 생생히 살아 오늘날까지 사람들의 입에 오르내리고 있다. 두 사람이 이룬 업적은 비슷하다고 볼 수 있다. 그러나 그들의 사후에 일어난 일에는 큰 차이가 있다. 알렉산드로스가 죽자마자 그의 휘하 장군들은 곧 권력투쟁에 돌입하여 거대한 제국을 분할하여 챙겼다. 그들에게 죽은 알렉산드로스의 명예를 지키는 일 따위는 안중에 없었다. 알렉산드로스가 그의 제국을 물려주려고 했던 어린 아들은 생명의 위협을 느껴 도망쳤으나 결국 살해되고 말았다. 젊은 알렉산드로스는 불같은 인생을 살았으나 그의 행운이 사후에까지 지속되지는 않았다.

한편 칭기즈칸은 어떠한가? 칭기즈칸의 자손들은 그의 유업을 지켰다. 특출난 점이 없었던 아들 세대가 금방 끝나버린 반면 뛰어난 인물이 많았던 손자 세대가 오래 지속되면서 몽골은 최전성기를 누렸다. 몽골인은 동서로 아르메니아에서 고려, 남북으로는 팔레스타인에서 러시아에 이르는 유럽, 중동, 아시아의 거대한 영토를 다스렸다. 가히 세계의 절반이 그들 것이었다고 해도 과언이 아니다. 칸의 유업을 이어받은 그의 자손들은 대를 이어 이 넓은 영토를 통치했다.

몽골의 정복사업을 보면 두 번 놀란다. 첫째는 칭기즈칸이 아들, 손자들과 함께 세상에서 가장 넓은 영토를 정복했다는 사실이다. 칭기즈칸은 역사상 그 어느 정복자보다 최소한 두 배 이상의 땅을 점령했으니 규모로서 그와 견줄 정복자는 없다. 몽골군은 동쪽으로는 태평양에서 서쪽으로는 지중해에 이르는 어마어마한 땅을 지배했다. 전성기 몽골제국의 영토는 약 3천만 평방킬로미터에 이르렀던 것으로 추정된다. 미국, 중국, 인도, 서유럽, 아르헨티나, 뉴질랜드를 모두 합친 것보다 더 넓었다. 두 번째는 몽골군의 숫자이다. 칭기즈칸이 정복사업을 본격적으로 시작했을 당시 몽골 인구는 1백만 명 정도였다. 현재도 몽골 인구는 3백만 명 정도에 불과하다. 1백만 인구에서 아무리 많이 징집한다고 해도 10만 명을 넘기가 어려웠을 것이다. 정복지에서 병력을 좀 보충한다고 해도 얼마나 많은 군대를 모으겠으며 또 전력(戰力)으로 보아 토착 몽골군과 비교할 수 있겠는가. 10만 명의 군대로 세계를 정복했다는 것은 정말 놀라운 사실이 아닐 수 없다.

전략가 그리고 지휘관으로서 칭기즈칸은 역사상 가장 출중했던 인물이다. 제대로 전법을 배웠을 리도 없는 그가 그렇게 독창적이고 뛰어난 전략을 구사할 수 있었던 것은 타고난 천재성에 비범한 용기와 수완 그리고 휘하에 훌륭한 장수들이 많았기 때문이었다. 역사상 가장 기동성이 뛰어나고 거의 패배한 적이 없는 위대한 군대를 이끌었기 때문에 칭기즈칸의 리더십과 전략은 지금도 전 세계 군사전문가들의 연구 대상이 되고 있다. 칭기즈칸은 자신이 거느리는 병력의 숫자가 부족하다는 것을 잘 알고 있었기 때문에 늘 최단 시일에 목표지점에 도착하여 가장 빠른 시간 내에 적을 무찌르는 전략을 구사했다. 칭기즈칸 군대는 일사불란하게 움직였다. 소수의 병력이라 분열되면 그것으로 끝이기 때문에 엄격한 군율을 제정하여 모든 병사들이 이를 철저히 준수토록 하고, 신상필벌을 내세워 공이 있는 자에게는 반드시 그에 합당한 상을 내리고 반대로 잘못이 있는 자에게는 엄한 벌을 내렸다. 강력한 충성심과 군기로 무장된 칭기즈칸의 군대는 전무후무한 성공을 거두었다.

유라시아의 광활한 초원에서 말을 타고 다니며 적을 죽이고 땅을 뺏는 것에만 몰두했던 칭기즈칸은 인구밀도가 높은 지역을 정복하면서 얻은 경험과 교훈을 바탕으로 새로운 전략을 구사했다. 북중국 원정 시 높은 성벽으로 둘러싸인 도시들을 만난 칭기즈칸은 실패를 거듭하면서 요령을 터득했다. 적을 고립시키는 것이 승리의 지름길이라는 사실을 파악한 것이다. 그가 구사한 전법은 적의 백성을 화살받이로 앞세우고 죽은 시체를 전쟁물자로 사용할 정도로 잔인한 것이었지만 효과적이었다. 중국 병사들은 몽골군이 나타나기만 해도 겁을 집어먹고 싸울 용기를 잃었다. 속도전, 무자비한 섬멸, 적의 허를 찌르는 움직임, 예측할 수 없는 용병술 등은 칭기즈칸의 트레이드마크이다.

칭기즈칸의 군대는 겨울에 천산산맥과 힌두쿠시를 넘어 중앙아시아와 러시아를 침공하는데 성공한 역사상 유일한 군대이기도 하다. 칭기즈칸은 늘 새로운 전법을 개발했으며 과거에 머무르지 않았다. 그는 스스로 진화하는 지도자였다.

중국 춘추전국시대 손무(손자)가 썼다고 하는 손자병법은 역사상 가장 탁월한 병법서 중 하나로 알려져 있다. 프랑스의 나폴레옹도 이 책을 애독했다고 한다. 그러나 손자는 이론가일 뿐 직접 전쟁에 참가한 군인은 아니다. 반대로 칭기즈칸은 이론가는 아니나 실전에서의 경험과 업적에 있어서는 그 누구에게도 뒤지지 않는다. 손자와 칭기즈칸의 목표는 같았다. 그것은 전쟁에서 승리하는 것이다. 그러나 목표를 달성하는 방법에 있어서는 큰 차이가 있다. 손자는 가급적 싸우지 않고 이기는 것을 목표로 삼았다. 따라서 그의 전쟁 방식은 점진적이고 간접적이다. 칭기즈칸은 반대로 급진적이고 직접적이다. 전투를 시작했으면 기다리지 않고 최대한 빠른 시간 내에 결말을 짓는 것이 그의 목표였다.

손자는 적과 만났을 때 "우리 병력이 10배이면 포위하고, 5배이면 공격하고, 2배이면 병력을 나누고, 엇비슷하면 싸우고, 병력이 열세이면 방어에 주력하고, 방어가 어려우면 피하라"고 주장했다.[3] 합리적인 것처럼 보이지만 소극적이다. 그러나 칭기즈칸은 달랐다. 그에게 숫자는 별 의미가 없다. 용병에 뛰어난 칭기즈칸은 일단 적을 분산시킨 후 차례차례 섬멸시키는 전법을 구사했다. 성을 공격할 때는 항복하면 살려둘 것이나 저항하면 모두 죽일 것이라고 선포하여 전투의식을 약화시키고 공포감을 안겨주었다. 그런 뒤 적의 약점을 포착하여 무자비하게 공격을 가했고 성이 무너지면 자신이 말한 대로 행했다. 그와 그의 병사들에게 자비심은 없었다. 이런 점에서 칭기즈칸의 병법은 공격적이고 선동적이며 고도의 심리전을 구사하고 있다.

영웅의 잔학성

초원의 유목민에게 양심의 가책이라고는 없었다. 항복한 자는 살려주었으나 저항한 자는 처형하는 것이 몽골군의 원칙이다. 몽골군의 캠프는 인간을 찾아서 살육하기 위한 캠프였다. 그들이 자행한 인간 살상은 짐승을 사냥하는 것과 다를 바 없었다. 사람을 몰살시키기 위해 수단과 방법을 가리지 않았다. 한번은 이슬람교의 기도 시각을 알리는 무에진*이 포로로 잡힌 적이 있었다. 몽골군은 그를 미나레트로 끌

· · · · · · · · · ·

* 무에진(muezzin)은 하루에 다섯 번 이슬람 사원에서 예배시간을 알리는 사람을 일컫는 말이다. 보통 미나레트라고 하는 모스크의 첨탑에 올라가 신의 위대함을 외치면서 신도들에게 신을 경배하기 위해 모일 것을 종용한다.

칭기즈칸 Genghis Khan.

고가 코란을 낭송케 했다. 목숨을 부지하기 위해 숨어있던 사람들은
코란 소리를 듣고 습관적으로 밖으로 나왔다. 나온 사람들은 몰살되
었다. 신앙심을 이용한 학살이다. 도시를 떠날 때가 되면 몽골군은 남
아 있는 식량을 모두 불태움으로써 혹시 있을지 모르는 생존자를 굶
어죽게 만들었다. 유목민에게 사람 목숨은 짐승의 목숨과 다를 바 없

었다. 그들은 저항한 도시들을 완전히 파괴시켰는데 이는 심리전의 일종이었다. 끔찍한 소식에 전의를 잃은 다른 지역의 군대가 항복하도록 유인하기 위한 것이다.

몽골군이 저지른 만행은 표현하기 어려울 정도로 참혹하고 잔인했다. 그들만큼 잔혹했던 군대는 인류 역사상 없었다고 해도 과언이 아니다.

적개심에서 적을 살해한 것이 아니라 사기를 떨어뜨리기 위해 살육을 자행했다. 그들에게 학살은 일종의 게임이었다. 몽골군의 대학살로 인해 전 이슬람 세계는 공황에 빠지고 말았다. 성이 함락된 후 용케 살아남은 소수의 생존자도 평생 트라우마에서 벗어나지 못했다. 가족과 이웃을 한꺼번에 잃은 충격이 늘 악몽으로 남아 있었다. 생존자들은 살기 위해 몸부림쳤다. 한동안 먹을 것과 숨을 곳을 찾는 것 외에는 아무 생각도 할 수 없었다. 도시에서 받은 충격이 너무 컸기 때문에 몽골군이 완전히 떠난 뒤에도 다시 도시에 들어가 살지 못하고 잡초가 무성한 들판에 굴을 파고 두더지처럼 살았다.

칭기즈칸의 잔인함은 대체적으로 그의 복수심에서 나온 것이다. 자신에게 해를 끼치거나 배신하는 자, 저항하는 자들을 철저히 응징했다. 칭기즈칸의 은원관계는 명확하다. '내 편이 아니면 적인 것이다 Either with me or against me.' 칭기즈칸이 수많은 전쟁을 벌여야 했던 것도 따지고 보면 복수를 계속해야 했기 때문이다. 칭기즈칸은 원한이 생길만한 빌미를 만든 뒤 이를 구실로 전쟁을 일으켰고 상대방이 받아들이기 어려운 조건을 제시한 뒤 거부하면 곧 바로 쳐들어갔다. 그리고 복수를 앞세워 일으킨 전쟁은 모두 잔인한 결말로 끝났다. 복수를 위해 싸운다는데 인정사정이 있을 리 없다. 칭기즈칸 편으로 돌아선 사람들을 제외하고는 모두 죽어야 전쟁이 끝났다. 그의 투철한 보복주의는 상대에게 공포의 대상이었다. 이러한 점에서 칭기즈칸은 복수를 군사전략으로 활용한 사람이라고 할 수 있다. 칭기즈칸의 전략 중 하나는 적의 왕이나 술탄 등 최고 사령관을 가장 먼저 제거하는 것이다. 칭기즈칸은 명령을 내리는 사람을 제거해버리면 어떤 나라든 통치 불능에 빠진다는 사실을 잘 알고 있었다. '저항하는 나라는 초토화시키고 적의 수령은 반드시 제거해야 한다'는 것이 그의 법칙이다. 칭기즈칸은 금, 서하, 서요 원정 시 수도를 점령하는데 그치지 않고 도망친 왕을 끝까지 추격하여 모두 살해했다. 북중국 원정 후 전쟁을 중단하고 쉬고 싶었던 그를 코라즘 술탄이 자극하자 겨울에 천산산맥과 힌두쿠시를 넘어 복수를 감행했다.

11~13세기 페르시아와 중앙아시아의 넓은 지역에서 천하를 호령하던 술탄 무함마드는 몽골군이 쳐들어오자 혼비백산하여 정처 없이 도망쳤으나 칭기즈칸은 2만 명의 병사를 풀어 끝까지 추격했다. 오갈 곳이 없는 무함마드는 카스피 해의 한 고도(孤島)에 숨어 있다 병사하고 말았다. 이슬람 역사상 최악의 피해를 당한 13세기 칭기즈칸의 침략은 지금도 이슬람 세계에서 가장 끔찍한 사건으로 기록되어 있다. 코라즘이 자랑하던 중앙아시아와 페르시아의 도시들이 거의

대부분 무너졌으며 많은 사람들이 몽골군의 칼날 아래 쓰러졌다. 여러 곳에서 일어난 비참한 살육 중에서도 니샤푸르Nishapur와 바미얀Bamiyan에서 일어난 학살은 사람들의 넋을 빼놓을 정도로 끔찍했다. 그리고 모두 칭기즈칸의 악명 높은 복수와 관련이 있다.

이란의 아름다운 고대도시 니샤푸르는 몽골군이 공격해오자 맹렬히 저항했다. 주민들은 단순히 저항만 한 것이 아니라 전투 중 칭기즈칸의 사위 토쿠차르Tokuchar를 죽였다. 칭기즈칸은 남편을 잃은 딸에게 무제한의 복수를 허락했다. 임신 중이던 딸은 1221년 4월 몽골군에게 주민 모두를 살해하라고 명령했다. 병사들은 남녀노소를 가리지 않고 모두 죽였으며 개와 고양이 등 살아있는 동물까지 죽여 생명의 씨를 말렸다고 한다. 아프가니스탄의 바미얀에서도 비슷한 일이 벌어졌다. 바미얀은 2001년 탈레반이 유네스코 유적으로 지정되어 있는 거대한 불상 두 개를 폭파하여 인류의 공분을 샀던 곳이다. 바미얀 전투 때 칭기즈칸이 사랑하는 손자 무투겐Mutugen이 죽었다. 이 도시를 쓸어버리기로 결심한 칭기즈칸은 아들 차가타이에게 절대 울지 말도록 엄명을 내렸다. 칭기즈칸은 솟아오르는 눈물을 참고 작전을 직접 지휘했다. 복수심이 그의 눈물과 고통을 대신했다. 성이 함락된 후 바미얀 내 주민 중 살아남은 사람은 아무도 없었다.

칭기즈칸은 흔히 '전쟁의 신(神)'으로 불린다. 그는 전쟁을 위해 태어난 사람이고 평생 전쟁터에서 싸우다 죽었다. 그가 전쟁 중에 살해되지 않고 평화로운 죽음을 맞이했다는 사실이 신기할 정도이다. 몽골군이 왜 그렇게 강했는지는 사실 아직도 수수께끼이다. 몽골군의 기동력이 뛰어나고 죽음을 두려워하지 않는 용맹성이 있었으며 전투를 잘 할 수 있는 시스템을 갖추고 있었다는 점은 인정되지만, 소수의 병력을 이끌고 멀고 낯선 곳에서 벌어진 수많은 전투에서 대부분 압승을 거둘 수 있었다는 사실은 기적에 가깝다. 몽골군에게는 이론으로 설명할 수 없는 무엇인가가 분명히 있었다. 한 가지 확실한 것은 몽골군이 전쟁 역사상 가장 효율적인 군대였으며 동시에 가장 잔인한 군대였다는 사실이다. 그들은 살인기계였으며 자비심이라고는 눈곱만큼도 없었다. 전쟁 말고는 할 줄 아는 게 없었고 전장에서 사람을 죽이는 것이 유일한 낙이었다. 몽골군은 전쟁을 가장 즐겼던 군대임에 틀림없다. 칭기즈칸은 그 살인기계의 정점에 있었던 사람이다. 그는 더 많은 사람을 죽일 수 있도록 늘 새로운 방법을 고안해내었으며 사람을 많이 죽인 장군이나 병사들에게는 상을 내렸다. 당시 사람들이 몽골군을 '신이 내린 재앙'이라고 생각했던 것은 당연하다. 칭기즈칸과 동시대(同時代)를 살았던 사람들은 너무나 불행했다. 그들은 몽골군으로 인해 모든 것을 잃고 오직 생명을 부지하는 것만을 목표로 삼았다. 처참한 충격은 평생을 두고 트라우마가 되어 괴롭혔고 그들은 늘 고통 속에서 살아야했다.

소수설이기는 하지만 칭기즈칸의 행위가 지나치게 잔인한 것은 아니었다는 견해도 있다. 칭기즈칸 연구가로 유명한 잭 웨더포드는 몽골군의 행위가 그 시대의 통념에 비추어 엄청나게 잔학한 것은 아니

아돌프 히틀러Adolf Hitler, 제2차 세계대전 당시 모습.

었다고 말한다. 중국에서 유럽에 이르기까지 문명국의 통치자나 종교 지도자들은 모두 잔학행위로 공포를 불러일으킴으로써 적의 기를 꺾으려 했다는 것이다. 웨더포드는 1014년 동로마제국의 황제 바실리우스Basilius가 불가리아를 침공한 후 1만 5천 명 전쟁포로의 눈을 멀게 한 행위를 예로 든다. 백 명 중 한 명은 애꾸눈으로 만든 뒤 장님 병사들을 이끌고 고향으로가게 해 공포감을 극대화시켰다는 것이다. 웨더포드는 또한 몽골군의 정복이 빠르고 능률적이었기 때문에 공포를 자아낸 것이지 다른 군대에 비해 특별히 잔인한 것은 아니었다고 주장한다. 몽골군에게 항복한 도시들은 풍문에 듣던 무시무시한 이야기들과 비교할 때 그들의 태도가 온건하고 자비로운 것에 놀랐다고 한다.[4] 그의 주장대로 많은 도시들이 막상 몽골군 치하로 들어간 뒤에는 오히려 안도감을 느낄 수도 있었을 것이다. 그러나 주목할 것은 이러한 도시들은 저항을 포기하고 항복했다는 사실이다. 칭기즈칸은 저항한 도시에 대해서는 결코 관용을 베풀지 않았다. '내 편이 아니면 적'이라는 원칙은 그가 끝까지 고수한 원칙이다. 웨더포드는 또한 칭기즈칸이 심리전에 능숙하여 몽골군이 실제보다 더 잔인하게 보였다는 의견도 내놓았다. 공포를 심는데 무기보다 학자들의 펜이 더 효과적이라는 사실을 안 칭기즈칸이 무슬림 학자들을 동원했다고 주장한다. 언론이 없는 시대에 학자의 글은 여론을 형성하는 수단이었다. 칭기즈칸은 전투 상황에 관해 사실보다 과장된 글을 쓰도록 함으로써 심리전을 벌였다는 것이다.

단기간에 가장 많은 사람을 학살한 인물로 히틀러를 능가하는 사람은 없을 것이다. 그와 그의 하수인이 저지른 만행으로 인해 홀로코스트(대량학살)라는 새로운 단어가 만들어졌다. 1941년 나치는 18세~45세 사이의 모든 유대인에게 해외이주 금지령을 발동했다. 말할 필요도 없이 노동력이 있는 유대인을 공장으로 끌고 가 부려먹으려는 의도였다. 미처 해외로 빠져나가지 못한 유대인들은 발을 동동 굴렀으나 별 방법이 없었다. 강제노동에 투입하기에 부적합한 것으로 판단되는 나머지 유대인은 이곳저곳에 급조한 강제수용소로 끌려간 후 죽임을 당해야했다. 같은 해 나치 당국은 모든 유대인에게 신분의 표식인 다윗의 노란별을 가슴에 달도록 하는 법령을 반포했다. 큼지막하고 눈에 띄는 노란별이 가슴에 달리자 유대인은 남녀노소 할 것 없이 셈족 혐오주의자들의 좋은 먹잇감이 되었다. 이 법령으로 인해 유대인에 대한 증오가 더욱 확산되었다. 유대인 문제를 골치 아프게 생각했던 나치는 처음에는 이들 모두를 외국으로 쫓아 보내는 방안을 검토했다. 에콰도르의 삭막한 벌판이나 프랑스의 식민지 마다가스카르 섬 등이 대상지로 검토되었다. 이때까지만 해도 죽이려는 생각은 없었던 것 같다. 그러다가 전쟁 상황이 심각하게 흘러가면서 외국 송출 방안은 무산되고 다른 방안이 검토되기 시작했다. 프랑스를 점령한 후 영국과의 전쟁이 교착상태에 빠지자 히틀러는 급기야 소련 침공을 결정하게 되는데, 이것이 유대인 문제의 해결 방향을 정하는 분수령이 되었다. 동유럽에 생존공간Lebensraum이 확대되면서 나치는 점령지인 동유럽에서 유대인 문제를 종결짓는 방안을 적극 검토했기 때문이다.

친위대는 1940년 가을 바르샤바의 유대인 거주지에 전염병을 퍼뜨려 몰살시키는 잔혹한 방안을 제시했으나 실행하지는 않았다. 아직은 명확한 정책이 수립되기 전이라 오락가락했지만 친위대와 보안대에서는 몰살시켜야 한다는 쪽으로 점점 의견이 좁혀졌다. 독일의 소련 침공 후 유대인을 아예 시베리아로 보내는 방안도 검토되었다. 골치 아픈 유대인이 북극권으로 이주할 경우 추위를 견디지 못하고 자멸할 것이라는 계산에서이다. 물론 이러한 계획이 실행되지는 않았다. 현실성이 떨어졌기 때문이다. 히틀러는 유대인을 인질로 삼아 만일에 있을지 모르는 미국의 독일 공격을 저지하려는 생각도 있었던 것 같다. 아우슈비츠에서 악명을 떨쳤던 독가스 사용은 이미 오래 전부터 검토되고 있었다. 총살보다 효율적이며 살상하는데 따른 중압감도 적고 은밀히 진행할 수 있는 장점이 있기 때문이다. 1940년 동프로이센에서 시험적으로 사용한 가스 차량은 하나의 대안이었지만 많은 문제가 있는 것으로 드러났다. 이를 보완하기 위해 한 장소를 정해놓고 그곳에 가스 시설을 설치하는 방안이 검토되었다.[5] 이렇게 여러 가지 방안을 시도해본 후 결국 아우슈비츠를 비롯한 수용소로 최종 결정되었다. 인류 역사상 유례가 없는 600만 명의 목숨이 수용소의 이슬로 사라지게 된 것이다.

유대인 학살 결정의 근저에는 분명히 히틀러가 있다. 그렇지만 히틀러는 이 혐오스러운 프로젝트에 자신이 직접 개입했다는 흔적은 절대로 남기지 않으려 했다. 말로는 "유대인은 땅에서 없어져야 한다"며 저주를 퍼부었지만 실제로는 수용소를 방문한 적도 없다. 자기 눈에 띄지 않는 곳에서 조용히 사라져주기만을 바랐을 뿐이다. 과연 히틀러의 진심은 어디에 있었을까? 히틀러가 유대인을 증오했던 것은 확실하나 몰살시키려고 까지는 생각하지 않았던 것 같다. 그러다가 전쟁 상황이 급변하면서 유대인 처단 쪽으로 정책이 정해지자 불편한 심기를 감추지 못했다. 마음속으로는 유대인을 두려워하여 언젠가는 그들이 자기에게 복수할 것이라는 생각에 사로잡혀 있었는지도 모른다. 히틀러는 유대인 처리 문제를 토의하는 것을 좋아하지 않았고 측근들에게도 이 문제에 관해 솔직한 의견을 내놓지 않았다고 한다.

이오시프 스탈린은 오랜 세월에 걸쳐 비상한 수단으로 그리고 집요하게 자국민에게 고통과 슬픔을 안겨준 인물로 손꼽힌다. 그는 한번 적으로 간주한 인물은 무슨 수단을 쓰던지 반드시 제거했으나 스스로는 늘 온화한 인물로 보이도록 노력했다. 출신 성분과 살아온 행적에 결점이 많은 스탈린은 이를 철저히 감춤으로써 자신을 베일에 싸인 인물로 만들려고 했다. 스탈린의 약점을 들추어 그를 제거하려던 정적들은 모두 역습을 당해 사라져야 했으며 그들이 고용한 밀정들도 모두 비극적인 종말을 맞이했다. 스탈린은 자신의 과거를 철저히 숨겼다. 그의 과거를 알고 있는 사람은 언제든지 제거될 가능성이 높았다. 그들이 목숨을 부지할 수 있는 유일한 길은 철저히 입을 닫는 것이었다. 불우했던 어린 시절부터 신학교를 졸업한 후 혁명에 뛰어들었던 청년시절까지 스탈린을 알고 지냈던 주변의 인물들은 입을 여는 순간 모두 제거되었다. 침묵을 지킨 몇 사람만이 겨우 살아남을 수 있었다. 스탈린 자녀들의 대부로서 스탈린이 가장 신임했던 아벨 예누키제도 입 때문에 화를 입었다. 스탈린의 오랜 친구이자 동료인 오르조니키제는 위태위태하면서도 스탈린의 곁을 지켰으나 결국 수다스럽고 직선적인 말투 때문에 죽음을 면치 못했다. 스탈린은 보잘 것 없는 자신의 과거가 밝혀짐으로써 위신이 손상되는 것을 크게 우려했다. 더군다나 스탈린은 러시아 출신이 아닌 코카서스 소국 그루지야 출신이다. 자신의 과거가 낱낱이 밝혀지는 것이 대국 러시아에서 권력을 잡는데 결코 유리하지 않을 것이라는 점을 염두에 두었을 것이다.

　권력의 화신 스탈린은 자신의 앞날에 장애가 되는 요소는 모두 제거하려고 했다. 자신의 과거는 그에게 큰 짐이 될 수 있는 장애물이었다. '과거를 철저히 세탁한 사람' 이것이 스탈린의 모습이었다. 배신자는 늘 다른 배신자를 두려워한다고 했던가. 배신의 명수라고 할 수 있는 스탈린은 배신에 노이로제를 가지고 있었다. 아무리 가까운 사람이라도 늘 이모저모로 떠보면서 배신의 가능성에 대비했다. 스탈린을 모시는 사람들 특히 권력의 정점인 공산당 정치국Politburo 상임위원들은 항상 자신이 배신자로 몰려 숙청되지 않을까 전전긍긍했다. 유난히 의심이 많은 스탈린으로부터 한 번 눈 밖에 나면 그의 마수로부터 벗어날 길이 없었다. 이들에게는 잠자는 시간을 빼놓고 스탈린과 모든 시간을 함께 하는 것이 의심에서 벗어날 수 있는 유일한 방법이었다. 이들은 공식적인 일정은 물론 퇴근한 후에도 스탈린의 별장에 모여 그의 비위를 맞추는데 대부분의 시간을 보내야 했다. 스탈린이 배신을 막고 배신자를 처단하는 도구로 사용한 것은 비밀경찰이다. 스탈린 치하에서 비밀경찰은 가장 강력한 힘을 가진 기관이 되었으며 사람들은 그 이름만 들어도 공포에 떨었다.

피비린내 나는 권력투쟁 끝에 정상에 오른 스탈린은 눈 하나 깜짝하지 않고 무수한 사람을 처형했다. 그가 비정상적으로 많은 사람을 처형한 배후에는 그의 의심과 배신에 대한 두려움이 자리 잡고 있었다. 스탈린은 어떤 사람에 대해 조금만 이상한 생각이 들어도 그대로 놔두는 법이 없었다. 어처구니 없는 일이지만 스탈린은 상상력에 의존해서 또는 예방 차원에서도 사람을 숙청했다. 근거는 없지만 어떤 사람이 자신을 배신할 것이라는 생각이 들거나 또는 그가 앞으로 성장해서 정적이 될지 모른다는 예감이 들면 망설이지 않고 처형했다. 숙청에 맛을 들인 그가 먹잇감을 고르는데 필요한 정보는 비밀경찰이 제공했다. 스탈린의 대숙청 기간인 1937~38년 사이에만 약 150만 명이 체포되고 70만 명이 처형되었다. 그리고 숙청과 관련 당시 내무인민위원회(비밀경찰: NKVD) 요원 4만 명이 가담했다. 특히 잠재적인 적으로 간주한 군에 대한 숙청은 무자비한 것이었다. 대숙청 기간 중 3만 6천명에 이르는 적군(赤軍)장교들이 처형되었는데 이로 인해 제2차 세계대전을 앞두고 적군의 정예부대가 괴멸되어 버렸다. 스탈린은 나중에 이를 후회했을 뿐만 아니라 대가를 뼈저리게 치러야 했다. 그의 전매특허인 행운이 그를 돕지 않았더라면 일찌감치 전쟁에서 패해 도리어 자신이 숙청될 가능성이 높았다. 독·소 불가침조약을 파기하고 물밀듯이 쳐들어오는 독일 정예부대에 의해 모스크바의 운명은 풍전등화와 같았다. 거대한 영토와 북극의 폭풍이 몰아치는 강추위를 가진 지형적인 여건이 없었더라면 스탈린이라는 이름은 이미 제2차 세계대전에서 사라져 세계 역사는 다른 길을 걸었을 것이다.

스탈린은 군(軍)에 대한 애정이 없었는데 그 이유는 그의 최대 정적이었던 트로츠키가 적군을 창설하고 초대 사령관을 지냈기 때문이었다. 그는 스스로 대원수가 되어 독일과의 전쟁에 나섰고 스탈린그라드에서 병사들의 무한 희생을 강요하며 끝내 승리를 걸머쥐었음에도 불구하고 그에게 병사들은 소모품에 불과했다. 군인들은 전쟁 후에도 보상은커녕 박해를 받지 않으면 다행이었다. 전투 중 독일군에 잡혀 포로가 되었던 수백 만 명의 병사들이 전쟁 후 풀려났으나 기대했던 영웅 대접 대신 돌아온 것은 사상 검증이었다. 그들 중 많은 사람들이 배신이나 불순한 사상 등을 이유로 시베리아로 끌려가야 했다. 집단수용소에서 갓 돌아온 병사들이 다시 다른 집단수용소로 돌아가야 했던 것이다. 의기소침하거나 절망에 빠진 많은 병사들은 험한 강제노역을 버텨내지 못하고 신세를 한탄하며 시베리아에서 뼈를 묻었다.

스탈린에 의해 숙청되어야 할 사람들의 죄목은 너무 많았다. 예를 들어 그에게 치과 치료를 받도록 권유한 사람은 화를 당할 가능성이

이오시프 스탈린Joseph Stalin. 제2차 세계대전 당시 모습.

높았다. 마음만 먹으면 치과의사처럼 사람을 간단히 처치할 수 있는 사람이 어디 있겠는가. 스탈린이 의심할 것은 당연한 일이다. 어처구 니없는 이유도 수두룩했다. 스탈린의 눈을 똑바로 쳐다봤다는 것 또 는 똑바로 보지 않았다는 것도 처형당할 이유로 충분했다.[6] 한 마디로 스탈린 마음대로였다. 그의 기분과 컨디션에 따라 사람의 목숨이 오 락가락 했던 것이다. 너무 많은 숙청이 진행되었기 때문에 사람들은 고문과 처형을 받아야 하는 이유를 알 수 없었다. 운 좋은 사람은 살 고 그렇지 않은 사람은 죽었다. 이것이 스탈린이 가진 절대 권력의 속 성이 되어 버렸다.

　1917년 10월 혁명 때 사회혁명당 좌파와 손을 잡고 소비에트 정권 을 수립했던 볼셰비키(구 소련공산당을 지칭)는 좌파 극단주의자들에 의 한 암살과 테러가 벌어지자 긴장했다. 바로 내전의 시작이었다. 사태 수습 방안을 논의하는 자리에서 '힘에는 힘, 테러에는 테러'를 외치며 좌파 섬멸을 주장했던 사람이 바로 스탈린이다. 죽을 만큼 고통스러 운 세월을 살아온 그루지야 농노의 피가 흐르는 스탈린은 앙심을 풀 대상으로 사회혁명당 좌파를 택했다. 스탈린은 복수를 위해 비밀경찰 을 조직했다. 말이 비밀경찰이지 테러조직과 같았던 이 조직의 명칭 은 체카*이다. 체카는 폴란드 귀족 출신 제르진스키를 수장으로 하여 무자비한 테러 활동을 펼쳤다. 20만 명이 넘는 사람들이 희생되었다. 혁명에는 비정하고 무자비한 광신주의자들이 필요한 법. 나약한 모습 을 보이는 동료들을 낭만주의자로 몰아붙이며 피와 철에 의지한 투쟁을 부르짖는 광신주의자들이 앞에 나섰다. 이들의 리더 격인 인물이 바로 스탈린이었다.

볼셰비키 혁명을 앞두고 레닌에 의해 발탁되어 혁명에 동참한 스탈린은 혁명 직후 혼란한 상황이 지속되자 그의 천부적 소질인 음모를 꾸미는 일과 냉혹성을 최대한 발휘했다. 물론 스탈린이 유리한 여건에서 투쟁을 시작한 것은 아니다. 스탈린은 아직 촌뜨기 취급을 받고 있었고 대부분 동료들은 그를 얕보거나 멸시했다.

각료회의 첫날부터 멘셰비키를 중심으로 연합전선을 편 혁명 우파들은 레닌, 스탈린, 트로츠키 등을 정부에서 몰아내려 했다. 루이코프 내무위원, 노긴 상공위원, 루나차르스키 문부위원, 지노비예프, 카메네프 등이 이런 움직임에 동조했다. 스탈린은 혹을 도려내기 위해 모든 수단과 방법을 다할 생각이었다. 시간을 끌수록 반 볼셰비키파라는 괴물은 보다 날카로운 칼날이 되어 맹렬하게 공격해올 것이 분명했다. 스탈린은 대규모 숙청이라는 카드를 꺼내들었다.

1920년대 후반에서 1930년대 말까지 벌어진 숙청은 두 차례로 나

• • • • • • • • • •

* 체카(Cheka)는 1917년에 창설된 소련의 비밀 첩보기관으로 KGB의 전신이다. 볼셰비키 혁명에 반대하는 국내외 세력에 대한 테러와 사보타지, 해외첩보 활동 등을 담당하면서 내전이 끝날 때까지 20만 명에 달하는 인명을 살해했다. 해외첩보 활동을 위해 1천 명이 넘는 비밀요원들을 해외 각지로 파견했다. 1922년 게페우(GPU)로 이름을 바꾼 뒤 내무인민위원회, 통일국가정치부 시절을 거쳐 1954년 KGB로 명칭이 변경되었다. 내무인민위원회(엔카베데: NKVD)는 1930년대 스탈린의 지시에 의해 수많은 사람들을 반동으로 몰아 살해하거나 유배했다. 나중에는 엔카베데의 악명 높은 수장들도 대부분 처형되었다. 스탈린은 초대 및 2대 수장이었던 야고다(Yagoda)와 '난쟁이'라는 별명을 가진 예조프(Yezhov)를 반역죄로 처형했다. 3대 수장으로 스탈린의 최측근이었던 베리아는 스탈린 사후 흐루쇼프에 의해 체포되어 처형되었다.

뉘어 진행되었다. 1차 숙청 때에는 70만 명의 당원 중에서 약 17만 5천 명이 제명되었고 이 숫자의 세 배에 달하는 비당원이 체포되었다. 2차 숙청 때에는 130만 명으로 늘어난 당원 중 약 26만 명이 제명되었고 그 네 배에 가까운 비당원이 체포되었다. 인권은 완전히 실종되었다. 영문도 모르는 채 끌려온 수천 명이 게페우 지하 감옥에서 자백을 강요당한 뒤 즉결 처분되었다. 수십만 명이 체포되어 급조된 시베리아 강제수용소로 유배되었다.[7] 세상은 온통 공포의 도가니였다. 수백만 또는 수천만 명에 이르는 국민이 먹을 것이 없어 영양실조로 쓰러졌다. 사람들은 목숨을 부지하기 위해 동물이든 식물이든 닥치는 대로 삼켰다. 시체를 뜯어 먹고 연명하는 사람들도 있었다. 실로 소련 전체를 뒤흔든 엄청난 대참사였다.

스탈린은 신속히 반대파를 제거하는 수단으로 자백을 강요했다. 스탈린의 지시를 받은 비밀경찰은 무조건 자백을 얻어내야 했다. 입을 열지 않는 피의자들에게는 무자비한 고문이 행해졌다. 자백을 위해 마약이 사용되고 피의자 가족이 미끼로 활용되었다. 그렇게 해서 받아낸 자백은 모두 합법적인 증거로 인용되었다. 물론 모든 일은 철저히 비밀리에 처리되었다. 그 때문에 피해자 숫자를 정확하게 파악하는 것은 거의 불가능하다. 일부 기록이 남아있기는 하나 빙산의 일각에 불과하다. 한 분석에 의하면 숙청 대상으로 체포된 사람 숫자가 최소 7백만 명에서 최고 2천 3백만 명에 이르는 것으로 추정된다. 그 중 얼마나 많은 사람이 처형 되었는지 정확히 알 수 없으나 수백만 명에 달하는 것으로 추정된다. 권력의 심장부인 공산당 중앙위원의 사례를 보면 숙청의 정도를 짐작할 수 있다. 1934년 선출된 중앙위원 숫자는 140명이었는데 3년 후인 1937년 남아있는 사람은 15명에 불과했다. 거의 90%가 숙청된 것이다. 중앙위원회는 공식적인 당 통치기구일 뿐 아니라 권력의 핵심이다. 중앙위원회가 이렇게 풍비박산이 났으니 다른 기구들은 말할 필요도 없다. 대숙청으로 가장 큰 타격을 입은 기관 중 하나는 군부이다. 스탈린의 불신과 의심으로 말미암아 대령급 이상 고위 장교의 3분의 2가 처형되었다. 하급 장교나 하사관까지 합하면 숙청된 자의 숫자는 엄청났다. 전쟁이 코앞에 와있는지도 모르고 거의 미치광이처럼 유능한 군인들을 총살시킨 결과 군의 전력은 치명적인 타격을 입고 말았다.

스탈린의 철권통치는 30여 년 가까이 지속되었다. 그가 실질적으로 권력을 장악한 1924년부터 공식적으로 국가수반이었던 1952년 10월까지 스탈린은 지구 육지의 6분의 1이나 되는 큰 땅에서 공포의 화신으로 군림했다. 소련은 '악(惡)의 제국'으로 불렸으며 스탈린은 이 제국의 황제였다. 그는 모든 권력을 자신에게 집중시킨 뒤 수하들의 배신을 감시하는데 온 신경을 집중시켰다. 스탈린은 모든 국민의 아버지로 떠올랐고 국민은 그를 최대한 섬겨야 했다. 그 긴 세월동안 국민의 고통이 얼마나 컸을까? 국가가 모든 것을 쥐고 흔들며 어떤 비판도 허용하지 않는 체제에서 국민은 숨을 죽이고 살아야 했다. 당이 시키는 대로 따르고 당과 스탈린에 대한 찬사를 늘어놓는 것만이 확실한 생존 방법이었다. 스탈린의 통치가 지속되면서 소련 국민은 점차 생존의 달인이 되어갔다. 그의 독재는 1인 숭배이다. 스탈린은 자신 외에 다른 권력자는 절대 용납하지 않았다. 1인 숭배 체제를 유지하기 위해 스탈린은 모두를 의심했고 조금만 석연치 않은 구석이 있어도 숙청했다.

스탈린의 의심병이 국민에게 전파되어 사람들은 서로를 믿지 못하는 가운데 불안한 나날을 보내야 했다. 스탈린은 권력을 유지하기 위해 인류 역사상 유례를 찾아보기 힘든 가혹한 방법을 구사했다. 그것은 사람을 죽이거나 투옥시키거나 또는 집단수용소로 보내는 것이었다. 수천만 명이 여러 종류의 숙청에 의해 제거되거나 인간으로서 견디기 어려운 시련을 겪어야 했다. 그의 권력의 칼, 숙청의 칼은 가족과 친지, 동료들 그 누구도 구분하지 않았다. 인간 스탈린에게 가장 소중한 것은 권력이고 그는 이를 지키기 위해 어떠한 피의 제사도 마다하지 않았다. 그가 권력의 정점에서 무소불위의 힘을 휘두르는 동안 희생자들의 숫자는 엄청나게 불어났다.

권력과 야욕을 위해 국민을 철권통치의 제물로 삼았다는 점에서 후세인은 롤모델인 스탈린을 그대로 닮았다. 후술하지만 후세인의 행적에는 스탈린과 유사한 점이 많다. 그가 자국민과 소수 민족에게 행한 무자비한 복수와 숙청은 신생국가 이라크를 갈기갈기 찢어놓았다. 역사에서 가정은 소용없다고 하지만 그가 없었더라면 비극적인 중동 현

사담 후세인Saddam Hussein, 1980년.

대사의 한 페이지를 장식한 이란·이라크 전쟁, 쿠웨이트 침공과 걸프
전, 쿠르드 박해 그리고 미국의 이라크 침공 등과 같은 엄청난 사건은
일어나지 않았을 것이다. 요즘 테러단체의 대명사처럼 된 IS(이슬람국
가)도 따지고 보면 그 원인은 후세인에게 있다. 2003년 미국이 후세
인을 응징하기 위해 이라크를 공격했을 때 이라크 내에서 활동한 알

카에다 계열의 테러단체가 IS로 이름을 바꿔 세상에 등장했기 때문이다. IS를 이끄는 지도자 알 바그다디 Abu Bakr al-Baghdadi는 후세인 정권에서 장교를 지낸 인물이다. 2011년 '아랍의 봄' 사태로 시리아에서 내전이 일어나자 IS는 시리아 동부지역에 교두보를 마련한 뒤 2014년 이라크 북부 유전도시 모술을 장악하고 '칼리프 국가' 수립을 선포했다. 끔찍한 짓을 저지르고 있는 IS도 결국 후세인의 그늘에서 성장한 셈이다. 후세인이 이라크와 그 국민에게 끼친 피해는 아직도 현재진행형이다. 한 사람의 야욕으로 인해 나라 전체가 이렇게 오랫동안 고통 속에서 지내야 하는 것인가? 역사의 단추 하나가 잘못 끼워진 대가가 이렇게 엄청난 것인가? 이라크의 불행한 현대사는 언제까지 지속될 것인가?

1989년 2월 바그다드를 방문한 쿠웨이트 고위 인사에게 당시 이라크 국방장관 아드난 카이랄라 Adnan Khairallah는 자신이 목숨을 잃을 위기에 처해있다고 고백했다. 아드난은 자신이 이미 국방장관으로서의 권위를 잃은 식물인간이 되었다고 했다. 이라크 최정예 부대인 '공화국수비대'의 지휘권을 잃었으며 무기 구매에 관한 권한이나 군사정보 관할권도 상실했다고 털어놓은 것이다. 쿠웨이트 사절단이 돌아간 직후 영국의 『선데이타임즈』지는 아드난의 해임 소식을 보도했고 그로부터 2개월 후 그는 의문의 헬기 사고로 사망했다. 아드난이 누구인가. 그는 보통 국방장관이 아니다. 어려서부터 후세인과 가장 가까운 사이이고 자타가 공인하는 최측근이다. 아드난은 후세인의 외삼촌 카이랄라 툴파의 장남이다. 후세인은 어려서 외삼촌 집에서 자랐고 그 집 딸 사지다와 결혼했다. 아드난과 후세인은 사촌이자 처남매부지간 인 것이다. 이 사건을 통해 알 수 있듯이 후세인은 자신 외에는 아무도 믿지 않았다. 믿는 척 했을 뿐이다. 이는 스탈린을 연상케 한다.

후세인과 오래 함께 지낸 사람들은 이러한 사실을 잘 알고 있었다. 이집트의 무바라크 대통령이나 사우디 왕실은 후세인을 정신병자로 취급했다. 후세인은 늘 암살을 두려워했다. 해외에 나갈 때에는 반드 시 음식을 따로 장만해갔고 '음식을 맛보는 사람'이 동행했다. 의자 밑에 독침이 있을까 두려워 전용의자까지 비행기에 싣고 갔다.[8] 후세 인은 자신에 대한 어떤 비판도 용납하지 않았다. 그를 비판하면 죽음 을 각오해야 했다. 국가와 당에 대한 공개적인 비판은 무기징역 또는 사형으로 단죄했다. 후세인 치하에서는 초법적인 체포나 처형은 물론 집단처형도 일상화되었다. 이 대목도 스탈린의 공포정치를 연상케 하 는 부분이다. 쿠르드인이 이라크 군인이나 공무원을 공격할 경우 범 인을 잡지 못하면 무작위로 일반인을 총살에 처했다. 피의자를 체포 하지 못할 경우 그의 가족이 대신 벌을 받아야 했다. 후세인 치하에서 는 사람들이 시도 때도 없이 잡혀간 후 흔적도 없이 사라졌다. 이들에 게 무슨 일이 일어났는지 누구도 알 수 없다. 다만 몸이 찢기거나 사 지가 절단된 많은 시체들이 발견되었을 뿐이다. 모든 일은 후세인의 명령에 따라 이루어졌으며 철저히 비밀에 붙여졌다.

'중동의 집시'라고 불리는 쿠르드족은 후세인 시절 극심한 박해를 당했다. 4천 년이라는 긴 세월 동안 독립 국가를 가져본 적이 없는 쿠르드족은 이민족의 박해에 이골이 났지만 후세인 정권에서는 정말 견디기 어려웠다. 후세인은 쿠르드를 말살시키려는 것처럼 보였다. 이라크군은 쿠르드인을 짐승처럼 취급했다. 쿠르드 마을을 공격하여 완전히 초토화시켰다. 부녀자와 아이들이 동굴로 피신하자 입구에 불을 질렀다. 마치 토끼몰이를 하는 것 같았다. 이라크군은 월남전에서나볼 수 있었던 소이탄을 사용해 쿠르드인 거주지를 태워버렸다. 후세인 치하에서 쿠르드족 1백 50만 명 중 절반 이상이 고향을 떠났는데 대부분이 이란으로 향했다. 이라크 남서부 사막지역으로 쫓겨난 사람들도 있었다. 추방된 사람의 숫자만 해도 35만~40만 명에 달했다. '페쉬메르가Peshmerga'라고 불리는 쿠르드 반군은 용감하게 싸웠으나 역부족이었다. 포위되어 항복하는 경우에는 총을 내려놓는 순간 모두 사살되었다. 후세인은 쿠르드족에게 화학무기까지 사용했다. 많은 사람들이 입에 거품을 물고 쓰러졌다. 후세인이 오랜 세월 공들여 비밀리에 제조한 이 소름끼치는 무기는 결국 적이 아닌 자국민에게 사용되었다. 2016년 시리아의 아사드Bashar al-Assad 대통령이 반군을 제압하기 위해 자국민에게 화학무기를 사용함으로써 후세인의 뒤를 이었다. 이라크와 시리아 외에는 아직까지 자국민에게 화학무기를 사용한 국가는 없다.

1991년 4월 다국적군은 '사막의 폭풍Desert Storm' 작전을 종료했고 후세인은 살아남았다. 그로부터 2개월 후 이라크 남부의 늪지대마쉬 아랍스Marsh Arabs에서 시아파 주민의 봉기가 일어났다. '마단 Madan'이라고도 하는 마쉬 아랍스는 티그리스 강과 유프라테스 강이 합류하는 지점에 형성된 넓은 늪지대이다. 그동안 후세인에게 박해를 받아온 시아파의 주류 열두 이맘파 주민들은 걸프전에서 패배한 후세인을 몰아내려고 했다. 직접적인 원인은 후세인이 제공했다. 습지로 흘러드는 물길을 막아 아예 늪을 없애려고 했기 때문이다. 티그리스와 유프라테스 강물을 관개용수로 사용한다는 핑계를 댔으나 후세인이 원하는 것은 생계수단을 잃은 시아파가 늪을 떠나는 것이다. 반란이 자주 일어났던 늪지대는 후세인에게 골치 아픈 지역이었다. 후세인의 특명을 받은 이라크군은 마쉬 아랍스 주민이 자국민이 아닌 것처럼 무자비하게 굴었다. 갈 곳 없는 주민을 강제로 몰아냈고 반항하는 자는 즉결 처분했다. 이 사태로 수천 명이 사망하고 수만 명이 정처 없는 떠돌이가 되었다. 후세인은 작전의 성공을 위해 이란·이라크 전쟁에서 돌아온 병사들을 투입했다. 전쟁 후 실업자가 되었다가 다시 동원된 군인들은 이번에는 이란군 대신 자국민을 죽여야 했다. 무자비한 프로젝트에 강제로 동원된 군인들은 후세인의 공범이 되고 말았다. 후세인은 자신이 원하는 것을 얻기 위해서는 수단과 방법을 가리지 않았다.

독재자들의 공통점과 이중성

고대의 영웅인 알렉산드로스와 칭기즈칸에게 공통점이 있듯 현대의 독재자들에게도 공통점이 있다. 스탈린과 히틀러는 몇 가지 점에서 상당히 닮아 있다.

첫째, 출신의 비천함이다. 농노 출신인 스탈린과 오스트리아 변방 출신으로 모호한 가정사를 가지고 있는 히틀러는 모두 보잘 것 없는 존재였다. 이들의 어린 시절은 불행했다. 히틀러 자신은 유복했다고 주장하지만 사실과는 거리가 있다. 히틀러는 자서전『나의 투쟁』에서 아버지는 의무에 충실한 관리였고 어머니는 가사에 전념했으며 특히 자식들에게 변함없이 깊은 애정을 쏟았다고 말한다. 그러나 폭력적이고 가부장적인 아버지 밑에서 행복감을 느끼기는 어려웠을 것이다. 구두수선공이던 스탈린의 아버지는 술주정뱅이였다. 스탈린의 어린 시절 소망은 가정에서 벗어나는 것이었다.

둘째, 고집이 센데다 반항적인 기질이 다분했다. 히틀러는 매를 맞으면서도 아버지에게 대들었고 공무원이 되라는 부모의 기대를 뿌리치고 예술가의 길로 나섰다. 스탈린도 아버지에게 칼을 던질 정도로 반항적이었다. 그는 성직자가 되기를 원하는 어머니의 간절한 소망을 뿌리치고 혁명가의 길을 걸었다.

셋째, 두 사람 다 음악을 좋아했다. 히틀러에게 리하르트 바그너와 베토벤은 영웅이었고 리하르트 슈트라우스도 흠모의 대상이었다. 스탈린 옆에는 쇼스타코비치 등을 비롯한 러시아 음악가들이 있었다. 스탈린은 특히 오페라에 심취해 있었다. 한 때는 화가를 꿈꾸며 비엔나의 뒷골목에서 그림을 팔았을 정도로 히틀러는 예술적인 기질이 다분한 사람이다. 비엔나 시절 이후에는 화가의 꿈을 접고 정치인이 되었지만 그러한 기질은 사라지지 않았다. 정치인 히틀러는 이제 미술 대신 음악에서 영감과 위안을 얻었다. 장중한 독일음악의 대가 중 그를 매료시킨 사람은 바이로이트의 거장 리하르트 바그너Wilhelm Richard Wagner이다. 히틀러가 바그너를 좋아했던 이유는 신화적인 독일의 영웅을 음악으로 표현했기 때문이다. 바그너의 오페라는 히틀러의 내면세계를 자극하여 그의 에너지를 끌어올리는 원천이 되었다. 히틀러는 스스로 음악에 도취되었을 뿐 아니라 열광하는 관중과 함께 하나가 되는 감동을 느꼈다. 웅장한 음악을 통해 자신이 꿈꾸는 이상향을 실현하겠다는 야심을 키웠다. 히틀러에게 바그너는 신화적인 게르만 정신을 현대 속에서 영웅적으로 표현한 살아있는 전설이었다.

오페라 사상 가장 위대한 작품 중 하나로 꼽히는 『니벨룽겐의 반지』에서 영웅 지그프리트는 세계를 지배하겠다는 야심을 품고 마법의 황금 반지를 찾아 먼 길을 떠난다. 그러나 사랑을 포기한 대가로 만들어진 이 반지에는 니벨룽겐 신들의 저주가 내려져 있었다. 이 반지는 소유자의 목숨을 빼앗고 나아가 복수에 복수를 불러와 만물의 파멸을 가져오도록 운명 지어진 것이다. 바그너의 『니벨룽겐의 반지』 중 제4부 '신들의 황혼(Götterdämmerung)'은 전쟁 말기 폭격으로 베를

린과 주요 도시들이 폐허가 되었을 때 히틀러가 독일 전역에 틀도록
명령했던 음악이다. 이는 현실을 벗어나 환상의 세계에서 위안을 찾
으려는 히틀러 최후의 발악이었다. 최후의 순간에도 예술가를 흉내
내는 광기 어린 행동인 것이다. 스탈린도 마음의 위안을 음악에서 찾
았다. 그는 주로 남의 이목을 피해 모스크바의 오페라극장을 찾았다.
그는 마음에 드는 음악가를 발견하면 직접 전화해서 칭찬해주었다.
스탈린의 '러브콜'을 받은 음악가에게는 출세 길이 열렸다. 반면, 마
음에 들지 않는 음악가가 있으면 자신이 창간한 공산당 기관지 『프라
우다』지를 통해 비판하는 기사를 실었다. 기사가 실리면 그대로 넘어
가지 않았다. 한밤에 KGB 요원이 방문하여 어디론가 그들을 끌고 갔
다. 그들 중 많은 사람들이 시베리아 강제수용소로 끌려 가 험한 세월
을 보내야 했다. 그 유명한 쇼스타코비치Dmitrii Shostakovich도 초
연한 오페라가 스탈린의 마음에 들지 않아 숙청될 뻔 했으나 두 번째
오페라 『레닌그라드』가 성공하면서 겨우 살아남을 수 있었다.

히틀러는 스탈린과는 달리 권력을 장악하는 과정에서 많은 피를 흘
리지는 않았다. 1934년 6월 소위 '장검(長劍)의 밤' 사건에서 나치 최
초의 돌격대(보안대) 대장 에른스트 룀Ernst Julius Röhm과 좌파 정치
인 그레고어 슈트라서를 총살한 정도가 대표적이니 유혈 집권과는 거
리가 멀다. 히틀러는 집권 중, 전쟁 중 그리고 최후 순간까지도 측근
의 배신을 경험하지는 않았다. 이는 우직한 독일의 국민성과도 관련
이 있을 것이다. 다만 군 일부에서 히틀러를 제거하려는 음모가 있었

는데 히틀러는 충성파의 도움으로 사전에 이를 적발했고 반역자들은 모두 총살되었다. 그가 총통으로 있었던 12년 동안 그의 분노를 야기할 만큼 중대한 사건은 내부에서 일어나지 않았다. 이러한 이유로 히틀러는 스탈린과는 달리 피비린내 나는 내부 숙청을 단행할 필요는 없었다.

히틀러는 시간이 날 때마다 베르히테스가덴* 근교의 베르크호프에 머무르면서 한가하게 지내는 여유를 보였다. 히틀러의 공적인 모습과 사적인 모습은 사뭇 달랐다. 공적으로는 매우 근엄하고 뻣뻣했으나 사적으로는 가식이 없고 자유로운 모습이었다. 측근들을 편하게 대해 주었으며 특히 여성에게 친절하고 관대했다. 격식 없는easygoing 히틀러의 모습을 보면서 여성들은 쉽게 매력을 느꼈다. 히틀러는 시시껄렁한 농담도 곧잘 했고 함께 있으면 유쾌한 사람이었다. 여행을 좋아하는 히틀러는 전국을 돌아다니면서 국민과 직접 접촉하고 소통했다. 관례적인 경호와 의전을 무시하기 일쑤여서 군중들 틈에 섞여 수영을 즐기기도 했다. 히틀러의 이러한 소박한 모습은 인기 정치인의 이미지를 유지하기 위한 것이었지만 한편으로는 모험을 두려워하지 않는 도박사 기질을 여실히 드러낸 것이기도 하다.

. . . .

* 베르히테스가덴(Berchtesgaden)은 뮌헨 남쪽 120킬로에 위치한 바이에른 주의 작은 알프스 마을이다. 1930년대 독일의 소유가 되어 히틀러와 다른 나치 고관들을 위한 휴식처가 되었다. 히틀러의 주 저택은 베르크호프였으나 1939년 그를 위한 선물로 '독수리의 둥지'라고 불리는 집이 지어졌다. 마을 위 높은 곳에 도사리고 있는 작은 저택인 이곳은 바이에른 알프스가 내려다보이는 환상적인 정경을 가지고 있다.

히틀러의 외모와 언행만으로 그가 악인이라고 단정 짓는 사람이 있다면 이는 편견이다. 그가 트레이드마크 격인 콧수염을 기르고 있고, 목소리가 탁하며, 독일어 악센트가 유난히 거세다고 해서 악인으로 본단 말인가? 외모로는 악인과 선인을 구분할 수 없다. 많은 독재자들이 그렇지만 히틀러도 매우 이중적이다. 그는 잔인하고 냉정하지만 다른 한편으로는 관대하고 친절한 사람이기도 했다. 사람의 수준에 따라 대화를 이끌어가는 솜씨가 좋아 상대방에게 거부감을 주지 않았다. 예술을 좋아하는 사람답게 아름다운 것에 대해 감격할 줄도 알았다. 그러나 심사가 뒤틀릴 때는 이 모든 긍정적인 것들이 묻혀버렸다. 평상시의 히틀러와 위기시의 히틀러는 모습이 매우 달랐다. 어느 쪽이 그의 본심이었을까?

히틀러의 행동에는 연출이 많았다. 그가 불같이 화를 내는 것, 사람을 만날 때 눈을 정면으로 쳐다보면서 힘차게 악수하는 것 등은 진심이라기보다 연출이라고 보는 것이 옳다. 선동과 인기몰이를 통해 권력의 정상에 오른 히틀러에게는 개인숭배를 유지하는 것이 관건이었다. 이를 위해 히틀러는 연출을 기획했고 연기의 주인공이 되었다. 충격적인 방식으로 히틀러에게 신고식을 치른 사람들은 평생 그의 추종자가 되었다.

그들은 마치 히틀러도 자신을 평생 기억해줄 것처럼 생각하는 것 같았다. 그러나 쇼는 한번 끝나면 그만인 법. 히틀러는 실제적으로 추종자들에게는 거의 관심을 보이지 않았다. 한편 히틀러는 영화광이었다. 그는 영화 속에서 위안을 얻고 자신의 상상력을 넓히는 것 같았다. 영화광 히틀러는 거의 매일 영화를 즐겼으므로 보좌진은 꼬박꼬박 새 영화를 준비하느라 진땀을 뺏다. 당시만 해도 수준급 영화를 매일 공급한다는 것은 보통 힘든 일이 아니었다. 상상의 세계를 헤매는 히틀러는 기록물이나 심각한 영화보다는 가벼운 오락물을 즐기는 편이었다.

말년의 스탈린도 영화에 심취했다. 스탈린은 별장(다차)에서 파티를 마친 후 간부들과 함께 영화를 보았다. 영화는 공산당 간부들의 일상이 되었다. 스탈린의 취미를 아는 소련군 사령관은 독·소 전쟁에서 승리한 후 괴벨스가 소지했던 엄청난 양의 미국, 영국, 독일 영화들을 모두 스탈린에게 선물로 바쳤다. 스탈린은 탐정 영화, 서부 영화 그리고 갱 영화를 특히 좋아했으나 영화에 선정적인 장면이 들어있는 것은 철저히 금했다.

히틀러는 문서를 들여다보는 것을 좋아하지 않았고 특히 문서를 쓰는 것을 혐오했지만 예외는 있었다. 연설문이라면 이야기가 달랐다. 히틀러는 눈을 반짝이며 연설문 작성에 공을 들였다. 한번 연설문에 매달렸다하면 마음에 들 때까지 며칠 저녁이고 밤늦게까지 책상에서 원고와 씨름했다. 세 명의 비서는 히틀러가 불러주는 대로 초안을 작성했으며 히틀러는 이를 수도 없이 고쳐 완성본을 만들었다.[10] 선동가 히틀러는 자신의 주 무기가 연설인 것을 누구보다 더 잘 알고 있었다. 자신의 생각과 표현이 생생히 살아있는 연설문은 자신만이 작성할 수 있었다. 이렇게 만든 연설문을 가지고 히틀러는 대중을 사로잡 았다.

　많은 독재자들이 그렇듯 스탈린도 이중적인 면을 가진 사람이었다. 어떤 학자들은 스탈린이 담대하고 무자비한 철인(鐵人)이기 전에 사실은 수줍음이 많고 예민한 감성을 지닌 여성적인 인물이었다고 지적한다. 그리고 스탈린이 자행한 피의 숙청은 그의 여린 내면에서 연유한 것으로 분석한다. 스탈린이 유독 해외여행을 꺼리는 것도 연약한 마음 때문으로 돌리고 있다. 이러한 분석에 논란이 있지만 한 가지 확실한 것은 스탈린이 매우 현실적인 사람이었다는 점이다. 그는 늘 계산하는 현실주의자였다. 이러한 성향으로 인해 그의 노선은 변화무쌍했다. 그의 이념은 국가주의에서 사회주의 또는 일국혁명에서 세계혁명으로 오락가락했다. 스탈린은 매우 조심성이 많은 사람이다. 그는 집회 장소에 가서도 항상 신중했으며 좀처럼 먼저 입을 여는 법이 없었다. 앞장서서 말하기보다 주로 남의 말을 들었다. 그런 성격답게 계획을 꼼꼼하게 세우고 이를 실천해나갔으며 성공 확률이 높았다. 말수도 적고 내성적인 스탈린은 비밀이 많았다. 그가 무슨 생각을 하고 무슨 일을 꾸미고 있는지 알 수 없었다. 사실 스탈린은 늘 뒤에서 일을 꾸미고 있었다. 그리고 꾸미는 일이 겉으로 드러나면 이미 그를 저지하는 것은 불가능했다. 그러나 스탈린이 비밀주의로만 일관한 것은 아니었다. 낙천적이고 명랑해 동료들에게 인기가 좋았고 접근도 쉬웠다. 스탈린은 또한 혁명가의 필수적 자질인 사람을 흡인하는 능력이 있었다. 상대에게 신뢰와 안도감을 주는 표정과 말솜씨가 있었기 때문이다. 혁명이란 기존 질서를 무너뜨리고 새로운 질서를 창조하는 힘든 일이기 때문에 처음부터 사람들의 지지와 협력을 이끌어내기는 매우 어렵다. 따라서 우선 사람들을 안심시키고 호감을 얻는 것이 가장 중요한 일이다. 스탈린은 그러한 능력을 가지고 있었다.

역사는 필연적인가

알렉산드로스, 칭기즈칸, 히틀러, 스탈린, 사담 후세인 모두 좋은 의미에서든, 나쁜 의미에서든 역사를 만든 사람들이다. 이들에 관한 연구서는 많이 나와 있다. 그러나 아무리 연구를 해도 한 가지 물음에 대한 답은 명확치 않다. 그것은 "이들만이 당 시대 역사를 이끌 수 있었을 것인가?"라는 의문이다. 빼어난 영웅임에 틀림없는 알렉산드로스와 칭기즈칸의 경우에는 비교적 답이 쉬워 보인다. 이들의 자질이나 업적이 너무 뛰어났기 때문이다. 이들 외에 이러한 정복의 역사를 만들 수 있는 사람을 찾아보기는 어렵다. 나머지 독재자 세 사람의 경우에는 답이 쉽지 않다. 그들이 특이한 자질을 가지고 있었음에는 틀림없다. 그리고 그 자질이 그들이 살았던 시대적 상황과 맞아 떨어졌다는 점에서 공통점은 있다. 그러나 그것만 가지고 그들이 당대에 미친 엄청난 소용돌이를 모두 설명할 수는 없다.

특히 히틀러의 경우에는 더욱 그렇다. 운명의 여신이 역사를 필연적으로 정해놓았다고 볼 수밖에 없는 점이 너무 많다. 히틀러 연구로 유명한 이언 커쇼Ian Kershaw도 이와 같은 의문을 가졌다. 지성, 사교성, 융통성, 리더십은 물론 출신, 학벌, 공직 경험 등 여러 가지 측면에서 결코 우월하다고 볼 수 없는 한 인물이 역사상 전무후무한 충격파를 던졌다는 사실이 잘 믿어지지 않는다는 것이다. 히틀러는 자신이 나쁜 일을 한다는 것을 알고 있었는가? 이에 대한 많은 전문가들의 답은 '노No'이다. 히틀러는 일에 대한 확신을 가지고 있었다. 인류를 구하기 위해 영웅적으로 옳은 일을 하고 있으며 유대인이라는 역병으로부터 독일을 구해야 한다는 믿음을 가지고 있었다는 것이다. 고집스러운 그의 믿음이 문제의 근원이었다. 개인의 믿음 하나에 의해 수천만 명의 목숨이 사라진 것이나 마찬가지다. 20세기를 통틀어 히틀러만큼 엄청난 흔적을 남긴 개인은 없는데 이는 모두 그의 광신적인 믿음에 의한 것이었다. 히틀러는 희대의 확신범이었다.

히틀러가 권력을 잡는 과정 그리고 이 권력을 행사하는 과정에서 다분히 그의 성격이 작용했다. 외골수, 영웅주의, 냉소주의, 무자비한 추진력, 원하는 것에 목숨을 거는 승부사적인 기질, 이러한 것들이 복합적으로 작용해서 그에게 전무후무한 권력을 안겨주었다. 히틀러는 내면에 강력한 욕구를 가지고 있었는데 그것은 자신이 누구보다도 우월하다는 점을 보여주는 것이다. 이 우월감을 드러내기 위해서는 최상의 권력을 필요로 했다. 따라서 권력은 히틀러의 존재 이유였으며 그가 어려운 목표를 달성하고 앞으로 나아가는데 필수불가결한 요소였다. 권력은 히틀러에게 마약과 같았다. 결국 권력은 히틀러에게 인생의 좌표가 된다. 삶의 의미를 잃고 떠돌이처럼 방황하던 비엔나 시절 그리고 우여곡절 끝에 원하던 독일군에 들어갔으나 1918년 패전으로 다시 삶의 방향을 잃었을 때 권력은 그에게 한줄기 빛으로 다가왔다. 이 후 히틀러는 예정된 길을 걸었다. 자아도취적인 자신의 성격이 시대적인 상황과 맞물려 그의 내면에 광신적인 믿음을 형성했으며, 이 믿음이 권력을 안겨주고 세계를 제2차 세계대전의 소용돌이로 몰아넣었던 것이다. 그러나 그것도 한 순간 곧 파국을 맞게 된다. 지나친 확신을 무기로 성공한 히틀러가 확신이 가져오는 약점으로 인해 결국 파멸하고 만 것이다. 이것이 그의 운명이었다.

히틀러가 독·소 불가침조약을 파기하고 전격적으로 소련을 침공한 것은 영국의 마지막 희망을 없애 전(全)유럽을 손에 넣기 위한 것이었다. 소련만이 영국에게 남은 대륙의 유일한 전사(戰士)였기 때문이다. 동구인들은 처음에는 독일군을 해방군으로 여겨 환영하는 분위기였다. 특히 소련의 압제에 시달렸던 우크라이나와 발틱 주민은 독일군을 열렬히 환영했다. 그러나 기대는 이내 공포로 바뀌었다. 나치군은 주민들이 기대했던 해방군이 아니었다. 나치는 우크라이나에서만 5백만 명에 이르는 양민을 학살했다. 고대 영웅들인 알렉산드로스나 칭기즈칸과는 달리 히틀러는 점령지 국민을 자국민으로 편입시키는 데 관심을 보이지 않았다. 히틀러의 목표는 오로지 넓은 영토를 확보하는 것이었다. 독일인이 광대한 생존공간에서 일등신민으로 활동할 수 있도록 하는 것이 목표인 것이다. 이런 목표를 가진 히틀러는 점령지 주민을 제거하거나 몰아내려고 했지 구태여 동화시키려고 하지 않았다.

폴란드는 역사적으로 독일과 은원관계가 많은 곳이나 당시 폴란드는 반(反)유대 성향이 강했기 때문에 조금만 다독거리면 우군이 될 수 있었다. 그러나 히틀러는 폴란드인을 동구의 바퀴벌레로 취급하며 무자비하게 탄압했다. 폴란드의 나치에 대한 증오는 하늘을 찔렀다. 나치의 무모한 정책으로 인해 어부지리를 차지한 쪽은 무너질 위기에 처해있던 소련이었다. 소련 지도자들은 자칫 적이 될 수 있었던 소련 내 소수 민족과 동구인을 오히려 전쟁 자원으로 동원할 수 있었다. 히틀러에 대한 증오심에 불타는 소련은 2천만 명 이상의 희생자를 내면서도 전투를 계속하여 끝내 승리를 거두었다. 나치는 프랑스에서도 민심을 얻는데 실패했다. 마지노선을 돌파한 독일군이 프랑스 영토로 물밀듯 쳐들어왔을 때 프랑스 지도자들은 더 이상의 피해를 막기 위해 독일 측에 협력하려고 했다. 나치에 맞서 싸우고자 했던 프랑스 레지스탕스는 좌파지식인 위주로 구성되었으며 소수에 불과했다. 그러나 독일이 이들을 키워주었다. 나치가 프랑스인을 강제노동에 동원하고 본때를 보이려는 듯 몇몇 마을에서 양민을 학살하자 민심은 급변했다. 레지스탕스의 저항은 요원의 불길처럼 번졌으며 이는 연합군이 프랑스를 재탈환할 때까지 지속되었다. 레지스탕스는 노르망디 상륙

작전 때 결정적인 역할을 수행했다.

1934년 총통이 된 히틀러가 자르란트 수복, 오스트리아 병합, 체코슬로바키아 점령 등 피 한 방울 흘리지 않고 놀라운 외교적인 수완을 발휘한 것은 적의 약점을 잘 알고 이를 적시에 활용하는 능력이 뛰어났기 때문이었다. 그의 측근인 건축가 슈페어는 이를 '예술가적 재능'이라고 표현했지만 도박사적인 본능을 십분 발휘한 때문이었을 것이다. 연달아 블러핑(bluffing:자신의 패가 불리할 때 상대를 제압할 목적으로 거짓으로 강한 베팅이나 레이스를 하는 것)에 성공한 히틀러는 점점 더 판돈을 올렸고 계속 재미를 보았다. 이는 상대방이 그를 잘 몰랐기 때문이다. 그러나 전쟁이 터지고 시간이 지나면서 히틀러의 약점이 드러나기 시작했다. 히틀러의 블러핑은 더 이상 통하지 않았고 그의 공격 본능도 쇠퇴해갔다. 한때 찬란한 빛을 발휘했던 그의 연설도 더 이상 먹혀들지 않았으며 독재체제의 구조적인 약점으로 말미암아 나치의 효율성도 급격히 떨어졌다. 이제 큰 재앙이 닥칠 것이라는 사실이 명확해지면서 사람들을 현혹시켰던 히틀러의 장기는 오히려 약점으로 변했다. 히틀러는 점점 더 주변 사람들을 믿지 않았다. 특히 패전의 소식만을 전하는 장성들을 심하게 불신했다. 자기중심적인 히틀러의 성격은 군사작전에서 큰 장애물로 드러났다. 히틀러는 걸핏하면 화부터 냈고 장군들의 전문적인 의견에 귀를 기울이지도 않았다. 전쟁을 시작한 것도 자신이고 승리를 가져올 수 있는 사람도 자기 밖에 없다는 생각이 그의 뇌리를 지배했다. 이런 상황에서 정상적인 군사작전을 펼칠 수 있는 기회는 점점 잃어가고 있었다.

독·소 전쟁이 한창이던 1941년 겨울, 장군들을 믿지 못하는 히틀러는 스스로 작전 지휘권을 움켜쥐었다. 작전에서 문외한인 히틀러가 이런 짓을 저지른 것은 자살행위나 마찬가지였다. 독일에게는 짙은 먹구름이 몰려오고 있었다. 지나친 자기 확신을 가진 히틀러는 자신의 판단이나 전략에는 추호의 오류도 없다고 믿었기에 일이 잘못될 경우 책임을 모두 군 지휘관에게 돌렸다. 장군들에 대한 신뢰는 바닥으로 떨어졌고 그는 지휘관들의 나약함과 투철하지 못한 사상을 비난했다.

1944년 여름 군 내부에서 히틀러에 대한 암살기도가 있은 후에는 장군들에 대한 불신이 배신감으로 변했으며 나중에는 강박관념이 거의 편집증 수준에 이르렀다. 병사들의 희생 같은 것은 히틀러의 안중에 없었다. 민족의 영광을 위해 그 구성원이 목숨을 바치는 것은 당연한 일이었다. 그의 지휘에 따라 독일군이 최선을 다했음에도 불구하고 전쟁에서 이기지 못한다면 이는 독일이 약한 것이고 약한 민족은 망해도 별 수 없다는 것이 그의 생각이었다. 히틀러는 한 장군에게 독일은 자신과 같은 지도자를 가질 자격이 없다고까지 말했다고 한다.[11]

자칭 '위대한 지도자'인 히틀러는 5천만 명이 넘는 목숨을 앗아가고 이보다 더 많은 사람들에게 씻을 수 없는 고통과 슬픔을 안겨주었다. 히틀러의 미치광이 같은 확신과 자기도취가 불러온 엄청난 결과였다. 히틀러는 그 규모에 있어서 역사상 유례가 없고 20세기 최대의 사건으로 기록될 대 학살극을 제작하고 연출한 주모자이다. 그가 독일 국민을 세상에 우뚝 선 민족으로 만들어줄려고 했던 망상은 산산조각 나버렸다. 히틀러가 영광을 되찾아주려고 했던 제국은 무너져 내렸고 독일은 전승국들에 의해 분할 통치되는 신세로 전락하고 말았다. 히틀러가 유대인과 함께 타도의 대상으로 삼았던 공산주의는 오히려 타오르는 불길이 되어 유럽의 절반을 차지했고 히틀러의 수도를 나누어 가졌다. 히틀러를 영웅으로 여기고 모든 것을 히틀러에게 걸며 그를 숭배했던 독일 국민은 그 대가를 톡톡히 치러야 했다. 독일은 오늘날까지도 히틀러가 끼친 죄과를 사죄하며 히틀러의 망령이 되살아나는 것을 가장 경계해야 하는 나라로 살고 있다. 히틀러의 시대는 한 광신적인 지도자가 대중을 선동하여 정권을 휘어잡는 것이 얼마나 위험한 일인지 극명하게 보여주는 역사의 교훈으로 남았다.

이 책에 나온 인물들이 수많은 전쟁과 죽음의 그림자 속에서 광기 어린 세월을 살아왔음에도 불구하고 대부분 자연적인 죽음을 맞이했다는 것은 다소 의외이다. 알렉산드로스는 젊어서 죽었지만 전쟁터에서 죽지는 않았다. 칭기즈칸과 스탈린도 끝까지 살아남아 자연인으로 죽었다. 히틀러와 사담 후세인만 폭력적인 죽음을 맛보아야 했다. 히틀러는 소련군이 접근하자 베를린 벙커에서 연인과 함께 자살로 생을 마감했다. 재판을 통해 처형된 것은 후세인이 유일하다. 후세인은 미국과 적대 관계를 지속하다가 2003년 미국이 대량파괴무기 색출을 명목으로 일으킨 전쟁에서 패해 바그다드 교외로 도주하여 은신했으나 체포되어 전범재판에 회부되었다. 이라크 법정은 2006년 11월 그에게 사형을 선고했고 12월 30일 교수형이 집행되었다. 생의 마지막 순간까지 집요하게 투쟁했다는 점에서 후세인은 이 책에 나온 인물들 중에서도 가장 끈질긴 인물로 기록될 만하다.

1 사이드 아부리쉬, 박수철 옮김, 「사담 후세인 평전」, 서울: 자전거, 2003, 192-193쪽.

2 아더 웨이고올, 김기웅 역, 「알렉산더 대왕」, 서울: 정음문화사, 1983, 155쪽

3 구종서, 「칭기즈칸에 관한 모든 지식」, 파주: 살림출판사, 2008, 278-279쪽.

4 잭 웨더포드, 정영목 옮김, 「칭기즈칸, 잠든 유럽을 깨우다」, 파주: 사계절출판사, 2005, 183-184쪽.

5 이언 커쇼, 이희재 역, 「히틀러 II: 몰락 1936-1945」, 서울: 교양인, 2010, 408-409쪽, 592쪽.

6 다니엘 마이어슨, 임경민 옮김, 「폭군들」, 서울: 이마고, 2005, 279쪽.

7 방기환 등 편역, 「세계인물대회고록: 스탈린」, 서울: 한국출판공사, 1989, 256쪽.

8 주디스 밀러, 로리 마일로이, 신영수 역, 「사담 후세인의 대야망: 페르시아만의 위기와 그 진상」, 서울: 경향신문사출판제작국, 1991, 49쪽.

9 이언 커쇼, 이희재 역, 앞의 책, 68쪽.

10 이언 커쇼, 이희재 역, 앞의 책, 744쪽.

11 이언 커쇼, 이희재 역, 앞의 책, 918쪽.

2부

희대의 정복자들

알렉산드로스 대왕

Alexander the Great BC356~323, 마케도니아

영웅적인 기상

알렉산드로스는 기원전 356년 마케도니아 왕 필리포스 2세Philippos
Ⅱ의 아들로 태어났다. 필리포스는 그의 형 페르디카스 3세가 전투에
서 죽은 후 왕위를 계승한 어린 조카 아민타스 4세로부터 왕위를 찬
탈했다. 당시 마케도니아에서 왕의 자질로 가장 중요한 것은 전투 능
력이었다. 내전이 계속되는데다 외세의 침략까지 겹쳐 정세가 매우
불안했기 때문이다. 이러한 상황에서 필리포스만큼 적임자가 없었다.
그는 변방의 소국 마케도니아를 그리스 반도의 중심국가로 끌어올린
인물이다. 필리포스와 왕비 올림피아스 사이에서 태어난 알렉산드로
스는 어려서부터 영특하고 여러 방면에 재능이 있었다. 잘생긴 외모

에 총명했고 무술은 물론 운동, 사냥 등에 뛰어났으며 학문에도 소질이 있었다. 아리스토텔레스Aristoteles를 비롯한 그의 스승들은 알렉산드로스를 보며 마케도니아의 빛나는 장래를 점칠 수 있었다. 소년 알렉산드로스는 근육질의 체격에 하얀 피부와 금발머리를 지니고 있었다. 목소리가 하이톤이었고 머리를 왼쪽으로 치켜드는 습성이 있었다고 한다. 알렉산드로스는 단신이었으나 신장의 약점을 뛰어난 운동능력으로 극복했다. 달리기, 던지기, 사냥, 승마 등 당시 유행하던 모든 스포츠에서 탁월했다. 목욕을 좋아했고 튼튼한 이와 뛰어난 소화능력을 가지고 있어 숨결에서 향내가 날 정도였다고 한다. 한마디로 매우 건강한 사람이었다. 알렉산드로스는 음악과 연극 그리고 책을 좋아했다. 호머와 크세노폰의 책을 많이 읽었다. 페르시아 제국의 창시자 키루스 대제의 이야기를 읽고 그를 흠모했다.

어머니인 올림피아스Olympias가 알렉산드로스를 영웅주의자로 만들었다. 알렉산드로스는 자신이 아킬레스나 헤라클레스와 같은 신화적 영웅의 핏줄을 타고 났다고 믿었다. 또 제우스신이 많은 사람 중에서 자신을 선택했다고 믿었다. 이러한 믿음으로 엄청난 야심을 품게 된다. 올림피아스는 지금의 알바니아에 있던 에피루스Epirus 왕국의 공주였는데 필리포스와 결혼하여 알렉산드로스를 낳았다. 필리포스의 네 번째쯤 되는 왕비인 올림피아스는 자신이 아킬레스의 후손이라고 주장했다. 그녀의 할아버지가 트로이 전쟁 때 프리암Priam 왕을 죽인 신화적 인물 네오프톨레무스(Neoptolemus: 또는 '피루스'라고도 함)라는 것이다. 네오프톨레무스는 신화 속에서 아킬레스의 아들로 나온다. 어머니의 영향을 입은 알렉산드로스는 정복전쟁에 나선 BC 334년 트로이를 방문했을 때 조상 아킬레스를 추모하는 제사를 지냈다. 디오니소스교Dionysus 신도였던 올림피아스는 뱀을 능숙하게 다룰 정도로 광신자였는데, 과격하고 질투심이 많았던 여인으로 알려져 있다. 그녀는 어린 아들에게 '영웅, 운명, 신의 은총' 이런 단어들을 신물이 날 정도로 주입시켰다.

알렉산드로스는 여러 명의 스승으로부터 수학했는데. 첫 스승은 어머니의 숙부 레오니다스Leonidas였다. 레오니다스는 특별히 존경하는 스승은 아니었지만 그로부터 왕가의 예의범절 그리고 사치와 태만이 가장 큰 적이라는 사실을 배웠다. 알렉산드로스는 당시 최고의 철학자 아리스토텔레스를 스승으로 모셨다. 아리스토텔레스는 많은 것을 가르쳐주고 가장 큰 영향을 준 스승이었다. '그리스 최고주의자'인 아리스토텔레스는 다른 민족은 모두 야만인이므로 그리스가 세계를 제패하는 것이 역사의 순리라고 가르쳤다. 가장 소중한 교과서는 아리스토텔레스가 주석을 단『일리아드』였다. 알렉산더는『일리아드』를 읽으면서 세계 정복을 꿈꾸었으며 구체적인 계획을 진행시켜 나갔다. 그는 전쟁 중에도『일리아드』와 단검은 베개 밑에 깔고 잤다고 한다. 그가『일리아드』로부터 특별한 영감을 얻게 된 것은 그리스 영웅들의 모험심과 용기를 알고 나서이다. 영웅답게 싸우고 행동하는 법을 배웠다. 정복전쟁 중 알렉산드로스가 페르시아를 비롯한 이방인 여성과 결혼한 것도 『일리아드』의 영향 때문이었다.

다재다능한 알렉산드로스는 식물학, 동물학, 의학 등에도 깊은 관심을 보였다. 전쟁 중 다친 병사들을 직접 돌봐주고 아픈 사람에게 약을 처방해준 것은 관련 분야를 공부했기 때문이다. 실용적인 사람인 것처럼 보이지만 알렉산드로스는 신비주의자였다. 비밀종교 같은 것에 관심이 많았고 예언이나 점괘와 같은 것을 믿었다. 올림피아스의 영향 때문이었을 것이다. 스승 아리스토텔레스로부터 상식과 논리를 중시하는 교육을 받았지만 알렉산드로스는 평생 신비주의를 버리지 않았다.

왕위 등극과 동방원정

알렉산드로스가 태어난 후 부모 사이가 급속히 나빠졌다. 일설에 의하면 침대에 뱀을 올려놓고 디오니소스교Dionysus* 주문을 외우는 올림피아스의 모습을 본 후 필리포스의 심사가 틀어지기 시작했다고 한다. 마음이 떠난 필리포스는 마케도니아 귀족 딸과 결혼했고 올림피아스는 이혼을 걱정해야 하는 신세가 되었다. 결혼식 피로연에서 젊은 왕비의 큰아버지 아탈루스Attalus가 '마케도니아의 적자' 탄생

. . . .

* 디오니소스 즉 바쿠스를 신봉하는 고대 그리스의 종교이다. 사람들은 디오니소스가 기쁨과 쾌락 그리고 아름다움으로 가득 찬 세상을 불러오는 역할을 한다고 믿었다.

을 기원하는 건배를 제의했다. 알렉산드로스의 심기가 크게 상했다. 그렇지 않아도 어머니 때문에 그는 절반만 마케도니아인 취급을 받고 있었고 이는 왕위 계승에 걸림돌이 될 수도 있었다. 분노한 알렉산드로스가 잔을 집어던지자 싸움이 벌어졌다. 피로연을 망쳤다고 생각한 필리포스가 급기야 칼을 빼어들자 알렉산드로스는 어머니와 함께 외가가 있는 에피루스의 도도나Dodona로 피신했다.

시간이 흘러 아버지의 화가 풀린 후에야 알렉산드로스는 마케도니아로 돌아왔다. 무조건 돌아온 것은 아니고 자신의 왕위계승을 전제로 한 귀국이었을 가능성이 높다. 알렉산드로스의 혈통에 좀 문제가 있다고 해도 왕위 계승에 차질은 없었다. 필리포스가 다른 부인들에게서 낳은 자녀 대부분이 공주였기 때문이다. 연회장에서의 사건으로 처가인 에피루스 왕국과 사이가 소원해진 필리포스는 알렉산드로스의 누이 클레오파트라를 외삼촌인 에피루스 왕과 정략 결혼시키고자 했다.

그 당시 삼촌과 조카의 결혼은 드문 일이 아니었고 에피루스는 전략적으로 중요한 곳이었다. 그러나 BC 336년 10월 필리포스는 딸의 결혼식장에 입장하던 중 경비대장 파우사니아스Pausanias에게 암살되고 만다. 아리스토텔레스는 원한관계에 의한 살인이라고 못 박았으나 나중에 다른 주장이 제기되었으며 정설은 없다. 알렉산드로스와 올림피아스가 공모했다는 설도 있는데 근거는 희박하다. 알렉산드로스가 아버지를 살해할만한 동기는 없었다. 부친 사후 알렉산드로스의 행동에서 음모를 짐작할 수 있는 어떠한 요소도 없다. 절름발이에 애꾸눈인 필리포스는 폭력적이며 술에 취해 이성을 잃는 적도 많았다. 또한 밀어붙이는 성격인 그는 끊임 없이 전쟁을 치룬 데다 강압적으로 동맹을 맺었으므로 적이 많았다. 여러 가지 단점에도 불구하고 필리포스는 보기 드물게 유능한 왕이었다. 풍전등화 격인 마케도니아를 안정시키고 강력한 국가로 성장시킨 장본인이다. 마케도니아는 이렇게 강한 왕을 가져본 적이 없었다. 빼어난 군인인 필리포스는 약세인 마케도니아군을 강군으로 탈바꿈시켰고 그들과 함께 전쟁터를 누비며 거듭 승리를 거두었다. 알렉산드로스의 원동력은 결국 아버지로부터 나왔다.

그리스와 페르시아는 서로 앙숙이었다. 이들은 BC 492년부터 448년까지 에게 해Aegean Sea의 해상권을 놓고 거의 50년 동안이나 전쟁을 치렀다. 주로 공격해오는 쪽은 페르시아였고 그리스는 방어에 치중했다. 그리스는 살라미스 해전과 마라톤 전투에서 빛나는 승리를 거두기도 했지만 끝없이 공격해오는 페르시아의 악령에서 벗어날 수 없었다. 굴레에서 벗어나는 길은 페르시아를 정복해버리는 것이었으나 감히 이러한 꿈을 꾸는 사람이 없었다. 재미있는 것은 페르시아가 그리스 인의 손을 빌려 나라를 운영했다는 사실이다. 군인, 상인, 기술자 등 나라를 지탱하는데 필요한 인력을 그리스로부터 데려왔다. 페르시아 왕은 권력을 유지하기 위해 그리스 용병을 고용했고 교역로를 지배하고 있는 그리스 상인의 협조를 얻어 필요한 물품과 기술을 얻을 수 있었다. 페르시아 콤플렉스에 시달렸던 그리스 도시국가들은 오랜 세월이 지나면서 차차 강성해지자 마침내 야심을 품게 된다. 소아시아를 정복한 후 아시아와 유럽 사이에 완충역할을 담당할 그리스 도시들을 건설하려고 했다. 이러한 계획의 입안자가 바로 필리포스였던 것이다. BC 359년 그가 왕위에 오른 후 변방의 마케도니아가 그리스 반도의 강대국으로 떠오르기 시작한다. 만년 약소국이었던 마케도니아 역사상 처음 있는 일이었다. 마케도니아는 전에는 넘나보기도 힘들었던 아테네를 비롯한 다른 그리스 도시들을 빈번히 침범하면서 영토를 확장했다.

전쟁을 계속하던 필리포스는 마침내 BC 338년 케로네아 전투 Battle of Caeronea에서 그리스 연합군에게 승리를 거둠으로써 그리스 반도의 지배권을 확보했다. 반도의 패자가 된 필리포스는 코린트에서 도시국가 대표자회의를 소집하여 동맹을 결성했다. 페르시아가 그리스 신전에 저지른 신성모독죄 등 만행을 응징하기 위한 것이다. 필리포스는 BC 336년 봄 본격적인 침공에 앞서 우선 원정대를 소아시아에 파견했다. 이들의 임무는 그리스 계 소국들을 해방시켜 본국에서 올 정규군의 교두보를 마련하는 것이다.[12] 그러다가 여름에 필리포스가 갑자기 암살됨으로써 20세에 불과한 애송이 알렉산드로스가 왕위를 계승했다. 알렉산드로스는 혼란을 막기 위해 대중 집회에 자주 참석하여 자신이 역량을 갖춘 승계자임을 과시했다. 또한 권력에 장애가 되는 인물을 하나씩 하나씩 제거해 나갔다. 그러나 반대파

를 무자비하게 숙청하지는 않았고 선별적으로 진행하면서 권력기반
을 굳혀나갔다.

집권 초기 우후죽순처럼 일어났던 반란을 제압한 후 알렉산드로스
는 바로 해외원정에 나서려 했으나 뜻대로 되지는 않았다. 그리스 도
시국가들이 일제히 들고 일어났기 때문이다. 케로네아의 치욕을 만회
하기 위해 절치부심하던 그들은 알렉산드로스가 발칸 반도에서 전사
했다는 풍문이 돌자 반란을 일으켰다. 그러나 영웅의 기상을 가지고
태어난 젊은 군주는 만만한 애송이가 아니었다. 알렉산드로스는 모든
반란을 신속히 진압했다. 그러고 나서는 일찍부터 품었던 원대한 꿈
을 실현하기 위해 망설이지 않고 동방원정에 나섰다. 페르시아의 다
리우스 3세는 알렉산드로스의 침공을 막기 위해 그리스 도시국가에
게 선심 공세를 펴면서 동맹을 요청했다. 스파르타가 이 요청에 넘어
갔으나 알렉산드로스의 보복을 두려워한 아테네와 테베는 거절했다.
테베 점령을 마지막으로 알렉산드로스의 그리스 제패는 완성되었다.
저항이 심했던 테베에서 알렉산드로스는 본때를 보였다. 전 도시를
불태워 파괴했으며 6천 명 이상을 죽이고 3만 명을 노예로 삼았던 것
이다. 그리스 역사상 한 도시국가가 이렇게 심하게 당한 적은 없었다.

알렉산드로스가 유독 그리스 도시국가에게 엄격했던 것은 동방원
정 후 일어날지 모르는 반란의 싹을 자르기 위해서였다. 사실 알렉산
드로스는 잔인함보다는 자비심이 돋보이는 지도자였다. 그의 자비에
관한 일화는 많다. 테베를 점령했을 때 트라키아 병사들이 한 여인을

끌고 와 단죄해줄 것을 요청했다. 장교를 살해했다는 것이다. 알렉산
드로스는 여인을 친히 심문한 후 그녀를 풀어주도록 명령했다. 살해
당한 장교는 이 여인의 집에 침입하여 여인을 강간한 후 재산을 은닉
해둔 장소로 안내토록 협박했다. 장교를 우물로 인도한 여인은 그가
우물 속을 살펴보는 틈을 타 밀어뜨려 살해했다. 여인의 증언을 들은
알렉산드로스는 여인의 손을 들어주었다. 동정심과 정의감이 있는 지
도자임을 보여준 일화이다.

강군 양성과 융화정책

마케도니아 군대의 핵심은 팔랑크스Phalanx라고 불리는 창병이다.
팔랑크스는 사릿싸Sarissa라는 긴 창을 사용했는데 창의 길이는 4.5
미터나 되었다. 이 창은 적군 선봉부대의 4열까지 찌를 수 있는 길이
였으므로 팔랑크스는 활이나 돌과 같이 날아오는 것을 제외하고는 모
든 무기의 사정권 밖에 있었다. 사릿싸와 팔랑크스 부대의 밀집 진영
은 필리포스 시절에 개발되었다. 보통 16명씩 8줄로 서서 긴 창을 앞
에 든 채 적진으로 밀고 들어가는 팔랑크스의 위용은 적에게 공포의
대상이었다. 팔랑크스 진영에서 가장 중요한 것은 대열을 이탈하지
않는 것이다. 이를 위해 뒤쪽 열에는 경험이 풍부한 병사들을 배치했
다. 밀고 들어가는 전법이므로 밀리지 않는 것이 생명이었다. 죽어도

물러서는 일이 없도록 팔랑크스 대원들은 혹독한 훈련을 받았다. 마케도니아 병사들은 근접전에 대비해 단검을 보유하고 훈련도 받았으나 주 무기는 역시 긴 창으로 적을 격파하는 것이었다. 팔랑크스는 강력했으나 약점도 있었다. 기동성이 떨어졌고 들판과 같이 넓은 평지가 아니면 작전을 펼칠 수가 없었다.

먼 원정을 떠나면서 가장 중요한 일은 믿을만한 사람에게 본국을 맡겨놓는 것이다. 알렉산드로스는 아버지가 오랫동안 신임했던 두 명의 장군 중 안티파트로스를 섭정으로 임명했다. 알렉산드로스는 또한 만일의 경우에 대비해 병력을 전부 동원하지 않고 보병 1만 2천 명과 기마병 1천 5백 명을 남겨 놓았다.

각지의 귀족들로 구성된 마케도니아 기마병은 헤타이로이Hetairoi라 불렸는데 '동료기사들'이라는 뜻이다. 이들은 그만큼 연대의식이 강했다. 기마병도 긴 투창으로 무장했다. 산수유나무로 만든 투창의 길이는 3미터 가량 되었으며 양편에 날을 가지고 있었다. 보병은 평민으로 구성되었다. 3만 명에서 5만 명에 이르는 보병들도 5.5미터에 이르는 긴 창을 가진 밀집부대로 편성되었다. 특수부대인 팔랑크스 외에도 마케도니아군은 모두 장창으로 무장한 셈이다. 장창으로 무장하고 잘 훈련된 당시 마케도니아군은 천하무적이었다. 그러나 마케도니아 병력만 가지고는 세계를 정복하는데 부족했다. 알렉산드로스는 코린트 동맹에 가입한 다른 그리스 도시국가 출신들로 보병 7천 명과 기마병 6백 명을 더 모았다. 현재 그리스 동북부에 있는 테살리아인

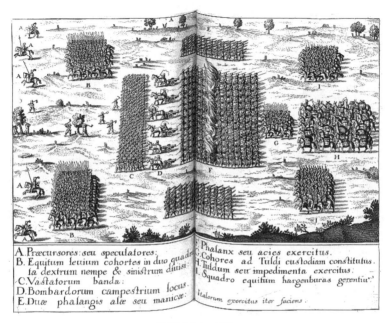

A. Præcursores seu speculatores;
B. Equitum levium cohortes in duo quadra
   ta dextrum nempe & sinistrum divisi:
C. Vastatorum banda:
D. Bombardorum campestrium locus.
E. Duæ phalangis alæ seu manicæ:
F. Phalanx seu acies exercitus.
G. Cohortes ad Tuldi custodiam constitutus.
H. Tuldum seu impedimenta exercitus.
I. Squadro equitum hargenburas gerentiu:

Italorum exercitus iter faciens.

팔랑크스Phalanx 대형.

은 특별히 용맹한 사람들로 정평이 나 있었다. 알렉산드로스는 테살
리아인으로 1천 8백 명의 기마병을 추가로 구성했다. 발칸 반도의 다
른 민족들인 트라키아인, 페오니아인, 일리리아인 등도 알렉산드로스
에게 우수한 병사들을 보내주었다.[13]

　홋날 일이지만 페르시아를 점령한 후 알렉산드로스는 아케메네스
황제들처럼 제국의 모든 곳으로부터 능력과 의욕에 따라 병사들을 모
집하여 세상에서 가장 강성한 군대를 거느리게 된다. 3만 명의 젊은
페르시아 인이 힘과 용모에 따라 선발되어 그리스어를 배우고 마케

팔랑크스Phalanx 부대 전투 장면.

도니아 식 군사교육을 받았으며 군의 일부를 구성했다. 기마병은 페르시아인, 박트리아인, 소그디아나인, 아라코시아인, 자란기아인, 아레이안 및 파르티아인 등으로 구성되었다. 해군도 다양하고 강력했다. 함정의 숫자가 2천여 척에 달했다. 해군은 페니키아인, 사이프러스인, 이집트인 등으로 구성되었으며 함장은 그리스와 페르시아 출신이 대부분이었다. 알렉산드로스는 12만 명의 병력을 끌고 인도 정벌에 나선다. 6개월에 걸친 인더스 유역 행군은 알렉산드로스의 전쟁사에서 가장 험악한 원정이었다. 인도 부족들의 강력한 저항에 부딪치자 알렉산드로스는 최소한 8만 명의 인도인을 무자비하게 살상하고 그보다 더 많은 숫자를 노예로 포획했다.

신에 대한 믿음이 강한 알렉산드로스는 정복 전쟁 중에도 기도로 일상을 시작했다. 장군과 병사들을 모아놓고 제우스신에게 참배했다. 그 후의 일정은 전투 아니면 행정을 보는 것이었다. 운동과 공부를 좋아하는 알렉산드로스는 틈틈이 사냥을 즐겼고 시간이 나는 대로 독서도 했다. 알렉산드로스는 늘 본국으로부터의 보고에 귀를 기울였다. 도시 국가들의 반란이 지속되었기 때문이다.

스파르타에서 일어난 반란은 BC 331년 안티파트로스가 이를 진압할 때까지 지속되었다. 안티파트로스는 어려운 일이 생기면 반드시 알렉산드로스에게 보고해 그의 결재를 요청했다. 안티파트로스는 섭정의 임무에 충실했다. 그는 평생 군인답게 충실하고 엄격한 섭정이었으나 올림피아스와는 성격이 맞지 않았다. 안티파트로스에 대한 그녀의 불평과 비난 그리고 폄하는 원정 내내 알렉산드로스를 괴롭혔다. 질투심이 많은 올림피아스는 알렉산드로스의 측근과 친구들에 대해서도 적대감을 드러냈다. 그녀는 특히 알렉산드로스의 절친 헤페스티온을 심하게 질투했다. 알렉산드로스는 어머니에게 자주 편지를 보내 안부를 물었고 점령지에서 구한 진귀한 선물을 보내곤 했다. 그러나 가끔 불만도 표출했다. "어머니가 나를 9개월 간 뱃속에 담고 다닌 대가로 너무 많은 것을 요구한다"라고 말한 것이다.

알렉산드로스가 골머리를 앓은 것은 점령지의 통치체제를 효율적으로 갖추는 일이었다. 그는 그리스 식 행정체제를 기본으로 하되 현지 실정에 맞도록 유연성을 부여했다. 새로 임명한 현지 지도자는 가

급적 그리스인 대신 현지인 중에서 골랐다. 점령지가 넓어지면서 알렉산드로스의 직책도 다양해졌다. 그는 이집트에서는 파라오, 페르시아에서는 황제가 되었고 자신의 이름을 따 이곳저곳에 건설한 알렉산드리아의 군주가 되었다. 군과 병사들에 대한 알렉산드로스의 애정은 유별났다. 병사들의 이름을 대부분 기억했으며 늘 친근감을 표시했다. 전쟁을 시작하기 전날에는 막사를 돌며 병사들의 이름을 일일이 부르고 다정한 인사를 나누었다. 병사를 아끼는 그는 개개인의 고민거리를 청취한 후 이를 해결해주기도 했다. 마케도니아군은 강군으로 알려졌으나 로마군과는 달리 사소한 일로 병사에게 무자비한 형벌을 가하지는 않았다. 물론 마케도니아군의 규율은 엄했다. 예를 들어 팔랑크스가 전투 대형을 갖출 때 꾸물거리는 자는 자격이 없는 것으로 간주하여 즉시 퇴출시켰다. 알렉산드로스는 늘 최강의 군대를 유지하기 위해 최선을 다했다.

점령지를 항구화하기 위한 알렉산드로스의 전략은 로컬화 정책이었다. 알렉산드로스는 바빌론에 입성했을 때 페르시아 왕 크세르크세스Xerxes가 파괴한 신전의 복구를 명한 뒤 사제들의 권고에 따라 바알 신에게 제사를 지냈다. 바빌론의 주민은 이러한 제스처를 보인 알렉산드로스를 열렬히 환영했다. 마케도니아군은 한 달 가량이나 바빌론 성에 머물면서 술과 음식을 대접받았다. 성적(性的)으로 매우 개방된 당시 바빌론에서 병사들은 원하는 여자들과 즐거운 시간을 보낼 수 있었다. 알렉산드로스의 로컬화 정책은 이집트에서도 계속된다.

알렉산드로스는 이집트를 점령한 후 현지인이 섬기는 신에게 무릎을 꿇음으로써 호감을 얻었다. 페르시아의 아케메네스 왕조를 종식시킨 알렉산드로스는 자신이 아케메네스 왕인 것처럼 행동했다. 페르시아 인은 물론 인종과 민족에 관계없이 재능 있는 사람을 발탁하여 관청 과 군대에 편입시켰으며 그들이 그리스인과 융합하여 일하도록 했다. 알렉산드로스는 자신에 대항해 싸운 페르시아 총독들에게도 관용을 베풀었다. 그들에게 충성 서약을 받은 후 총독으로 재임명했다.

알렉산드로스는 다리우스 3세를 물리치고 페르시아에 입성했을 때 자신을 정복자가 아닌 아케메네스 왕조의 합법적인 계승자로 소개했 다. 페르시아의 위대한 군주 키루스 2세에 대해 극도의 존경심을 표 함으로써 국민의 환심을 샀다. 솔선수범해서 페르시아 여인들과 결 혼했으며 부하들에게도 결혼을 장려했다. BC 324년 알렉산드로스 와 약 90명의 그리스 장교들은 페르시아와 메디아* 귀족 가문의 여자 들과 혼례를 치름으로써 융화정책의 진수를 보여줬다. 수사에서 개 최된 이 합동결혼식에서 알렉산드로스는 다리우스 3세의 장녀 바르 신Barsine 및 다른 한 명의 왕족과 동시에 결혼식을 올렸다. 결혼식 은 온전히 페르시아 식으로 치러졌다. 이질적인 문화에 익숙하지 않 은 부하들은 다소 당혹스러웠겠지만 알렉산드로스의 이러한 융화정 책은 페르시아인의 지지를 얻어내는 데에는 매우 유용한 것이었다.

* 메디아(Media) 왕국은 아시리아 멸망 후 기원전 1천 년 경 이란고원 북서부를 중심으로 활동했던 이란계 메디아 족이 세운 왕국이다. 수도는 엑바타나(지금의 하마단)였다.

알렉산드로스가 동방원정을 떠난 지 10년 후인 BC 324년경이 되면 유럽과 아시아에 걸쳐 일찍이 볼 수 없었던 강력하고 광대한 제국이 생겨난다. 점령지가 동쪽으로 확대되면서 그리스어, 그리스문학, 예술, 건축, 철학 등이 지중해를 건너 아시아로 전파되었다. 반대로 동방으로부터 색다른 문화가 지중해 쪽으로 계속 유입되었다. 이집트, 메소포타미아, 페르시아, 중앙아시아 및 인도 등으로부터 지금까지 접해보지 못한 다양한 문화가 들어온 후 그리스 문화와 혼합되어 헬레니즘으로 알려진 새로운 문화가 탄생했다.

아마 알렉산드로스는 자신의 정복으로 인해 새로운 문화가 탄생할 것으로 예측하지는 못했을 것이다. 그러다가 헬레니즘의 원조 격인 알렉산드로스는 불과 32세의 나이로 갑자기 죽고 말았다. 알렉산드로스가 사망하자 그가 짧은 시간에 이룩한 대제국은 금방 분열되었다. 구심점을 잃었기 때문이다. 몇 명의 핵심 측근을 중심으로 어떻게 해서든 통일 제국을 유지해보려는 시도는 있었으나 결국 불발로 그치고 말았다. 그의 제국은 알렉산드로스를 보필했던 4명의 그리스 장군들이 분할한 후 각자 왕국을 이루어 통치하는 구조로 정착되었다.

페르시아 침공

페르시아는 넓은 교통망을 가지고 있었다. 바빌론, 수사, 페르세폴리스 등과 같은 제국의 중심 도시는 메소포타미아, 소아시아 및 이집트로 이어지는 길을 가지고 있었으며 그 길은 아시아 쪽으로 나아가 인도와 연결되었다. 비단길의 일부를 구성하는 정교한 교통망은 평시에는 무역로(貿易路)로 페르시아의 경제를 지탱하는 근간이었으며 전시에는 군수물자의 운송로(輸送路)로서 전략적 자산이었다. 페르시아는 도로 순찰대를 두어 교통망을 보호했다. 아케메네스 왕조는 넓은 영토와 많은 민족을 포괄하는 고대의 중심 제국 중 하나이다. 그리스를 침공한 크세르크세스가 살라미스 해전에서 패한 후 세력이 다소 약해지기는 했으나 알렉산드로스가 동방원정에 나섰을 때 페르시아는 여전히 남북으로는 중앙아시아에서 홍해, 동서로는 에게 해에서 인더스 강에 이르는 광대한 제국이었다.

페르시아는 전 영토를 20여 개의 주로 분할한 뒤 각 주에 사트라프(페르시아어로 '권력의 수호자'라는 의미)라고 불리는 총독을 두어 다스렸다. 작동이 잘 되는 효율적인 지방분권체제였다. 사트라프는 중앙의 황제에게는 절대적으로 복종했으나 자신이 다스리는 지방에서는 왕과 같은 권위를 누리고 있었다. 페르시아의 통치는 개방적이었다. 아케메네스 왕조는 점령지의 언어와 문화 그리고 전통을 유지토록 허용했다. 날카로운 판단력을 가진 선대 황제들 덕분에 아케메네스는 230년 동안이나 다민족국가를 순조롭게 통치할 수 있었다. 아케메네스는 지방분권적인 관용정책을 펼치지 않고는 결코 점령지 지배계급의 협력을 얻을 수 없으며 이들의 협력 없이는 권력을 유지할 수 없다는 사

페르가몬 제단 The Great Atlar of Pergamon. BC 164~156년에 세워진 헬레니즘의 대표적인 건축물. 19세기 말 오스만 투르크(터키)측의 허가 아래 독일이 옮겨 왔다. 베를린 페르가몬 박물관 소장.

실을 잘 깨닫고 있었다. 개방정책은 종교에서도 마찬가지였다. 이질적인 민족에게 페르시아의 신(神)만을 섬기라고 강요할 경우 위험한 결과가 초래될 수 있음을 인지한 것이다. 종교적 관용의 사례는 많다.

페르시아의 가장 위대한 왕으로 추앙되는 키루스 2세Cyrus II (사이러스 대제)는 BC 538년 바빌로니아 왕 네부카드네자르에 의해 끌려와 50년 동안 바빌론에서 포로생활을 하고 있던 유대인을 풀어주었다. 이들이 예루살렘으로 돌아가 자신이 섬기는 야훼신의 신전을 재건토록 허락한 것이다. 키루스 2세의 발자취를 따라 후대 왕들인 캄비세

가르니 신전 Garni Temple. 아르메니아 수도 예레반의 외곽지역인 코타이크Kotayk 지방에 있는 신전. 헬레니즘 건축 양식의 걸작으로 손꼽힌다.

스 2세와 다리우스 1세는 이집트를 정복한 후 파라오가 되어 이집트의 신을 숭상하는 의식을 치렀다.

BC 334년 초 알렉산드로스는 숙적 페르시아를 정복하기 위해 동원할 수 있는 모든 군대를 이끌고 소아시아로 향함으로써 신화를 창조하기 시작했다. 22세의 젊은 알렉산드로스는 수염부터 깎았다. 면도를 금기시하던 당시의 관습을 과감하게 깨뜨린 것이다. 털복숭이보다는 면도한 말끔한 모습이 그의 취향에 맞았던 것 같다. 미남형의 알렉산드로스는 마치 신화 속에서 튀어나온 사람처럼 보였다. 섭정 안티파트로스는 알렉산드로스에게 혼인하고 자손을 둔 후 출병토록 권유했으나 허사였다. 야망에 불탄 알렉산드로스에게 결혼이나 후사는 우선순위가 아니었다. 먼저 결혼을 하고 출병한 뒤 임지에 신부를 불러 후사를 두는 방안도 있었으나 받아들이지 않았다. 사실 고대왕국에서 후사는 매우 중요한 문제인데 그의 진의는 무엇이었을까?

첫째, 알렉산드로스가 페르시아 정복에 자신감이 넘쳤던 것으로 추측할 수 있다. 뜻을 이루고 돌아와서 결혼해도 늦지 않다고 생각했을 것이다. 둘째, 후계자가 펠라에 남아 있는 어머니의 손에 의해 길러지는 것을 꺼렸을 수 있다. 알렉산드로스는 어머니를 사랑하기는 했으나 존경하지는 않았다. 흠이 많은 어머니에게 자식을 맡기는 것을 원치 않았다. 어려서 어머니의 압도적인 영향력 아래 자란 알렉산드로스는 자식까지 그렇게 되기 원치 않았다. 여자라고는 어머니 밖에 모르던 알렉산드로스는 청년기까지 여자들에게 별 관심이 없었다. 늘 남자 친구들에 둘러싸여 지냈다. 이 때문인지 가까운 친구와 동성애 관계에 빠졌다. 알렉산드로스는 동방원정 후 비로소 여자들에게 관심을 보이기 시작했고 결혼도 원정 중에 했다.

알렉산드로스는 측근들로 친위대를 두었다. 왕을 밀착 경호하며 보필하는 친위대는 10여 명의 젊은이로 구성되었다. 이들은 '보디가드'라는 뜻의 소마토필라크Somatophylaques로 불렸으며 선망의 대상이었다. 알렉산드로스의 어릴 적 친구인 클레이토스가 대장으로 임명되었다. 친위대가 화려하게 보이기는 하지만 전권은 없었고 모든 명령은 알렉산드로스가 직접 내렸다. 젊은 알렉산드로스는 멋쟁이 지휘 관이었으며 모든 일에 솔선수범했다. 전투에서 앞장 서는 것을 두려 워하지 않았고 적의 목표가 되는 것도 아랑곳하지 않았다. 멀리서도 한눈에 띄는 흰 깃털장식이 꽂힌 투구를 쓴 채 아끼는 명마 부케팔로 스Bucephalus를 타고 전장을 누비고 다녔다.

페르시아의 다리우스 3세는 알렉산드로스의 공격을 예상하고 있었 다. 필리포스가 BC 337년 이미 원정대를 파견한 적이 있기 때문이다. 다리우스는 당시 그리스 출신 용병대장 멤논에게 침략자를 격퇴하는 임무를 맡겼는데 멤논은 이 임무를 훌륭히 수행했다. 멤논은 원래 그 리스 남동쪽 로도스 섬 출신이지만 페르시아의 유력한 가문에 줄을 대고 있는 사람이다. 그는 전에도 여러 번 마케도니아군을 무찌른 적 이 있는 경험이 풍부한 장군이었다. 멤논이 필리포스의 원정대에게 승리를 거둔 것이 페르시아에게는 오히려 독이 되었다. 마케도니아군 을 쉽게 물리쳤다는 승리감에 들떠 자국의 군사력을 과대평가하는 방 향으로 흘러가버렸기 때문이다. 사실 멤논이 이끄는 군대를 강군으로 평가하기는 어려웠다. 병사 대부분은 그리스 남부 출신으로 페르시 아-그리스 간 평화협정 체결 후 오갈 데가 없게 된 사람들이었다. 용병 으로 멤논군에 가담한 이들의 목표는 전투에서의 승리보다 돈을 버는 것이다. 용병들 중 목숨을 걸고 악착같이 싸우는 병사는 드물었다.

알렉산드로스가 대군을 이끌고 쳐들어온다는 소식을 듣고 페르시 아에서는 전군 지휘관회의가 열렸다. 이 회의에서 멤논은 지연작전을

알렉산드로스와 그의 애마 부케팔로스Bucephalus.

제의했다. 그의 주장은 합리적이었다. 멤논은 알렉산드로스가 충분한 준비를 갖추고 출병한 것이 아님을 간파하고 있었다. 알렉산드로스가 한 달 분의 군량미만 가지고 출병했으며 자금도 넉넉하지 않음을 간파한 것이다. 이러한 상황에서 알렉산드로스는 가급적 속전속결로 나올 것이므로 이에 넘어가지 말고 시간을 끄는 것이 승리의 첩경이라고 주장했다. 하지만 전에 거두었던 필리포스 원정대에 대한 승리가 발목을 잡았다. 마케도니아군이 별 것 아니라고 생각하는 페르시아 장군들이 일제히 멤논의 주장에 반대한 것이다. 병력의 우위에 대한 자만심, 국토를 적의 말발굽으로부터 지켜야겠다는 조급함, 그리고 왕에게 승리의 기쁜 소식을 속히 올려야겠다는 공명심 등이 장군들의 귀와 눈을 가렸다. 페르시아는 이 자만심으로 인해 첫 번째 전투에서 패하게 된다. 이들이 쉽게 생각했던 젊은 군주는 애송이가 아니었다. 알렉산드로스의 전략은 비상했고 그의 군대는 용맹무쌍했다. 페르시아와 멤논의 연합군은 지푸라기와 같이 스르르 무너지고 말았다. 멤논의 제안에 따라 지연작전을 펼쳤더라면 식량과 자금이 부족한 알렉산드로스군은 버티기 어려웠을 것이다. 페르시아 장군들의 오판과 허영심 그리고 공명심이 알렉산드로스에게 승리를 안겨준 것이다.

무기 체계에 있어서 마케도니아군은 페르시아군보다 우위에 있었다. 페르시아군은 무기를 던져서 적을 살상하는 투창 위주였고 더욱이 투창의 숫자도 부족했다. 이들은 백병전에 쓸 단창을 가지고 있지도 않았다. 이에 반해 마케도니아군은 긴 창외에도 백병전에 대비한 전투용 창을 별도로 소유하고 있었다. 백병전이 벌어지자 허리에 찬 단검으로만 싸워야 하는 페르시아군과는 달리 칼과 창을 모두 가지고 있는 마케도니아군이 우위에 서는 것은 당연했다. 백병전에서의 승리는 마케도니아에게 돌아갔다. 소아시아의 그라니쿠스Granicus강 부근에서 벌어진 첫 번째 전투에서 알렉산드로스는 강을 건넌 후 적진

알렉산드로스와 다리우스Darius의 첫 번째 교전인 이수스 전투The Battle of Issus.(알브레이트 알트도르퍼 Albrecht Altdorfer作)

에 돌격해 들어가다 포위되어 전사할 뻔 했는데 친위대장 클레이토스가 그를 구했다. 하마터면 역사가 바뀔 뻔한 순간이었다. 이 전투에서 알렉산드로스는 생포한 그리스 용병들을 모두 죽였다. 그리스인이 다시는 페르시아 편에 가담하지 못하도록 경고하기 위함이다. 용병대장 멤논은 후일을 기약하며 도망쳤고 주전파였던 페르시아 총독 아르사메스Arsames는 자결했다. 기념비적인 이 전투에서 마케도니아 측 희생자는 25명에 불과했다. 알렉산드로스는 희생자의 동상을 세우고 유가족에게 세금을 면제해줌으로써 예우를 베풀었다. 알렉산드로스는 죽은 페르시아 장군들도 예를 갖추어 매장했으며 그리스 용병들은 그리스 식으로 장례를 치러주었다.

알렉산드로스는 해방시킨 아나톨리아 반도의 도시들에 그리스 식 민주주의를 도입했다. 이로써 증오의 대상이었던 참주(폭군) 중심의 페르시아 식 행정체제가 무너졌다. 알렉산드로스는 자신이 페르시아의 계승자로서 통치자임을 명확히 선언했고 시민들은 환호했다. 도시가 해방되자 억압받아온 시민들은 지배 계층에게 복수극을 펼쳤다. 아르테미스 신전으로 유명한 에페수스에서는 도가 지나쳐 너무 많은 귀족이 살해됨으로써 알렉산드로스가 직접 개입해야 했다. 해방된 도시들은 알렉산드로스군의 보급창고 역할을 했다. 필요한 물자와 재정 그리고 군사적 지원을 하는 것이 이 도시들의 임무였다. 알렉산드로스로서는 이제 든든한 후방기지를 얻은 셈이다. 그라니쿠스에서 피신한 멤논은 해군을 동원하여 에게 해를 장악한 후 알렉산드로스가 없는 본국 마케도니아를 침공할 계획을 세웠다. 그는 뛰어난 지략가임에 틀림없다. 그러다가 갑자기 병이 들어 죽고 말았다. 이제 다리우스로서는 의존할만한 군사(軍師)가 사라져버린 것이다. 하늘이 알렉산드로스를 도왔다. 역사상 위대한 업적을 남긴 많은 영웅들과 마찬가지로 알렉산드로스도 대단한 행운아였다.

알렉산드로스와 다리우스 간의 첫 번째 직접 교전은 BC 333년 11월 킬리키아의 이수스Issus 부근에서 벌어졌다. 결판을 내려 했던 다리우스 3세로서는 어리석은 선택이었다. 페르시아 보병과 기마대는 산과 강 그리고 바다로 가로막힌 좁은 평원에서 공격다운 공격 한번 제대로 못해봤던 것이다. 수적으로 우세한 페르시아는 보다 넓은 전장을 택했어야 옳았다. 대회전(大會戰)을 앞두고 알렉산드로스는 마케도니아군은 그리스를 위해 싸우는 자유인이지만 페르시아군은 돈을 위해 싸우는 노예라고 역설함으로써 병사들의 자부심을 고취시켰다. 알렉산드로스는 병사들이 잘 먹고 잘 쉴 수 있도록 배려했다. 고금(古今)의 전쟁사를 꿰뚫고 있는 그는 병사들이 큰 싸움을 앞두고 너무 긴장한 탓에 영양과 수면이 부족하여 전투에서 제대로 역량을 발휘하지 못하는 경우가 많다는 사실을 알고 있었다. 병사들의 긴장을 풀어주는 것이 승리의 관건이었다.

페르시아 정예부대인 왕실 직속 기마대가 용맹스럽게 싸웠지만 마케도니아군이 전술에서 한 수 위였다. 마케도니아 보병이 중앙에서 적의 진영을 돌파하자 알렉산드로스는 컴페니온 기병대(헤타이로이)를 이끌고 직접 다리우스의 본진을 공격했다. 알렉산드로스의 압박에 생명의 위협을 느낀 다리우스는 전차를 버리고 도망쳤다. 비명(碑銘)에 '최고의 기수, 최고의 사수, 최고의 투창수'라는 3관왕으로 기록된 다리우스가 왕권의 상징인 망토와 활을 버려둔 채 도망쳤던 것이다. 페르시아의 명장 나바르자네스Nabarzanes가 고군분투했지만 왕이 도망치자 그도 별 수 없이 후퇴하고 말았다. 이것으로 승패는 결정되었다. 이 전투에 동원된 페르시아군의 숫자에 대해서는 거품이 많아 프톨레마이오스는 60만 명에 달한다고 기록했으나 명백한 과장이다. 현대의 역사가들은 10만여 명의 페르시아군과 4만여 명의 마케도니아군이 맞선 이 전투에서 페르시아 측 사망자 3만 명 그리고 마케도니아 측 사망자 7천 명 정도로 추산하고 있다.

저녁에 승전 파티를 벌이던 중 알렉산드로스는 여인들의 울부짖는 소리를 들었다. 다리우스의 왕비와 두 젊은 딸의 울음소리였다. 다리우스의 전차와 망토가 전리품으로 수거되었다는 소식을 듣고 왕이 죽은 것으로 생각했던 것이다. 알렉산드로스는 수하를 보내 다리우스의 생존 소식을 알려 이들을 안심시켰다. 이튿날 알렉산드로스는 다리우스의 가족을 직접 방문하여 황태후 시시감비스Sisygambis, 다리우스의 이복동생이자 부인인 스타테이라Stateira, 두 딸, 그리고 어린 아들의 안전을 약속했다고 한다. 영웅에 걸맞는 자비로운 행동이었다. 이 일로 알렉산드로스는 시시감비스와 좋은 관계를 유지하게 된다. 알렉산드로스의 자비로운 이미지는 이수스 전투 이후 널리 퍼지기 시작했다. 전투가 벌어지기 전 알렉산드로스는 이수스에 야전병원을 차려 병들고 부상당한 군인들을 남겨놓고 남쪽으로 향했다. 알렉산드로스가 없는 동안 이곳에 도착한 다리우스는 병원에 남아 있는 모든 군인을 죽였다. 그러나 알렉산드로스는 승전 후 페르시아의 만행에 보복하지 않았다. 보복을 원칙으로 삼는 고대의 전투에서 이 같은 행위는 매우 이례적인 것이었다. 이수스 전투 승리 후 알렉산드로스는 멤논의 미망인 바르신Barsine을 첩으로 삼았다. 바르신은 알렉산드로스에게 첫 번째 여자가 되었다. 알렉산드로스는 바르신과의 사이에 아들 헤라클레스를 두었다.

팔레스타인과 이집트 정복

이수스 전투 승리 후 알렉산드로스는 다리우스를 더 이상 쫓지 않았다. 왕을 쫓아다닐 경우 친(親) 페르시아 세력이 연합할 가능성이 높았다. 그렇게 되면 적에게 협공을 당할 우려가 있다. 그러한 상황이 발생하는 것을 막기 위해 알렉산드로스는 지중해 연안의 도시를 점령하는데 주력했다. 서쪽에서 튼튼한 교두보를 만든 후 페르시아 본토를 치기 위한 전략이다. 다마스쿠스와 시돈 등 주요 도시들을 손쉽게 점령한 알렉산드로스는 티레Tyre에서 완강한 저항에 부딪쳤다. 티레인들은 알렉산드로스가 항복하라고 보낸 사신을 죽여 시신을 바다에

던졌다. 다리우스 편에 선 티레는 알렉산드로스군의 진군을 막음으로써 왕에게 복수전을 준비할 시간을 벌어주려고 했다. 티레가 이렇게 배짱 좋게 나온 데에는 그만한 이유가 있었다. 지중해 바닷가에 우뚝 선 티레 성은 높이가 75미터에 달하는 철옹성이다. 누구도 티레를 육지 쪽으로부터 공격할 수 없었다. 알렉산드로스는 높은 공성탑을 세워 성을 공격하려 했으나 실패했다. 이제 바다로부터 공격하는 수밖에 없었다. 알렉산드로스는 시돈에서 가져온 200여 척의 선박으로 공격을 개시했으나 여의치 않았다. 티레가 선박들을 묶은 밧줄을 끊어버리자 알렉산드로스는 이를 쇠줄로 교체해야 했다. 티레는 성문을 굳게 닫고 수비에 치중하는 한편 기회가 되는대로 기습공격을 감행하여 알렉산드로스군의 사기를 떨어뜨렸다. 알렉산드로스는 바다를 메워 긴 방파제를 만든 후 겨우 승기를 잡을 수 있었다. 티레 성에 들어가기까지 7개월이나 걸린 혈전이었다. 성이 함락되자 알렉산드로스는 보복에 나섰다. 저항한 병사 8천 명을 죽이고 이중 2천 명은 십자가형에 처했으며 3만 명이나 되는 시민을 노예로 삼은 것이다.

전쟁준비를 채 끝내지 못한 다리우스는 티레가 함락되자 다급히 화친을 요청해왔다. 다리우스가 내건 조건은 가족을 풀어주는 대가로 1만 달란트 배상금 지급, 유프라테스 강 이서(以西)의 소아시아 지방 할양, 동맹조약 체결, 그리고 딸을 알렉산드로스와 혼인시키는 것 등이었다. 이에 대해 알렉산드로스의 부관이자 아버지 필리포스의 오랜 친구인 파르메니온은 자신 같으면 이 조건을 받아들이겠다고 했다.

그러나 알렉산드로스는 이를 받아들이지 않았다. 거부한 이유는 간단했다. 돈은 필요 없고, 영토는 이미 지배하고 있으며, 다리우스의 허락 여부에 관계없이 원하면 언제든지 딸과 결혼할 수 있다는 것이다. 알렉산드로스는 파르메니온과는 달리 위험 부담을 마다하지 않는 사람이었다.

티레 이후의 지중해 도시 점령은 가자를 제외하고는 순조로운 편이었다. 티레에서의 무자비한 보복이 알려진 때문이었을 것이다. 가자 전투에서는 위기가 있었다. 항복을 가장하여 알렉산드로스를 암살하려 한 괴한으로부터 큰 부상을 당했다. 이 때문에 알렉산드로스는 군인 1만 명을 죽이고 부녀자를 노예로 삼는 보복을 단행했다. 가자에서의 소문을 들은 이집트는 거의 무방비였다. 도시들이 잇달아 문을 열고 그를 맞이했다. 알렉산드로스는 BC 332년 가을 펠루시움 Pelusium에 입성했고 곧 이어 수도 멤피스에도 무혈 입성함으로써 이집트 정복을 완성했다. 수도 점령 후 알렉산드로스는 멤피스의 수호신 프타Ptah를 형상화한 신성한 황소 아피스Apis에게 제사를 지냈다. 이집트인은 새로운 파라오에게 경의를 표했다. 알렉산드로스의 승리는 육지에서 뿐만 아니라 해상에서도 계속되었다. 마케도니아 함대가 에게 해에서 페르시아 해군에게 승리를 거두어 지중해와 에게 해를 모두 장악하게 된 것이다.

알렉산드로스는 지중해의 패권자가 된 것을 기념하기 위해 나일 강 삼각주에 자신의 이름을 딴 새로운 도시 '알렉산드리아'를 건설했다.

예루살렘에 있는 신의 사원을 찾아간 알렉산드로스.

알렉산드리아는 프톨레마이오스 시대에 수도가 되었고 현재에도 이
집트 제2의 도시이다. 이를 시초로 알렉산드로스는 점령지마다 여러
개의 알렉산드리아를 건설했다. 신의 계시를 중시하는 알렉산드로스
는 정복이 끝난 후 8일간 이나 사막을 여행하여 리비아 사막의 중앙

에 있는 시와Siwah를 방문했다. 시와는 제우스-암몬신의 신당이 있는 곳이다. 이곳의 점성술사는 알렉산드로스가 세계를 정복할 운명을 가졌다고 예언했다. 시와 방문은 정치적인 의미도 내포했다. 이집트인의 성지에서 신에게 제사를 지냄으로써 그가 진정한 파라오임을 과시했기 때문이다. 1798년 전격적으로 이집트를 침공한 나폴레옹은 2100년 전의 인물을 떠올리며 알렉산드로스의 정치적 감각에 찬사를 보냈다고 한다. 험난한 여정에도 불구하고 시와를 찾아감으로써 이집트인의 마음을 얻었다는 사실을 알게 된 것이다. 나폴레옹은 동방정복을 위해서는 자신도 메카를 순례할 용의가 있다고 말했다고 한다.[14]

가우가멜라 전투와 다리우스의 최후

이제 알렉산드로스의 가장 유명한 승리인 가우가멜라 전투Battle of Gaugamela에 대해 언급할 때가 되었다. 가우가멜라는 지금의 이라크 아르빌에서 북서쪽으로 120킬로미터 떨어진 조그만 마을이다. 이집트를 평정한 알렉산드로스는 다시 메소포타미아로 향했다. 티그리스 강 건너편에서는 다리우스가 알렉산드로스를 기다리고 있었다. 다리우스는 자신의 사촌이자 박트리아 총독인 베수스가 모집한 박트리아인과 소그디아나인으로 구성된 군대, 코카서스로부터 인도의 경계에 이르는 각 지역으로부터 모병한 군대, 그리고 나바르자네스가 이

가우가멜라 전투 The Battle of Gaugamela.

끄는 기마병 등으로 대규모 병력을 구성했다. 기마병은 이수스의 패배를 교훈삼아 훨씬 개량된 무기와 장비로 무장했으며 넓은 평원을 무대로 삼았다. 페르시아는 마케도니아 기병을 저지하기 위해 인도에서 코끼리 부대까지 데리고 왔다. 바빌론 총독 마제우스Mazeus를 사령관으로 하는 페르시아군은 강 건너편에서 마케도니아군을 기다리고 있었다. 이들은 기마병이 움직이기 쉽도록 평원을 반듯하게 다져

놓았다. 다리우스는 보병에 대해서는 다소 우려가 있었으나 기마병에 대해서는 자부심을 가지고 있었다. 근심거리는 각지에서 모인 다양한 병사들 사이에 소통할만한 공통 언어가 없다는 점이다. 전투가 벌어지면 작전에 융통성을 발휘해야 하는데 통역만 가지고는 어려운 상황이 발생할 수 있었다.

가우가멜라 전투를 앞두고 모인 병력은 페르시아군이 보병 20만 명과 기병 4만 명, 그리고 알렉산드로스군은 보병 4만 명에 기병 7천 명 정도로 페르시아 측이 다섯 배 정도 우세했다. 전략 회의에서 전쟁 경험이 많은 파르메니온은 수적 열세를 만회하기 위해 전격적인 야간 기습을 감행하자고 주장했다. 그러나 알렉산드로스가 반대했다. 그는 야간전투의 위험성과 예측 불가능성을 잘 알고 있었다. 적인지 아군인지 모르고 날뛰다가 전멸을 당할 수도 있으며 이긴다고 하더라도 적이 다시 모일 가능성이 높았다.

알렉산드로스는 정면 승부를 택했다. 새벽 출정 시 잠을 잘 자두는 것이 가장 중요했다. 알렉산드로스는 병사들을 일찍 재우고 자신도 숙면을 취했다. 페르시아 측 상황은 이와 반대였다. 다리우스는 파르메니온이 주장한대로 마케도니아군이 야간 기습을 해올 것으로 예측했다. 기습에 대비하기 위해 다리우스는 병사들에게 잠들지 말고 진영을 지킬 것을 명했다. 이것이 승부를 갈랐다. 최상의 컨디션으로 전투에 나선 마케도니아군과는 반대로 잠을 자지 못한 페르시아군의 컨디션은 최악이었다. 좌군을 이끄는 파르메니온이 페르시아의 명장 마제우스와 일진일퇴를 벌이고 있는 동안 우군을 이끄는 알렉산드로스는 다리우스를 노리고 페르시아군의 중앙으로 돌진했다. 알렉산드로스는 다른 때와 마찬가지로 적의 목표가 될 것을 알면서도 눈에 띄는 차림으로 부케팔로스 위에 앉아 전투를 지휘했다. 알렉산드로스가 마차를 향해 돌진해오자 겁을 먹은 다리우스는 부상을 당한 마차 병 대신 직접 고삐를 잡고 도망쳤다. 왕이 도망치자 페르시아군은 지푸라기처럼 무너졌다. 이수스 때와 비슷한 상황이 된 것이다. 마제우스가 이끄는 페르시아 기병대가 파르메니온의 팔랑크스 부대를 돌파하여 마케도니아 측에 심각한 위협을 가하지 않았더라면 아마 다리우스는 포로로 잡혔을지도 모른다. 마제우스는 최선을 다해 싸웠으나 왕이 도망친 것을 알고는 자신도 군사를 거두어 바빌론 성으로 후퇴했다. 마제우스가 퇴각한 후 알렉산드로스는 지휘봉을 파르메니온에게 맡기고 다리우스를 추격했으나 그를 잡을 수는 없었다. 알렉산드로스는 이수스에 이어 두 번 씩이나 중요한 전장에서 홀로 도망친 다리우스를 몹시 경멸하였다. 파르메니온 때문에 그를 놓쳤음에도 불구하고 파르메니온에게 아무런 견책도 가하지 않은 것이다.

　이 전투에서 양측이 얼마나 피해를 입었는지는 정확히 알기 어렵다. 여러 가지 설이 있으나 알렉산드로스군도 상당한 피해를 입은 것은 확실하다. 그러나 도망치기에 바쁜 페르시아군이 훨씬 더 큰 피해를 입은 것은 분명했다. 이 전투로 인해 페르시아군은 거의 괴멸되었고 전의를 상실하고 말았다. 전쟁사가(戰爭史家) 마스든E. W.

Marsden은 가우가멜라 전투를 이렇게 평가한다. "엇갈리는 보고가 수시로 들어오는 혼란 속에서도 알렉산드로스가 침착과 냉정을 잃지 않고 올바른 판단을 하며, 신속하고 사려 깊은 명령을 내리는 비상한 능력을 발휘한 반면, 다리우스에게는 그런 능력이 없었다. 그것이 패인이었다."

가우가멜라에서 패한 뒤 바빌론으로 돌아간 마제우스는 성문을 활짝 열어 마케도니아군을 맞아들였다. 이제 다리우스의 시대는 끝난 것으로 본 것이다. 메소포타미아의 유서 깊은 역사를 지닌 바빌론은 당시 그 지역에서 가장 크고 부유한 도시였다. 알렉산드로스는 이 도시에서 모처럼 한 달 간의 휴식을 즐겼다. 스승 레오니다스Leonidas로부터 사치와 방종을 멀리 하고 검소하게 살라는 교육을 받은 알렉산드로스는 지금까지 그렇게 살아왔으나 바빌론 이후 풍족함을 즐기는 스타일로 변했다고 한다. 병사들은 술과 여자, 오락 등에 봉급을 탕진하며 한 달 동안 고삐 풀린 시간을 보냈다. 아랍에서 이슬람교가 생기기 9백 년 전인 당시 바빌론은 성(性)적으로 문란할 정도로 개방된 도시였다. 성경의 소돔과 고모라를 연상케 하는 쾌락과 사치와 방종의 도시, 당시 바빌론의 모습이었다. 돈을 가진 병사들은 직업여성뿐만 아니라 여염집 여자들과도 얼마든지 관계를 가질 수 있었다고 한다. 지금의 이슬람 세계에서는 상상하기 어려운 일이다.

페르시아의 아케메네스 왕조는 가우가멜라 전투의 패배로 사실상 종언을 고했다. 이후 알렉산드로스군 앞에는 걸림돌이 없었다. 성경

의 다니엘서와 에스더서의 무대로 유명한 수사Susa에 도착한 알렉산
드로스는 엄청난 양의 재물을 획득했다. 수사궁 안에는 역대 왕들이
모아 놓은 귀금속이 보관되어 있는 보물창고가 있었다. 고대의 기록
에 의하면 이 창고에 금 4~5만 달란트(1,300-1,650톤)와 금화 9천 달
란트(300톤)가 있었다고 한다.[15] 과장이 있었겠지만 실로 엄청난 양이
다. 이 보물을 얻은 알렉산드로스는 단숨에 제국 최고의 부자가 되었
다. 출병 당시 빈곤했던 재정 상태는 이제 옛 이야기가 된 것이다. 알
렉산드로스는 가지고 있는 금으로 바빌론의 조폐창에서 원하는 만큼
돈을 찍어내 필요한 병력과 무기 그리고 물자를 구입할 수 있게 되었
다. 이러한 사실은 중요한 의미를 갖는다. 시대를 막론하고 정복자들
이 처음부터 모든 조건을 완벽하게 갖춘 뒤 출정에 나서는 경우는 거
의 없다. 부족하지만 강한 신념과 정열에 의지하여 출정에 나서는 경
우가 대부분이다. 따라서 이들에게는 부족한 식량과 돈을 마련하는
것이 늘 현실적인 문제였다. 알렉산드로스가 이를 극복하는 모습을
보여준 것은 후세의 정복자들에게 귀감으로 남았다.

　마케도니아 세력이 커질수록 유럽 여러 나라에서 저항의 물결도 높
아졌다. 이는 마케도니아의 주력군이 원정에 나선 틈을 이용한 것이
기도 했고 알렉산드로스의 욱일승천하는 승리의 소식에 영원히 열등
국가로 전락하지 않을까 두려워한 때문이기도 했다. 반란은 맨 먼저
트라키아에서 일어났다. 주동자는 다름 아닌 마케도니아의 장군이었
다. 그러나 반란은 곧 진압되었다. 그 후에는 스파르타가 반란을 지휘

해 마케도니아에 처음으로 승리를 거두기까지 했다. 하지만 그 반란
도 결국 무위로 끝났고 이를 계기로 스파르타는 급속도로 몰락했다.
그리스 반도의 강자 스파르타가 반란에 실패한 후 사실상 유럽에서의
반란은 종지부를 찍었다. 점령지가 넓어지면서 할 일이 많아지던 차
에 늘 본국에 신경을 써야 했던 알렉산드로스에게 그만한 희소식이
없었다. 알렉산드로스는 이제 자신의 꿈인 세계 정복에만 몰두할 수
있게 되었다.

알렉산드로스는 BC 330년 1월 페르시아의 수도 페르세폴리스
Persepolis에 입성했다. 페르세폴리스는 이란 남부 시라즈에서 북동
쪽으로 70킬로미터 정도 떨어진 곳에 있는 고대 도시이다. 지금까지
유연했던 알렉산드로스의 태도는 이 도시에 들어오면서 돌변했다.
그는 부하들에게 광범위한 약탈을 허용했으며 도시에 불을 질러 거
의 폐허로 만들었다. 병사들은 알렉산드로스로부터 백지위임장을 받
자 고삐 풀린 말처럼 약탈자로 변했다. 병사들은 남자들을 죽이고 부
녀자를 납치하여 노예로 삼았다. 시민들의 재산은 모두 침략자의 차
지가 되었다. 막대한 양의 금과 보석이 알렉산드로스의 금고로 들어
왔다. 알렉산드로스는 12만 달란트(약 4천 톤)에 이르는 왕실의 어마
어마한 보물을 모두 수사로 옮겼다고 한다. 플루타크는 말 1만 필과
낙타 5천 마리를 동원하여 겨우 이 보물을 옮길 수 있었다고 기록했
다.[16] 바빌론과 수사에서 약탈을 금했던 알렉산드로스가 왜 페르세폴

리스에서는 이를 전면 허용했을까? 수사를 방문했던 알렉산드로스는 페르시아인의 적개심이 불타고 있음을 감지했다. 이를 그대로 놔두면 반란으로 연결될 가능성이 높았다. 알렉산드로스는 페르시아 인이 감히 그에게 도전할 엄두를 내지 못하도록 어떤 특단의 조치를 취할 필요성을 느끼고 있었다. 그가 취한 방법은 수도 페르세폴리스를 파괴하는 것이었다.

축제와 주연이 벌어지는 동안에도 알렉산드로스는 불을 질러 왕궁을 파괴했다. 이는 아케메네스 왕조는 더 이상 존재하지 않고 주인이 바뀌었다는 사실을 상징적으로 보여주는 것이었다. 사실 이 사건에 대한 역사가들의 해석은 분분하다. 당시 알렉산드로스가 다소 취해 있었다는 설이 있는가 하면, BC 480년 크세르크세스 1세가 아테네의 아크로폴리스를 방화한 것에 대한 복수였다는 설도 있다. 알렉산드로스가 페르세폴리스로 입성할 때 그를 맞이했던 8백여 명의 그리스인이 모두 불구자가 되어 있었던 것도 한 원인이라고 한다. 알렉산드로스는 이들의 모습을 보면서 분노했을 것이다.

도망친 다리우스는 어떻게 되었을까? 가우가멜라를 빠져나온 그는 아케메네스 왕조의 여름 궁전이 있는 엑바타나로 피신했다. 이곳에서 전열을 정비한 후 다시 한 번 싸워보고자 한 것이다. 바빌론, 수사, 페르세폴리스의 함락에도 불구하고 페르시아 대제국의 황제인 다리우스에게는 아직도 많은 재물이 있었다. 그는 최대한으로 병사를 모으려 했다. 가우가멜라에서 다리우스와 함께 도망친 병사들 중에는 이

다리우스의 시신을 확인하고 있는 알렉산드로스.

란 동쪽 호라산Khorasan 출신이 많았으므로 다리우스는 주로 그들에게 의지했다. 호라산은 지금의 아프가니스탄, 투르크메니스탄, 파키스탄 등에 걸쳐 있는 넓은 지역을 말한다. 그러나 일은 다리우스의 뜻대로 되어가지 않았다. 오히려 그들이 반란을 일으킨 것이다. 음모의 주동자는 그에게 충성을 다하는 것처럼 보였던 박트리아 총독 베수스Bessus였다. 이수스 전투의 용장 나바르자네스도 이 음모에 가담했다. 결국 다리우스는 베수스에 의해 죽고 만다. 말다툼 끝에 베수스가 창으로 찌르자 부상을 입은 다리우스는 피신했으나 상처로 인해 사망했다. 베수스는 야심가였다. 다리우스가 죽은 후 자신을 아케메네스의 위대한 왕이었던 아르타크세르크세스의 화신(化神)이라고 자처하며 왕권을 차지하려 했다. 이 소식을 들은 알렉산드로스는 베수스를 반역자로 지목하고 체포령을 내렸다. 베수스는 결국 알렉산드로스군에게 체포되어 재판을 받은 후 사형에 처해졌다. 코와 귀가 잘린 후 몸은 야생동물의 먹이로 던져지는 참혹한 형벌이었다.

한편 반란에 가담했으나 나바르자네스는 사면을 받았다. 그는 애국심이 강한 군인으로서 다리우스를 제거하는 것이 페르시아를 지키는 길이라고 믿었다. 군인 정신을 높이 산 알렉산드로스가 그를 살려준 것이다. 알렉산드로스는 다리우스의 시신을 페르세폴리스에 있는 그의 어머니 시시감비스에게 보내 장례를 치러주도록 배려했다. 베수스가 처형된 후에도 당분간 반란은 계속되었다. 호라산 지역 사람들은 기질적으로 쉽게 누구에게 복종하는 사람들이 아니다. 호라산은 아무 다리야 강 이남에서 힌두쿠시 산맥의 북쪽에 이르는 광대한 지역으로 박트리아와 소그디아나 등을 포함한다. 넓은(大)지역답게 이곳을 지배하는 토착민은 호전적이고 자존심이 강했다. 호라산의 전사들은 결코 만만한 사람들이 아니었다. 페르시아 지배 하에서도 그들은 사실상 독립국가와 같이 행세했다. 또한 그들은 중무장한 알렉산드로스군 앞에서도 겁을 집어먹지 않았다. 싸워보지도 않고 알렉산드로스에게 굴복할 경우 영원히 예속될 것을 우려한 것이다. 도처에서 반란이 속출하자 알렉산드로스군은 잠정적으로 철수해야 했다.

다리우스는 큰 키에 준수한 용모를 갖춘 남자다운 사람이었다고 한다. 젊은 시절의 다리우스는 용맹하면서도 정의심과 관용 그리고 온화함을 갖춘 빼어난 지도자였다. 그러나 막상 왕위에 오르자 신격화됨으로써 이러한 미덕을 발휘할 기회를 잃은 것으로 보인다. 다리우스는 페르시아의 전통에 따라 '왕 중의 왕'이 되어야 했고 모든 면에서 완벽한 신과 같은 인물로 포장되었다. 그의 주변에는 미신과 우상이 들끓었다. 그는 사제, 궁정관리, 환관들에 둘러싸여 지냈다. 왕이 된 다리우스는 평범한 인간이 아니라 세상을 지배하는 신에 가까운 존재였다. 마음대로 죽거나 적의 포로가 될 수도 없었다.[17] 아케메네스의 황제들은 고대로부터 내려오는 환상의 세계에서 살아야 했다. 현실과는 타협이 불가능했다. 다리우스는 무력했고 전쟁과 관련된 문제에서는 전략이 부족했다는 결점이 있다. 그러나 그는 인간적으로 그렇게 약점이 많은 사람은 아니었다. 폭군도 아니며 잔인하지 않았고 백성을 괴롭히지도 않았다. 그러나 찬란했던 아케메네스 왕조를 끝내야 하는 것이 그의 운명이었다. 결국 알렉산드로스의 제물이 되고 만 것이다.

중앙아시아 정복

호사다마라던가. 페르시아를 점령한 알렉산드로스에게 내부 갈등이 생겼다. 이는 기본적으로 알렉산드로스의 태도에 변화가 생겼기 때문이다. 순박한 마케도니아 청년이던 알렉산드로스는 대제국 페르시아를 정복한 후 황제처럼 행동하기 시작했다. 아케메네스 왕실의 의식을 따라 페르시아 식 옷을 입고 왕관을 썼으며 서찰에 페르시아 왕실의 도장을 찍었다. 페르시아 황제처럼 300여 명이나 되는 하렘 여인들에 둘러싸여 지냈다. 이런 행동을 어릴 적 친구 필로타스가 정면으로 비난했다. 이로 인해 필로타스는 반역죄로 몰렸고 고문 끝에 유죄판결을 받아 처형되었다. 필로타스는 아버지 대부터 가신인 노장 파르메니온의 아들이기도 하다. 파르메니온의 반란을 두려워 한 알렉산드로스는 자객을 보내 그도 제거하고 말았다. 이러한 일로 인해 알렉산드로스의 내부 진영은 뒤숭숭했고 긴장감에 쌓였다. 알렉산드로스의 마음도 편했을 리 없었다. 세상에는 좋지 않은 일이 얼마든지 발생할 수 있다는 사실을 깨닫게 되었다.

알렉산드로스의 태도 변화에 의구심을 가진 사람이 필로타스 뿐만은 아니었다. 마케도니아 출신 대부분은 알렉산드로스가 고국의 민주적 전통을 깨고 전제군주가 되려 한다는 의심을 가졌다. 절친 헤페스치온은 알렉산드로스를 자각시키기 위해 이를 소재로 한 연극을 공연하기도 했다.[18] 불만이 커지면 사건이 일어나는 법. 궁에서 파티가 벌어졌을 때 알렉산드로스의 측근이자 친구인 클레이토스가 입을 열었다. 알렉산드로스를 겨냥한 직언이었다. 클레이토스는 유럽 출신인 알렉산드로스가 갑자기 아시아 사람이 되었다고 하면서 알렉산드로스가 전제군주 행세를 하고 있는 것을 강력히 비난했다. 마케도니아 전통으로는 왕과 귀족 간의 관계가 정립되어 있는데도 불구하고 알렉산드로스가 이를 무시하고 귀족을 얕본다는 것이다. 이 말에 격분한 알렉산드로스는 창으로 클레이토스를 찔러 죽이고 말았다. 클레이토스는 어릴 적 유모의 동생이고 아시아 원정 후 최초로 벌어진 그라니쿠스 강 전투에서 자신의 목숨을 구해준 생명의 은인이기도 했다. 큰 실수를 저지른 것을 깨달은 알렉산드로스는 클레이토스를 찌른 창으로 자신을 찌르려 했다. 주변 사람들이 말리지 않았더라면 큰 부상을 당했을 것이다. 성격이 과격한 클레이토스도 좀 참는 편이 좋았다. 특히 알렉산드로스가 취했을 때 그를 자극하면 안 되는데 타이밍이 좋지 않았다. 여하튼 말 한마디로 인해 측근 한 명이 어이없이 죽고 말았다. 알렉산드로스는 사흘 동안 식음을 전폐하면서 자신의 행위를 깊이 뉘우쳤다고 한다.

알렉산드로스를 죽이려는 음모도 있었다. 왕실 시종들이 공모하여 막사에서 그를 살해하려 한 것이다. 이들은 그의 숙소 당번 순위를 조작하여 암살자를 배치했다. 그러나 계획대로 되지 않았다. 암살이 계획된 밤 연회에 참석했던 알렉산드로스가 만취하여 숙소로 돌아오지 않았던 것이다. 다음 날 음모가 밝혀지자 가담자들은 모두 심한 고문을 받고 처형되었다. 문제는 주동자를 색출해내는 일이었다. 시종들은 고문에도 입을 열지 않았다. 수사팀은 궁정 역사가 칼리스테네스에게 의심의 눈길을 돌렸다. 칼리스테네스는 알렉산드로스를 신격화하는 데 큰 공을 세운 인물이었으나 최근 급격히 신임을 잃고 있었다.

알렉산드로스의 페르시아 식 통치를 비판하기 시작했던 것이다. 칼리스테네스는 결국 음모 주동자로 몰려 사형에 처해졌다. 그는 알렉산드로스의 스승 아리스토텔레스의 조카이기도 하다. 조카의 죽음으로 인해 왕과 스승 간에는 서먹한 기류가 형성되었다.

알렉산드로스는 동방원정을 떠나기 전까지는 호모였다고 하는데 동방 원정에서 여자를 알게 되었다. 그러나 그의 호모 행각은 지속되었던 것으로 보인다. 동성애 파트너로 알려진 사람은 최측근이자 어릴 적부터 친구인 헤페스치온과 다리우스의 시종이었던 미남 바고아스 등이다. 일설에 의하면 나바르자네스가 바고아스를 소개했으며 그 대가로 알렉산드로스는 다리우스 암살에 연루된 나바르자네스를 사면했다고 한다. 알렉산드로스의 여성 편력은 왕 치고는 화려하지 않다. 멤논의 미망인 바르신이 첫 번째 여자였고 중앙아시아의 소그디아나를 점령한 후 정말로 좋아하는 여자를 만나게 된다. 부족장의 딸 로크사네에게 홀딱 반한 것이다. 로크사네는 정식으로 그의 첫 번째 부인이 되었고 아들을 낳아주었다. 그리고 인도 원정 후 전략적인 목적에서 페르시아 왕녀 2명과 동시에 결혼하게 된다. 페르시아 및 아시아 점령지와의 통합을 중시하는 알렉산드로스는 마케도니아 병사들에게 아시아 여성과의 결혼을 장려했다. 이는 병사들이 아시아에 귀속감을 갖도록 하는 한편 사내아이들을 낳아 마케도니아 군인으로 키우려는 의도였다.

중앙아시아 정복은 결코 만만한 일이 아니었다. 스키타이계, 투르크계 민족들은 용맹했고 전투에 능했다. 지방의 호족들은 자신의 영지를 지키기 위해 조직적으로 저항했다. 특히 BC 329년 힌두쿠시 산맥을 넘어 박트리아와 소그디아나로 진격했을 때 스키타이족 장군 스피타메네스Spitamenes에게 당한 일은 두고두고 알렉산드로스의 뇌리에 남았다. 스피타메네스는 알렉산드로스군의 요충지인 마라칸다를 공격해왔다. 이를 물리치기 위해 알렉산드로스는 기마병과 보병이 각각 절반인 3천 명의 군대를 파견했는데 마케도니아 지휘관이 개념 없이 일방적인 공격을 명령함으로써 예기치 못한 사태가 벌어졌다. 폴리티메토스 계곡에서 많은 병사들이 죽음을 당한 것이다. 이것은 마케도니아군이 평지전투에서 패배한 최초의 사건으로 기록되었다. 군의 사기가 저하될 것을 우려한 알렉산드로스는 패전 사실을 일체 비밀에 붙였다.

소그디아나Sogdiana(사마르칸트)에서는 영주들이 연합한 후 농민군을 결성하여 결사적으로 저항했다. 반란을 모두 제압하는데 1년 이상이 걸렸다. 알렉산드로스는 '전쟁의 신'답게 매우 창의적이었다. 전장의 상황에 적응하는 능력이 뛰어났다. 중앙아시아는 험준한 지형으로 인해 군대의 진군을 가로막는 어려운 여건들이 많았다. 알렉산드로스는 이를 극복하기 위해 여러 가지 방법을 고안해냈다. 예를 들면 강을 건널 때 배를 묶은 밧줄을 풀면 배들이 강물을 따라 떠내려가다가 지정된 장소에 멈추게 된다. 이때 병사들이 뱃머리에 올라 돌을 가득 채운 광주리를 물속으로 집어던진다. 닻 대신 배를 고정시키기 위한 방법이다. 이런 식으로 내려오는 배들을 차례차례 고정시킨다. 그러고 난 후 맞붙은 배에 판자를 깔고 못을 박아 하나로 연결시켜 배로 다리를 만들었다. 알렉산드로스군의 진군에 있어서 가장 큰 장애물은 강이었다. 알렉산드로스는 참모들과 함께 무사히 강을 건너는 방법을 고안해냈다. 아마도 배로 연결된 다리를 만든 것은 이때가 역사상 처음이었을 것이다.

인도 원정과 회군

BC 327년 알렉산드로스는 인도 원정에 나선다. 출정 군대는 다양한 민족으로 구성되었고 많은 아시아 민족이 섞여 있었다. 페르시아인, 팔레스타인인, 스키타이인, 박트리아인, 소그디아나인, 아라코시아인, 파라파미사드인 등 다민족·다국적군이었던 것이다. 물론 군의 중심은 어디까지나 유럽인이었다. 마케도니아군이 늘 선봉에 섰고 그 뒤에 다양한 아시아인으로 구성된 지원군이 따르는 그러한 형태였다. 알렉산드로스의 군대는 12만 명에 달했다. 이중 1만 3천 명은 기병이고 5만 5천 명은 전위 보병이다. 이러한 규모의 병력은 그리스 역사상 처음이었다. 대 부대의 병참을 위해 2천여 척에 달하는 배들이 동원되어 인더스 강에서 군수물자를 날랐다.

알렉산드로스가 처음으로 만난 적은 포루스Porus왕이다. 포루스는 동맹을 요청하는 알렉산드로스의 제안을 일언지하에 거부했다. 포루스는 인더스의 지류 중 하나인 젤룸 강 너머에 진을 쳤으며 코끼리 부대를 거느리고 있었다. 알렉산드로스는 곧 강을 건너 쳐들어 갈 것처럼 기만전술을 구사하다가 폭우가 내리는 틈을 타 전격 기습을 감행했다. 헤페스치온과 페르디카스 등 측근은 물론 나중에 한 나라의 왕이 되는 프톨레마이오스, 리시마코스, 셀레우코스 등 장군들이 모두 참가한 이 전투에서 알렉산드로스는 대승을 거두었다. 인도 측에서는 1만 2천 명이 사망하고 9천 명이 포로로 잡힌 반면, 마케도니아 측 피해는 1천여 명에 불과했다. 승전 후 알렉산드로스는 포루스와 정식으로 동맹을 맺었다. 비록 패했으나 용감한 장수라는 점을 높이 샀고 앞으로의 진격을 위해 도움이 필요했기 때문이었다.

  알렉산드로스는 도시를 세우는 전통에 따라 이 지역에 2개의 도시를 건립하고 각각 니케아와 부케팔로스로 명명했다. 애마의 이름을 딴 이유는 부케팔로스가 30세 고령으로 죽었기 때문이다. 포루스가 알려준 정보에 의존하여 많은 도시를 점령한 알렉산드로스는 계속 동쪽으로 나아가고자 했다. 아케시네스(체나브)강과 히드라오테스(라비)강을 건넌 알렉산드로스는 히파시스(베아스)강 근처에 이르러서야 자신의 계획이 얼마나 무모한 것인가를 알게 되었다. 인도를 정복하려면 우선 히파시스 강을 건너야 하는데 이 강을 무사히 건넌다고 해도 한반도보다 넓은 타르 사막(인도 사막)을 지나야 했다. 이 사막을 통과하는 데에만 최소 보름이 소요된다. 타르 사막을 통과해서 계속 진군

알렉산드로스군에 체포된 인도 북부 카슈미르지방의 왕 포루스Porus(샤를 르 브룅 Charles le Brun作).

하면 갠지스 강에 도달하는데 막강한 적수가 기다리고 있었다. 전차 2천 대와 코끼리 4천 마리를 거느린 난다 왕조의 마가다 왕이 바로 그이다. 페제 왕이 알려준 그 같은 불길한 정보에도 불구하고 모험심이 강한 알렉산드로스는 히파시스 강을 건너기로 작정했다.[19]

이번에는 알렉산드로스의 뜻대로 되지 않았다. 8년간의 원정으로 지치고 피곤한 병사들은 앞으로도 몇 년이 더 걸릴지 모르는 원정을 계속해야 한다는 말에 폭발했다. 그들은 한 목소리로 불만을 토로했다. 페르시아와 중앙아시아까지는 참을 수 있었다. 그러나 인도는 달랐다. 인도 원정길은 그들에게는 최악이었다. 기후와 지형이 그리스와는 너무 달랐다. 무더운 날씨에 끊임없이 내리는 비, 진흙탕에 빠진 마차를 끄집어내야 하고 진흙투성이인 장화를 신고 무거운 발길을 옮겨야 하는 현실, 우글거리는 뱀과 독충 등 병사들의 사기는 땅에 떨어졌다. 그들에게는 인도의 보물이나 진기한 물건도 안중에 없었다. 그저 몸과 마음이 지쳐 돌아가고 싶은 생각뿐이었다. 군 내부에 큰 동요가 있음을 알아 챈 알렉산드로스는 병사들을 한 자리에 모았다. 병사들의 마음을 달래 다시 진군케 하려는 의도에서였다. 병사 대표로 알렉산드로스의 아버지뻘 되는 노병 코에누스가 입을 열었다.

"우리는 주군께 불평하는 것이 아닙니다. 주군께서는 최선을 다하셨고 우리를 잘 돌보아 주셨습니다. 우리는 지난 8년간 주군과 고락을 함께 해왔고 승리를 거두었습니다. 이제 더 늦기 전에 고향으로 돌아가서 가족들과 함께 지내는 것이 저희들의 마지막 소원입니다."

코에누스의 말이 끝나자 병사들은 감정이 북받쳐 모두 울었다. 알렉산드로스는 병사들의 마음을 돌리기 위해 열변을 토했으나 소용없었다. 이제는 알렉산드로스도 별 수 없었다. 그는 병사들의 뜻에 따르기로 했다. 철군이 결정된 것이다.

알렉산드로스는 물길을 따라 인더스 강의 삼각주와 인도양까지 내려간 후 회군키로 했다. 인더스 강을 따라 내려오는 길은 위험하고 힘들어졌다. 히드라오테스 강 중류의 말리 족과 아케시네스 강과 헤시드루스 강 하류에 있는 옥시드라크 족이 맹렬하게 대항했다. 알렉산드로스는 전쟁을 피할 수 없었다. 말리 족과의 전투에서 알렉산드로스는 가슴에 활을 맞고 거의 죽을 뻔했다. 단신으로 성벽에 올라가 부하들이 도착하기도 전에 적진에 뛰어들었던 것이다. 무모한 면도 있었지만 젊은 알렉산드로스는 전투를 즐기는 철두철미한 군인이었다. 그가 전투 중에 당한 여덟 번의 부상은 모두 먼 거리에서 날라 온 화살이나 돌에 의한 것이었다. 직접 그와 맞붙은 자는 누구도 살아남지 못했다. 그 이유 중 하나는 먼저 싸움을 시작하는 쪽은 언제나 알렉산드로스였기 때문이다. 강인한 신체에서 나오는 놀라운 회복력이 없었더라면 말리 족과의 싸움에서 입은 큰 부상으로 이미 세상을 떠났을 것이다. 며칠간 알렉산드로스의 모습이 보이지 않자 벌써 병사들 사이에서 그가 죽었다는 소문이 퍼졌으며 장인(로크사네의 아버지)까지 이 소문을 확인하러 왔다. 그러나 일주일 후 알렉산드로스는 비록 붕대를 감고 있는 몸이기는 해도 버젓이 살아 있는 모습으로 병사들 앞에 나타났다. 병사들은 일제히 환호하며 그의 손을 만지고 꽃을 던졌다. 그렇게 맹렬하게 저항했던 말리 족과 옥시드라크 족도 알렉산드로스군의 용맹에 겁을 먹고 항복해왔다. 그것으로 인도에서 더 이상의 전투는 없었다.

BC 325년 1월 알렉산드로스는 9개월간의 긴 행군 끝에 마침내 인더스 강 삼각주의 수도인 파탈라(지금의 하이데라바드)에 도착하여 그곳에 방어진을 구축했다. 이제 긴 여행을 마치고 페르시아와 바빌론으로 무사히 돌아가는 것이 과제로 남았다. 알렉산드로스는 병력을 둘로 나누어 하나는 육로, 또 하나는 해로로 돌아가는 방안을 택했다. 귀국하는 군사들에게 가장 필요한 것은 물과 식량 등 물자 보급이었다. 바다로 항해하는 군사들에게도 그리고 사막을 행군해야 하는 군사들에게도 고달픈 여로가 남아 있었다.

알렉산드로스는 육지로 가는 부대를 맡았고 측근 네아르쿠스가 바다로 가는 부대를 맡았다. 네아르쿠스는 페르시아 만을 따라 가면서 마을과 섬들을 방문하며 어느 곳이 물자가 풍부한 곳인지 탐색했다. 그는 계절풍을 타고 10월에 출발했다. 함대는 연안을 따라 항해했으므로 거의 매일 항구에 들렀다. 이곳에서 알렉산드로스가 남겨 놓은 물과 식량 등 보급품을 발견할 때마다 병사들은 환호성을 질렀다. 멀리서도 왕이 자신을 보호하고 있다는 안도감과 마케도니아군의 깊은 연대감에 감사하는 마음이 앞섰다. 그러나 매번 물자가 보급되지는 않았다. 식량이 떨어지면 해군은 해적질로 연명해야 했다. 긴 항해를 마쳤을 때 그들은 거지꼴이 되어 있었다.

육로를 택한 알렉산드로스의 여정은 어땠을까? 짐작하겠지만 해군보다 더 험했으면 험했지 결코 순탄한 여행이 아니었다. 특히 중간에 알렉산드로스가 투르바트에서 밤푸르로 가는 직선코스를 택하지 않고 남쪽 해안가인 파스니로 우회함으로써 육로의 여정은 훨씬 힘들었다. 알렉산드로스가 우회코스를 택한 이유는 알려져 있지 않으나 모험심 때문이었을 것이다. 병사들은 쨍쨍 내리쬐는 햇볕 속에서 악전고투했다. 더위를 피해 밤길을 걸었으나 목적지에 도달하기도 전에 이미 떠오르는 태양이 그들을 괴롭혔다. 일사병으로 쓰러지는 병사가 속출했으나 물이 너무 부족했다. 오염된 물을 마시고 쓰러지는 병

사들이 늘어났다. 병사들뿐만 아니라 짐을 끄는 노새와 말 등 동물도
쓰러졌다. 굶주린 병사들은 동물이 쓰러지면 주저하지 않고 식량으로
삼았다. 물과 식량의 부족뿐만이 아니었다. 강가 인줄도 모르고 건천
(와디) 옆에 막사를 쳤다가 밤에 비가 쏟아져 많은 병사들이 한꺼번에
익사하기도 했다. 페르시아로 돌아오는 길은 도처에 위험이 도사리고
있었다. 말의 숫자가 급격히 줄어들자 마크란Makran 사막을 건널 때
알렉산드로스를 비롯한 모든 장군들은 말에서 내려 걸었다. 비상시에
대비해 몇 마리만이라도 살려두기 위해서였으리라. 인도 원정 때 이
미 옥수스Oxus사막을 건넌 경험이 있어서 자신만만했을지 모르지만
돌아올 때는 상황이 달랐다. 갈증에 피로가 겹친 병사들은 지푸라기
처럼 쓰러졌다. 알렉산드로스도 고통스럽기는 마찬가지였지만 내색
할 수도 없었다. 그는 자신의 판단 착오로 험한 길을 택한 것을 심하
게 자책했다. 알렉산드로스와 네아르쿠스의 원정대가 둘 다 예상 밖
으로 고전한 이유는 두 가지였다.

첫째는 이곳의 지리에 어두워 험한 행로를 택한 것이었고, 둘째는
보급이 제대로 이루어지지 않았기 때문이었다. 행군에 있어서 가장
중요한 것은 물과 식량을 제 때에 공급해주는 것인데 알렉산드로스가
군수참모로 임명한 인도의 총독은 원주민에게 살해되어 임무를 수행
할 수 없었다. 또 원정 경로에 있는 페르시아 총독들이 알렉산드로스
군에게 필요한 물자를 제공해주어야 함에도 불구하고 그들은 그렇게
하지 않았다. 알렉산드로스는 이러한 사실을 원정이 끝난 후 알게 된

다. 알렉산드로스는 배신한 페르시아 총독들을 향한 분노의 칼을 갈면서 해양원정대가 무사히 도착하기만을 손꼽아 기다렸다. 마침내 네아르쿠스를 만났을 때 그는 감격의 눈물을 흘렸다. 힘들기는 했지만 병력이 모두 무사하다는 말을 듣고는 더 큰 소리로 울었다.

알렉산드로스가 중앙아시아와 인도원정에 나선 지 6년쯤 되자 제국은 제대로 돌아가지 않았다. 그가 임명한 지역 출신 총독과 고위관료들은 충성 맹세를 어기고 부패하거나 태만에 빠져 있었다. 오랫동안 자리를 비우고 있는 알렉산드로스가 죽었다는 헛소문도 나돌고 있었다. 알렉산드로스는 제국을 재정비해야 할 필요성을 절감했다. 알렉산드로스는 귀국하자마자 반란의 소지가 있거나 무능한 총독들을 색출하여 제거했다. 엑바타나에서 장군들이 집단으로 범죄행위를 저지른 사실을 확인한 알렉산드로스는 이들을 모두 체포했고 동조한 병사 600여 명을 처형했다. 페르시아에서도 반란을 일으킨 자, 민심을 어지럽힌 자들을 색출하여 가차 없이 처형했다. 제국의 주도권이 누구에게 있는지 확실히 보여주기 위한 것이었다.

BC 324년 2월, 제국이 다시 안정되자 알렉산드로스는 수사에서 페르시아 풍습에 따라 아케메네스 왕조의 공주들과 결혼했고 그의 측근들도 페르시아 귀족 여성들과 결혼했다. 알렉산드로스가 결혼한 상대는 다리우스 3세의 장녀 바르신Barsine과 아르타크세르크세스 3세의 딸 파리사티스Parysatis 두 명이었다. 절친 헤페스티온은 다리우스의 차녀 드리페티스Drypetis와 결혼했고 전에 로크사네를 무사히 수행한 공로가 있는 크라테루스에게는 다리우스의 조카딸이 주어졌다. 이 밖에도 프톨레마이오스는 아르타바주스의 딸과 결혼했고 네아르쿠스는 멤논과 또 다른 바르신 사이에서 태어난 딸과 결혼했다. 스키타이 장군 스피타메네스의 딸은 셀레우코스에게 주어졌다. 그렇게 많은 사람들이 페르시아 여인들과 결혼했으나 나중에 이들은 모두 여인을 버렸다. 셀레우코스만 예외였다. 셀레우코스는 스피타메네스의 딸과 끝까지 함께 함으로써 이 여인은 한 왕조의 왕비가 되었다.

이렇듯 알렉산드로스의 혼혈정책에 따라 1만여 명이나 되는 많은 병사들이 아시아계 여인과 결혼했다. 수사에서는 5일 동안 대규모 축제가 벌어졌다. 호화롭게 장식한 천막 안에 모인 신랑신부들은 모두 일체감을 느꼈다. 알렉산드로스는 혼혈정책으로 페르시아 그리고 나아가서 아시아에 대한 마케도니아의 패권을 영구화하려 했다. 마케도니아 귀족과 페르시아 및 메디아 귀족을 결합시키고, 마케도니아 평민을 아시아의 평민과 결합시켜 새로운 종족을 만드는 것이다. 이 종족을 바탕으로 마케도니아의 통치가 지속될 수 있을 것으로 보았다. 알렉산드로스는 자신이 솔선수범하여 페르시아 화(化) 하려고 했다. 복장, 음식, 생활, 행동 등에서 페르시아 냄새가 물씬 풍겼다. 다른 한편 알렉산드로스는 페르시아 젊은이들을 그리스 식으로 훈련시켜 마케도니아군에 편입시켰다. 알렉산드로스의 페르시아 화 정책으로 인해 마케도니아 장군과 병사들 중에는 이제 페르시아어를 능숙하게 구사하는 사람들이 생겨났다. 그러나 알렉산드로스가 페르시아 화 하면

할수록 더 이질감을 느끼는 사람들도 늘어났다.

BC 324년 봄 알렉산드로스는 엑바타나Ecbatana로 갔다. 그곳은 페르시아 왕조의 전통적인 여름 휴가지이며 악메다 궁은 바빌론 정복 후 유대 포로를 풀어주라는 키루스 2세의 칙령이 발견된 곳으로 유명하다. 오래 전부터 티그리스 강을 보고 싶어 했던 알렉산드로스는 배를 타고 부대가 집결해 있는 오피스Opis까지 갔다. 알렉산드로스는 이제 마케도니아군을 정비할 때가 된 것으로 생각했다. 원정 10년 동안 나이 든 사람, 몸이 불편한 사람 그리고 향수병에 젖은 사람들이 많이 생겨났다. 알렉산드로스는 이제 그들을 고향으로 돌려보내려고 했다. 알렉산드로스는 병사들의 노고를 치하하며 고향으로 돌아가는 병사들에게 충분한 돈과 선물을 약속했다. 알렉산드로스는 그들이 명예롭게 귀국하는 것이며 고향에 가면 모든 사람들의 부러움을 살 것이라고 말했다. 순조롭게 진행될 것 같았던 모임은 그러나 엉뚱한 방향으로 흘렀다. 몇몇 군인들이 귀향에 강력히 반대하면서 알렉산드로스를 모욕하는 언사를 내뱉은 것이다. 그들은 알렉산드로스가 자신들을 '토사구팽'하는 것이라고 비난했다. 이제 쓸모가 없어지자 명예를 빙자해 쫓아낸다는 것이다. 알렉산드로스는 크게 분노했다. 주모자들을 체포해 그 중 13명을 즉결 처분했다.

숙소로 돌아간 알렉산드로스는 이틀 동안 밖으로 나오지 않았다. 그러자 병사들은 무기와 갑옷을 내려놓고 숙소로 몰려가서 무릎을 꿇었다. 이들은 알렉산드로스가 나타날 때까지 물러서지 않을 기세였다. 오랜 기다림 끝에 마침내 알렉산드로스가 나타났다. 알렉산드로스와 병사들 간에 허심탄회한 대화가 시작되었고 서로의 진심을 알게 되었다. 대표로 선발된 병사들은 페르시아 인에 대한 불만을 토로했다. 병사 대표는 자신들의 자리를 페르시아 인이 차지하여 들러리 신세로 전락했다고 말했다. 이제 그리스의 전통에 따라 알렉산드로스에게 다정하게 키스할 수도 없다고 한탄했다. 병사들은 부복 Proskynesis 문제를 둘러싸고 논쟁이 벌어진 후 더 이상 알렉산드로스에게 키스하지 않고 있었다. 페르시아의 전통인 엎드려서 절하는 부복을 거절함으로써 키스의 권한까지 없어진 것이다. 알렉산드로스는 자신의 동족인 마케도니아 병사들이 왜 키스를 못하겠느냐고 하면서 앞으로는 자신에게 키스로 인사해달라고 했다. 이 말에 얼어붙은 병사들의 마음이 녹았다. 병사들은 알렉산드로스에게 인사를 한 후 병영으로 돌아갔으며 이 중 1만여 명이 순순히 귀향길에 올랐다. 알렉산드로스는 귀향 병사들에게 이들이 현지에서 낳은 아들들을 훌륭한 마케도니아 군인으로 키워 자랑스러운 자식의 모습을 보여주겠다고 약속했다.

귀향 병사들을 인솔하는 임무는 크라테루스가 맡았다. 군인들이 돌아가면 그들을 보충할 인력이 필요했다. 알렉산드로스는 안티파트로스 섭정에게 직접 보충병을 대동하고 자신에게 오라는 명령을 내렸다. 알렉산드로스가 왜 이러한 명령을 내렸을까? 오래 만나지 못한 섭정으로부터 국내의 이런 저런 정세와 동향을 직접 물어볼 생각이었을 수 있다. 또 사이가 나빠 끊임없이 잡음을 일으키고 있는 안티파트로스와 올림피아스를 일시적으로 떼어놓으려는 생각이었을 수도 있다. 두 사람이 상대방을 비난하는 서신을 계속 알렉산드로스에게 보냈으므로 알렉산드로스도 골머리를 앓고 있었다. 그러던 중 새로운 상황이 발생했다. 그것은 반란이나 소요 등의 이유로 안티파트로스가 추방한 자들을 알렉산드로스가 다시 복귀시키라는 명령을 내린 것이다. 알렉산드로스는 그들에게 선처를 베풀어 부족한 인적자원을 더 확보하려는 생각이었을 것이다. 그 명령에 안티파트로스는 큰 충격을 받았다. 지금까지 알렉산드로스는 그가 취한 조치를 뒤엎는 명령을 내린 적이 한 번도 없었기 때문이다. 소심한 안티파트로스는 결국 항명으로 보일만한 행동을 하게 된다. 직접 보충병을 인솔하라는 주군의 명을 어기고 아들 카산더로 하여금 병력을 인솔토록 한 것이다. 이 일로 인해 카산더는 알렉산드로스에게 혹독한 꾸중을 들은 후 결과적으로 반(反)알렉산드로스로 돌아서게 된다. 또 이 일로 안티파트로스는 섭정 직에서 해임되고 크라테루스가 섭정을 맡았다. 별 것 아닌 것처럼 보이는 사건으로 인해 알렉산드로스와 안티파트로스의 사이가 벌어지고 말았다.

알렉산드로스가 오피스로부터 엑바타나로 여행하던 중 또 좋지 않은 일이 발생했다. 그의 절친 헤페스치온이 갑자기 사망한 것이다. 헤페스치온은 어머니 올림피아스가 질투할 정도로 알렉산드로스와 가까웠고 소년 시절 그의 연인이기도 했다. 며칠 간 열병을 앓고 있던 헤페스치온은 아침 식사 후 갑자기 죽고 말았다. 알렉산드로스는 침식을 물리치며 애통해 했다. 급사였기 때문에 독살설도 돌았다. 주치의가 독약을 준 것으로 생각한 알렉산드로스는 주치의를 사형에 처했다. 로크사네가 헤페스치온을 독살했다는 설도 있었다. 두 사람은 사이가 좋지 않았다. 한 남자를 두고 마치 연인끼리 시기 질투하는 듯했다. 헤페스치온이 죽자 로크사네는 그의 현지처를 살해했다. 이로보아 헤페스치온과 로크사네는 주변에 알려진 것 이상으로 원한이 깊었던 듯하다. 알렉산드로스는 헤페스치온의 사체를 바빌론으로 옮겨 성대한 장례식을 치러주었다.

미완성으로 끝난 북아프리카 정복과 거인의 최후

알렉산드로스는 페르시아와 바빌론에서 휴식을 취한 후 아라비아 반도를 돌아 이집트로 가려고 했다. 그 후로는 카르타고와 로마를 공략한 뒤 그리스로 돌아오는 것이 목표였다. 아마 그렇게 함으로써 세계 정복의 꿈을 완성시킬 수 있다고 생각하는 것 같았다. BC 324년 초 알렉산드로스는 배를 준비하라는 명령을 내린다. 좋은 목재로 유명한 페니키아에서 배를 일단 건조한 후 부품을 분해하여 유프라테스강변의 탑사쿠스에 옮겼다가 바빌론에 새로 건설한 항구까지 나르는 것이 목표였다. 이 계획을 위해 수천 명의 선박 전문가와 인부들이 동원되었다. 바빌론 항구 확장 공사와 선박 건조가 동시에 진행되었다. 사업의 총 책임자로 인도에서 귀환할 때 해군을 이끌었던 네아르쿠스가 임명되었다. 푸세스타스는 페르시아군의 훈련을 맡았으며 안티파트로스는 곧 새로운 병력을 이끌고 바빌론에 도착할 예정이었다(앞서 기술한 바와 같이 실제로는 아들 카산더가 왔다).

해군은 새로 건조한 선박에 탑승하여 바빌론으로부터 500킬로미터 정도 되는 유프라테스 하류로 항해한 후 다른 함대와 합류하여 남쪽으로 나아가는 것이 목표였다. 그 사이에 알렉산드로스는 지원군을 이끌고 육로로 행군한 뒤 이집트에서 그들과 조우할 계획이었다. 아라비아 반도는 그들에게 미지의 땅이었으나 알렉산드로스의 정복욕에는 끝이 없었다. 그에게 있어서 권력은 목표가 아니라 수단이었다. 그는 새로운 것을 발견한 뒤 이를 창의적으로 발전시켜나가는 것을 좋아했다. 그의 모험심과 영웅주의는 그의 목숨을 단축시켰지만 모두로 하여금 그를 따르게 하는 원동력이었으며 그의 운명과 분리될 수 없었다.

BC 323년 6월 3일, 연회장을 나서던 알렉산드로스는 고열로 쓰러졌다. 지나친 과로가 열병을 유발했던 것 같다. 그는 아라비아 원정 준비에 심혈을 기울였다. 배를 만드는 일, 항구를 짓는 일, 유프라테스 강과 티그리스 강의 지형과 유속을 파악하는 일, 이에 필요한 재정과 행정 등 온갖 종류의 일을 해야 했다. 그밖에도 알렉산드로스는 도처에서 오는 사절단을 접견하고, 판결을 내리고, 본국의 일을 챙기고, 거의 매일 열리는 연회와 축제에 참가하는 등 질릴 정도로 바쁜 일정을 보내야 했다.

아라비아 원정 출정일인 6월 22일과 23일까지는 약 20일 남아 있었다. 누워서 휴식을 취했으나 열이 내려가지 않았다. 원정 준비의 총책임자인 네아르쿠스가 자주 보고하러 왔기 때문에 왕은 정사에서 손을 놓을 수도 없었다. 점차 상태가 악화되다가 마침내 말을 할 수 없는 지경에 이르렀다. 그 후 나흘 간 침대에서 꼼짝 못하고 누워 있다가 6월 13일 저녁 절망에 빠진 병사들이 통곡하는 가운데 숨을 거두었다.[20] 곧 그가 독살되었다는 소문이 퍼졌으나 근거는 없다. 알렉산드로스는 말라리아에 걸린 몸으로 무리하다가 병사했을 가능성이 높다. 갑자기 죽었기 때문에 독살설과 함께 오염된 물로 인해 사망했다는 설도 끊임없이 유포되었다. 공교롭게도 당시 알렉산드로스의 술시중Cupbearer이 그에게 원한을 품은 카산더의 동생 이올라스였기 때문이다. 그러나 이올라스는 알렉산드로스를 흠모하는 사람이었으며 원한이 없었다. 알렉산드로스는 연회 도중 컨디션이 악화되어 쓰러졌으나 그 다음날 연회에 다시 나타나 포도주를 마셨다. 젊음만을 믿고 너무 무리한 것이 치명적이었던 듯하다. 알렉산드로스의 지나친 자만심도 그의 명을 재촉했다. 알렉산드로스 옆에는 의사가 없었다. 그것은 헤페스치온의 죽음 후 의사에 대한 신뢰를 접었을 뿐 아니라 스스로 의술에 해박하다고 과신했기 때문이다. 알렉산드로스는 9일 동안

이나 고열에 시달리면서도 정무를 보았다. 열흘째로 접어들자 더 이상 움직일 수 없었고 말도 할 수 없었다. 알렉산드로스가 이틀째 나타나지 않자 장군들이 그의 모습을 직접 보기 위해 막사로 찾아왔다. 알렉산드로스는 그들을 침실로 들어오게 했다. 알렉산드로스는 고개를 약간 들거나 눈을 깜빡이는 방식으로 한 사람씩 인사를 나누었다. 이제 그의 죽음이 임박했음을 누구나 알 수 있었다. 알렉산드로스는 왕의 반지를 빼서 페르디카스에게 주었다. 장군들은 알렉산드로스에게 누구를 후계자로 삼을 것인지 물었다. 만일 바르신이 임신 중이고 아들을 낳는다면 로크사네가 이미 낳은 아들과 더불어 후보가 두 명이 될 수 있었다. 알렉산드로스는 '강한 자'에게 왕위를 승계토록 유언했다. 알렉산드로스의 측근 중 지위가 가장 높은 사람은 크라테루스였고 그는 이미 마케도니아의 섭정으로 임명되었다. 페르디카스는 알렉산드로스의 반지를 받았으므로 실제적으로 바빌론의 섭정이 된 것과 같았다. 이렇게 주변을 정리한 알렉산드로스는 마침내 운명했다.

정복자가 죽자 그가 구축해놓은 체제는 모래성같이 무너졌다. 왕위는 표면적으로는 정신박약자인 알렉산드로스의 이복동생 필리포스 아리다이오스Philippos Arridaeus와 알렉산드로스와 로크사네 사이에서 태어난 아들에게 공동으로 계승되었다. 그러나 장군들이 이를 순순히 받아들일 리 만무했다. 늙은 장군 안티고누스Antigonus가 왕을 자칭한 것을 시작으로 BC 306년 이후 여러 명의 장군들이 잇달아 왕위를 차지했다. 안티고누스는 마케도니아와 그리스를 통치했다. 프톨레마이오스와 그의 자손들은 이집트를 BC 30년까지 통치했으며 셀레우코스와 그의 계승자들은 시리아와 근동을 통치했다. 프톨레마이오스 왕조를 세운 '프톨레마이오스 1세 소테르'는 알렉산드로스보다 11세 연상으로 올림피아스의 친족이다. 중동에서는 BC 3세기 중엽부터 새로운 왕들이 등장하여 알렉산드로스가 만든 시스템을 파괴했으며 이란 고원의 대부분 지역은 셀레우코스 왕조의 지배에서 벗어나게 되었다.[21] 로크사네는 알렉산드로스의 부음을 듣고 바빌론에 온 바르신을 죽인 후 시체를 우물에 버렸다. 그녀는 질투심이 매우 강한 여인이었다. 알렉산드로스 4세는 13세 때 어머니 로크사네와 함께 안티파트로스의 아들 카산더에 의해 살해되었다. 올림피아스는 이보다 4년 앞서 역시 카산더에 의해 최후를 마쳤다. 카산더가 알렉산드로스 가문의 씨를 말린 셈이다. 시시감비스는 알렉산드로스 사후 5일 만에 죽었다. 알렉산드로스의 부음 소식을 듣고 벽을 향해 앉아 금식하며 애통해하다가 죽었다고 한다.

그야말로 굵고 짧은 인생을 산 알렉산드로스는 자신의 예측대로 신화적인 영웅으로 남았다. 알렉산드로스는 소아시아, 시리아, 이집트, 페르시아, 중앙아시아 등을 정복하면서 수많은 식민지를 남겼다. 이 식민지들을 중심으로 문화적 교류가 이루어졌으며 헬레니즘이라는 혼합문화가 창조되었다. 그가 인도에 원정함으로써 그리스와 인도 문화가 혼합된 간다라 예술이 탄생했다. 알렉산드로스는 동서무역의 발달에도 큰 영향을 미쳤다. 그가 군사작전을 위해 새로 만든 도로, 선박의 운항을 위해 지은 항구와 조선소, 군대의 숙영을 위해 만든 숙박시설 등이 모두 무역을 위해 활용되었다. 비단길은 알렉산드로스로 인해 동서를 잇는 대표적인 무역 루트로 등장했다. 뿐만 아니라 과거에는 왕실 창고 속에 처박혀 있기만 하던 금, 은, 보화들이 모두 밖으로 나와 재화로 유통됨으로써 경제가 눈에 띄게 윤택해졌다. 알렉산드로스가 건설한 식민도시들이 미친 영향도 컸다.

알렉산드로스가 처음 건설한 이집트의 알렉산드리아는 이집트의 수도가 되어 사상과 무역의 중심지로서 문명의 발전에 큰 역할을 했다. 알렉산드로스 자신은 미처 생각지 못했을 것이나 그로 인해 다양한 민족, 사상, 종교, 제도, 경제가 서로 혼합됨으로써 새로운 문명이 창출된 것이다. 동방에서 알렉산드로스가 만들어 놓은 왕국들이 지속되면서 그리스-로마 문명을 모태로 한 혼합문명이 형성되었으며 이는 7세기까지 지속되었다. 이러한 문명의 틀 안에서 세계 3대종교인 유대교, 기독교 및 초기 이슬람교가 형성되거나 발전했다. 초기 신약성경이 그리스어(헬라어)로 기록되었다는 사실을 상기하면 알렉산드로스가 종교에 미친 영향을 쉽게 짐작할 수 있다. 서양 문명은 결국 그리스-로마 문명을 기초로 하여 알렉산드로스가 동방원정을 통해 수입한 동방문명과의 융합을 통해 발전하게 되었다.

칭기즈칸

Genghis Khan 1162~1227, 몽골

고난의 유년 시절과 결혼

몽골왕국은 크토라칸 대에 와서 타타르족에게 맥을 못 추고 있었다. 크토라칸의 조카인 예수게이 만이 싸움에서 몇 차례 승리를 거두었을 뿐이다. 크토라칸은 삼국지의 장비와 비슷했다. 모든 일을 머리 대신 힘으로 하려 드는 사람이었다. 칭기즈칸의 어릴 적 이름이 테무진이며 아버지 이름은 예수게이 바트르이다. 예수게이는 타타르와의 전투에서 한 족장을 잡았는데 그의 이름이 테무진 우게이였다. 예수게이는 이 족장의 이름을 빌려 아들 이름을 지었다. 테무진은 '최고의 강철' 또는 '지상 최고의 사람'이라는 뜻이다. 결과적으로 예수게이는 아들에게 가장 적합한 이름을 지어준 셈이 되었다. 몽골족의 영산

(靈山)은 동북쪽에 위치한 브루칸 칼둔Brukhan Khaldun인데, 이곳은 오논 강과 케를렌 강의 발원지이기도 하다. 이 지역에서 성장한 테무진에게 산은 믿음의 원천이 되었다. 어려운 일이 생기거나 결단을 내려야할 때 테무진은 늘 산속으로 들어가 기도하며 영감을 얻었다. 다른 부족에게 아내를 뺏긴 테무진이 사흘 동안 침식을 잊고 기도한 끝에 정면 돌파하기로 결심한 것도 바로 이 산에서였다.

테무진은 초원의 도시 카라코룸*이 처음 건설되기 7년 전인 1162년에 태어났다. 몽골은 수많은 부족과 각 부족으로부터 파생된 씨족으로 구성된 국가이다. 테무진은 많은 씨족 중에서도 명성이 높은 '보르지긴'Borjigin(푸른 눈이라는 뜻) 출신이다. 테무진은 장남이었고 밑으로 남동생 3명과 여동생 1명이 있었다. 어머니 호엘룬Hoelun은 아버지가 다른 부족에서 훔쳐 온 여자이다. 호엘룬을 빼앗긴 에케 티레도는 몽골의 중심 부족 중 하나인 메르키트Merkid족 족장의 동생이었다. 힘이 모든 것을 지배하는 야만적인 유목민 사회에서는 신부를 강탈해오는 이른바 보쌈치기가 유행이었다.

관습이 그렇다 보니 납치된 여인들은 숙명으로 받아들이고 남의 아내가 되어 살았다. 호엘룬도 마찬가지였다. 자신을 납치해온 예수게이의 충실한 아내가 되어 아이들을 낳으면서 미련 없이 살았다.

. . . .

* 카라코룸(Kharakorum)은 훗날 몽골제국 초기의 수도가 되는데 몽골어로 '검은 숲길'이라는 뜻이다. 1235년 몽골제국 제2대 황제 오고데이가 몽골고원의 중앙부에 해당하는 오르 강 상류 우안에 건설한 도시로 약 20년 동안 몽골제국의 수도로 번성했으며 유라시아 각지에서 많은 사절, 전도사, 상인 등이 이곳에 모여들었다.

테무진은 한 눈에 봐도 범상치 않은 소년이었다. 근육질의 몸매에 동작이 민첩했고 형형한 눈빛을 가지고 있었다. 훤칠한 키에 갈색 피부를 지닌 그에게는 상대방을 압도하는 당당함이 있었다. 어린 시절 테무진은 무척 과묵했다. 꼭 할 말이 있는 경우 외에는 좀처럼 입을 열지 않았다. 그러나 성격은 급하고 과격한 편이었다. 누가 그를 모욕하면 반드시 응징했기 때문에 같은 또래 애들은 모두 그를 두려워했다. 반면 테무진은 친화력이 뛰어났다. 그와 마음이 맞는 소년이 있으면 곧 형제처럼 가깝게 지내곤 했다. 테무진은 9세 때 인생의 비애를 처음으로 경험하게 된다. 아버지가 타타르족에게 독살되고 남은 가족은 버림받은 신세가 된 것이다. 고난의 세월이 시작되었다.

예수게이가 남기고 간 가족은 부인 둘과 자녀 7명 등 모두 9명이었다. 첫째 부인 소치겔과의 사이에 벡테르와 벨구타이가 있었고, 둘째 부인 호엘룬으로부터 테무진, 카사르, 카치운, 테무게와 딸 테물룬이 있었다. 부족으로부터 버림받은 이들은 추운 겨울날 땅을 파서 얻은 나무뿌리와 열매로 겨우 연명했고 개와 쥐의 가죽으로 옷을 만들어 입었다. 이러한 악조건 하에서도 가족 관계는 원만치 않았던 것 같다. 16세가 된 테무진은 이복형 벡테르와 사소한 시비 끝에 그를 죽이고 만다. 벡테르가 테무진이 잡은 새와 물고기를 훔쳐갔기 때문이었다. 하지만 진짜 이유는 벡테르가 어머니 호엘룬의 새 남편이 될지도 모른다는 의구심 때문이었다. 아무리 야만인이라도 형이 아버지가 되는 것은 상식 밖이었을 테니까. 친족 살인은 몽골 부족이 가장 중하게 다스리는 범죄 중 하나이다. 이 사건으로 부족의 징계를 피해 도망친 테무진은 타이치우드Tayichiud 부족에게 잡혀 노예가 되었다가 탈출하여 도망자 신세가 되었다. 어린 시절 테무진은 개를 무서워했고 잘 울었다고 한다. 완력에서는 동생들이 한 수 위였다. 힘이 셌고 씨름도 더 잘했다. 이복형들은 그를 부려먹고 괴롭혔다. 그러나 추방, 굶주림, 고통과 수모, 납치, 노예 생활, 탈출이라는 모진 경험을 하나씩 하나씩 겪으면서 테무진은 대칸이라는 최고 권력을 향한 긴 여정을 시작하게 된다.

몽골 초원에 버려진 소년, 테무진이 어떻게 세계 역사상 가장 뛰어난 정복자가 될 수 있었을까? 많은 영웅들과 마찬가지로 그의 강인한 성격과 인내심이 밑바탕이 되었다. 그리고 강인함과 인내는 유년시절에 겪었던 처절한 고통과 시련을 통해 얻어진 것이다. 생존하기 위해 모든 것을 걸어야 했던 테무진은 자신만의 독특한 철학과 생각을 가지게 된다. 그는 자신 외에는 믿지 않았다. 세상에 이런 저런 인연을 중요시했지만 인연에 연연하지 않았다. 오직 필요한 것은 실력임을 절감했다. 어떤 환경에서도 참고 견뎌내는 인내심이 강했고 원수는 반드시 갚는다는 투철한 복수심이 있었다. 그는 또한 권력에 대해 누구의 도전도 용납하지 않는 무한한 권력욕의 소유자였다. 칭기즈칸은 체질적으로 더위나 추위에 잘 견디는 튼튼한 몸을 가졌는데 어려운 환경을 거치면서 보다 더 강인한 육체를 지니게 된다. 극도의 빈곤 속에서 성장한 그는 물욕이 없고 소박한 것을 좋아했으나 때론 무자

칭기즈칸 기마상. 테를지 국립공원 가까이에 있는 천진벌덕에 위치하고 있으며, 높이는 40미터로 알려져 있다.

비하고 공격적이었으며 충성심을 가장 중시했다.

칭기즈칸은 종교에 의지하지 않았다. 원래 몽골에는 무속 외에 민족 종교가 없기도 하지만 그는 정신세계에 큰 가치를 두지 않았다. 중요시한 것은 오직 현실 세계에서 넓은 땅을 얻고 많은 민족을 지배하는 것이었다. 이러한 칭기즈칸의 철학 때문에 가장 당혹해한 것은 무슬림 세계였다. 칭기즈칸이 훗날 무슬림을 침공했을 때 엄청난 피해를 당한 것은 그의 성향을 전혀 몰랐기 때문이다. 그가 철저한 현실주의자라는 사실을 알았더라면 어떻게든 비위를 맞춰 피해를 줄이는 방법이 있었을 것이다. 이슬람 지도자들은 모든 전쟁이 종교적 의미를 지닌 것으로 믿는 사람들이었지만 칭기즈칸은 달랐다. 그에게 전쟁은 그저 싸워서 이기는 게임에 불과했다.

1178년 16세 성인이 된 테무진은 9세 때 약혼한 보르테와 결혼한다. 보르테는 그보다 두 살 위이다. 기반이 없는 테무진은 케레이트 Kereyid족장 옹칸에게 보르테가 예물로 가져온 담비털 코트를 선물로 바치면서 접근을 시도했다. 누군가 강력한 힘을 가진 사람이 필요했기 때문이다. 옹칸은 아버지 예수게이와 오랜 인연이 있었다. 옹칸은 예수게이 덕으로 족장이 될 수 있었고 그와 의형제를 맺은 사이였다.

테무진이 사회적 기반을 쌓으려고 동분서주하던 중 한 사건이 발생한다. 메르키트 족이 기습하여 보르테를 보쌈해간 것이다. 메르키트로서는 20여 년 전 어머니 호엘룬을 강탈당했던 사건에 대한 복수인 셈이다. 테무진은 메르키트와 달랐다. 그대로 물러서지 않은 것이다. 어려움이 닥칠 때마다 행했던 대로 브루칸 칼둔 산 속에 들어간 테무진은 사흘 동안 침식을 잊고 기도에 몰두하며 영감을 얻었다. 보르테를 다시 찾아오기로 결심한 테무진은 우선 옹칸에게 지원을 요청했다. 옹칸의 도움을 확보한 테무진은 절친 자무카 및 옹칸이 내준 병사들과 함께 툴라 강을 따라 돌진하여 메르키트 족을 급습했다. 테무진의 전격적인 기습은 보기 좋게 성공했다. 보르테를 찾아 무사히 적진을 빠져나온 것이다. 그 사이에 보르테는 이미 다른 사람의 아이를 임신하고 있었다. 여자를 물건 다루듯이 하는 당시 몽골족에게 이는 별일이 아니었다. 테무진은 보르테가 낳은 아이를 자신의 장남으로 인정하고 일체 차별하지 않았다. 태어난 아이의 이름은 '주치'이다. 주치는 '손님'이라는 의미이므로 다소 특이한 이름인 듯하다. 아들이 손님은 아니지 않은가. 주치는 음울하고 반항적인 성격을 지녔으나 용감하다는 이유로 칭기즈칸의 총애를 받았다. 보르테는 그 후 아이 넷을 더 낳았다.

칭기즈칸은 호색한이었다. 그는 많은 부인을 거느렸고 그들 외에 점령지에서 늘 현지 여인들을 가까이 했다. 역사상 가장 많은 DNA를 퍼뜨린 인물이 칭기즈칸이라고 하는데 칭기즈칸은 정복자답게 절륜한 정력의 소유자이기도 했다.

첫째 부인 보르테는 어머니 호엘룬과 마찬가지로 몽골 내 미인의 고장으로 유명한 온기라트 족 출신이다. 두 번째는 타타르족 출신 에

스겐인데 그녀는 언니 에스이와 함께 자매가 칭기즈칸을 섬겼다. 세 번째는 옹칸을 토벌할 때 얻은 이바카 베키이다. 이바카는 옹칸의 동생 쟈카간브의 딸이다. 칭기즈칸은 훗날 이바카를 자신의 부하에게 하사했다. 네 번째는 나이만족 족장 타얀칸의 어머니 구르베스이며, 다섯 번째는 메르키트 족 잔당을 토벌할 때 얻은 크란이다. 여섯 번째는 탕구트 족 족장의 딸 챠카, 그리고 일곱 번째는 금나라 정복 시 얻은 왕녀이다. 칭기즈칸은 처첩들을 '오르다'에 모여 살게 했다. 규모는 작으나 페르시아의 하렘과 비슷한 방식이다. 오르다란 몽골어로 '군주가 사는 집'을 뜻한다. 제1 오르다는 보르테, 제2 오르다는 크란과 구르베스, 제3 오르다는 에스이와 챠카, 제4 오르다는 에스겐이 각각 차지했다.

여러 명의 부인을 거느린 칭기즈칸은 많은 아들을 얻었지만 정실인 보르테에게서 태어난 네 명의 아들만 상속자로 인정했다. 전쟁의 신 칭기즈칸은 아들을 모두 장군으로 키우려 했다. 백전노장들을 아들의 스승으로 두어 각자의 재능과 특징에 따라 뛰어난 인물로 키우려 했던 것이다. 아들들이 성장하자 '올룩(orluks:독수리)'이라는 칭호를 부여했다. 올룩으로 불리는 왕자들은 칭기즈칸의 참모가 되어 세계정복 사업에서 한 축을 맡게 된다.

맏아들 주치는 '사냥의 대가'로 임명되어 몽골군의 생계 수단인 사냥과 관련된 일을 총괄했다. 둘째 차가타이는 '법과 형벌의 대가'로 임명되어 군율을 엄격히 시행하는 임무를 맡았다. 셋째 오고데이에게는 '자문의 대가'라는 직위를 주었다. 막내 톨루이는 '전쟁의 대가'로 임명해 자신의 곁에 두었다. 톨루이는 명목상 전쟁의 총사령관이지만 실제 전장에서는 당연히 칭기즈칸이 전 군을 지휘했다.[22] 칭기즈칸의 어머니 호엘룬은 큰 싸움에서 승전할 때마다 현지 고아들 중에서 똑똑한 아이를 하나씩 선발한 후 자신의 양자로 삼아 키웠다. 이렇게 그녀가 양육한 양자 4명은 몽골의 훌륭한 장수로 성장했다. 이들은 칭기즈칸에게 충성을 바쳤고 그의 막료가 되어 전쟁에서 많은 공을 세웠다. 앞을 내다보는 호엘룬의 비범한 결정이 칭기즈칸의 정복사업에 크게 기여한 것이다.

몽골 부족의 통일

고난과 시련 속에서 어린 시절을 보내던 칭기즈칸은 뜻하지 않게 두 친구를 만나게 된다. 자무카와 보르추이다. 자무카와는 열한 살 때 만나 의형제를 맺었다. 자무카는 지모가 뛰어났으나 야심이 너무 커 위험한 인물이었다. 반면 보르추는 사심이 없고 성실하며 한결 같은 사람이었다. 보르추는 테무진이 어려움에 처할 때마다 대가 없이 도왔다. 보르추와의 우정은 평생 지속되었다. 보르추는 충실한 참모이자 격의 없는 벗이 되어 평생 칭기즈칸을 옆에서 도왔다. 자무카는 달랐다. 우정보다 야심을 택한 자무카는 테무진의 숙적이 되어 싸우다 포로로 잡혔다. 어릴 적 우정을 생각한 테무진은 그를 살려주려 했으나 본인이 자청해서 죽었다고 한다. 사실 자무카는 몽골 통일에 있어 칭기즈칸이 넘어야할 장애 중 하나였다. 사이가 벌어진 지 20년 후 두 사람 모두 몽골의 중요한 전사로 성장했기 때문이다. 그들은 이미 경쟁관계를 넘어 적이 되어 있었고 승부를 내지 않을 수 없었다. 자무카와 테무진은 일진일퇴를 거듭하며 맹렬히 싸웠으나 최후의 승자는 칭기즈칸이었다. 일설에 의하면 자무카는 매우 잔인한 성격으로 칭기즈칸과의 전투에서 잡은 포로 70명을 산 채로 솥에 집어넣고 삶았다고 한다.

자무카는 테무진의 정치 인생에 있어서 첫 번째 경쟁자였다. 테무진은 몽골 초원의 많은 부족과 씨족들을 장악해나가는 과정에서 자신에게 충성을 맹세하는 세력은 우군으로 삼았고 저항하는 자들은 모두 제거했다. 남자들은 모두 죽이고 여자들은 납치하여 부하들과 결혼시켰다. 테무진은 천성적으로 남의 밑에 있지 못했고 빚진 것이 있으면 반드시 갚는 성격이었다. 어릴 적부터 그랬다. 집안에서 권위를 행사하려는 이복형 벡테르를 죽였다. 보르테를 납치해간 메르키트 족을 섬멸했으며 몽골족을 경멸하고 아버지 예수게이를 살해한 타타르 족을 무자비하게 공격했다. 몽골의 귀족들도 마찬가지였다. 거드름을 피우고 대접받으려는 자세를 일절 용납하지 않았다. 테무진은 타이치우드와 주르킨 등 상위 그룹에 있는 몽골 씨족들을 차례로 제거해 나갔다. 동맹 부족이자 의부인 옹칸이 혼사를 거절하자 그와 그의 부족을 제거했다. 나이만족 왕비가 몽골족을 열등하다고 비웃자 공격하여 남편을 죽인 뒤 왕비는 물건처럼 부하에게 줘버렸다. 마지막으로 테무진은 죽마고우 자무카를 죽였고 이로써 그가 속한 자다란 가문은 소멸하고 말았다.[23]

크토라칸 왕 사후 뿔뿔이 흩어진 몽골 부족들은 제멋대로 살고 있었다. 힘이 센 부족은 자립이 가능했으나 허약한 부족은 외세에 의존해 살았다. 부족들의 공통된 소망은 옛날과 같이 강력한 통일왕국을 세우는 것이다. 그동안 마땅한 지도자가 없었으나 이제 상황이 달라졌다. 테무진이라는 강력한 리더십을 가진 지도자가 나타난 것이다. 몽골 부족은 다시 뭉치기 시작했다. 테무진은 옹칸과 연합하여 아버지의 원수인 타타르족을 물리친 후 왕녀 두 명을 동시에 아내로 삼았다. 어머니 호엘룬은 고아들 중에서 한 아이를 선택하여 양아들로 삼았다. 강력한 부족들을 힘으로 제압한 테무진은 메르키트, 타이치우드, 주르킨Jurkin, 타타르 등과 형제 관계를 맺었다.

1203년 테무진은 옹칸에게 자신의 장남 주치를 그의 딸과 결혼시켜줄 것을 요청했으나 옹칸이 거절했다. 두 사람 다 모욕을 느꼈고 원한을 품게 되었다. 원래 자신을 깔보는 것을 극도로 싫어하는 테무진이 이러한 일을 참고 넘어갈 리 없다. 족장이자 원로인 옹칸도 한참 밑이라고 생각하고 있는 테무진이 그 같은 요구를 해오자 모욕감을 느꼈다. 먼저 움직인 쪽은 옹칸이었다. 함정을 파놓고 살해하려 했는데 미리 눈치 챈 테무진이 걸려들지 않았다. 그 후에도 옹칸은 아들

센굼의 사주로 여러 번 테무진을 죽이려 했으나 모두 실패하고 말았다. 이제 테무진이 보복할 차례이다. 그는 먼저 옹칸의 친동생 자카간브를 포섭해 혼인관계를 맺었다. 자카간브의 두 딸 중 언니는 자신의 부인 그리고 동생은 며느리로 맞아들이는 정략결혼을 성사시킨 것이다. 자카간브의 긴장이 풀리도록 유도한 뒤 테무진은 사소한 일로 트집을 잡아 그의 심기를 건드렸다. 자카간브가 행동에 나서자 부하를 잠복시켜 두었다가 역으로 그를 제거했다. 이로써 케레이트 족 세력의 핵심인 자카간브 제거 작전이 성공한 것이다. 이후 테무진은 자신의 아내로 삼았던 자카간브의 딸을 미련 없이 부하에게 넘겨주었다. 자카간브가 제거된 후 도망자 신세가 되어 이곳저곳을 떠돌던 옹칸은 이름 없는 병사에게 살해되어 생을 마감했다. 칭기즈칸의 정치 역정에서 또 하나의 장애물이 사라진 것이다.

막내아들 톨루이의 부인으로 삼은 자카간브의 작은 딸 소르칵타니 Sorkhaktani는 머리가 명석하고 재주가 비상했다. 그녀는 약 50년 뒤 '제국의 어머니'로서 몽골제국의 진로에 결정적인 역할을 하게 된다. 소르칵타니는 몽골제국의 4대 및 5대 왕인 몽케칸, 쿠빌라이칸 그리고 페르시아의 왕이 되는 훌라구의 어머니이다. 그녀는 또한 기독교 신자로서 교회 보호에도 큰 역할을 했다. 네스토리아파 기독교에 귀의한 소르칵타니는 일찍이 남편과 사별한 후 재혼을 거부하고 오직 자식들의 교육에 전념했다. 그녀는 자식들의 성격과 세계관 형성에 결정적인 영향을 미쳤다. 칭기즈칸의 가족 중 그에게 맞설 수 있는 사람은 소르칵타니 밖에 없었다. 칭기즈칸은 그녀를 존중했지만 자신에게 대드는 며느리를 마냥 좋게 보지는 않았다. 초원을 통일한 뒤 칭기즈칸은 그동안 공을 세운 신하와 장군들에게 상을 내렸다. 그들은 몽골제국의 높은 자리에 오르게 된다. 야금술에 능했을 뿐만 아니라 여러 전투에서 혁혁한 공을 세운 장군 자르튜에게는 한때 자신의 아내였던 자카간브의 큰딸을 하사했다. 무대와 시대가 다르다고는 하지만 부하에게 아내를 내어준다는 것은 납득하기 힘든 처사이다. 타타르와 케레이트를 쓰러뜨린 테무진은 1204년 투르크계인 나이만족마저 토벌하여 알타이 산 서쪽 지역까지 지배권을 확장했다. 그는 자신의 정복을 공식화하기 위해 1206년 오논 강변에서 친족, 측근, 장군과 부족 대표들을 소집하여 큰 일이 있을 때마다 열리는 몽골의 국민회의 '쿠릴타이khuriltai'를 개최했다. 이 회의에서 테무진은 무당 텝 텡그리의 축도로 '칭기즈칸'이라는 칭호를 받았다. 테무진은 드디어 몽골의 왕이 된 것이다.

테무진을 몽골제국의 왕으로 세운 텝 텡그리는 자신의 지위를 이용하여 막대한 부를 축적했다. 텝 텡그리와 그의 여섯 형제들은 연합체를 구성하여 막강한 권력을 행사했다. 권력과 부를 독점한 이들은 몽골에서 칭기즈칸 다음 가는 세력으로 성장했다. 칭기즈칸이 초자연적인 힘을 숭배한다는 사실을 알고 있는 텝 텡그리는 무당으로서의 지위를 십분 이용했다. 그러나 무엇이든 지나치면 화가 되는 법. 텝 텡그리는 자신의 몰락을 자초했다. 그는 칭기즈칸에게 동생 카사르를 처단해야 한다고 충고했다. 동생이 반역을 일으킬 것이라고 예언한 것이다. 텝 텡그리는 꿈에서 카사르가 몽골 민족을 다스리는 모습을 보았다고 증언했다. 고심하던 칭기즈칸은 마침내 카사르를 체포하라는 명령을 내린다. 이 사실을 알게 된 어머니 호엘룬이 그를 찾아와 격렬히 항의했다. 어머니는 자신의 젖가슴을 내어놓고 두 아들 다 이 젖을 먹고 컸는데 한 아들이 형제를 죽이는 짐승 같은 행위를 하고 있다고 맹렬히 비난했다고 한다. 분을 이기지 못한 호엘룬은 얼마 후 사망하고 말았다. 어머니의 사망에도 불구하고 주술을 신봉하는 칭기즈칸은 여전히 텝 텡그리에게 의존했다. 그러자 이번에는 부인 보르테가 나섰다. 보르테는 무당에게 의존할 경우 형제 나아가서는 자식들까지 위험해진다고 경고했다. 자식의 안위까지 거론되자 칭기즈칸도 마음이 흔들렸다. 깊이 생각한 끝에 칭기즈칸은 마침내 텝 텡그리 일가를 없애기로 결심했다. 텝 텡그리가 형제들과 함께 왕궁에 나타나자 동생 테무게가 먼저 그의 멱살을 잡았다. 이어서 테무게가 텝 텡그리를 문 밖으로 끌어내자 대기하고 있던 부하들이 그의 등을 꺾어버렸다. 칭기즈칸은 텝 텡그리를 위해 작은 천막을 치도록 했다. 죽어가는 무당을 위한 그의 마지막 배려인 것이다. 텝 텡그리는 초원에서 마지막 남은 장애물이었다. 무당이 자신의 통제에서 벗어나려 하자 칭기즈칸은 그를 죽임으로써 최후의 걸림돌을 제거했다.[24]

군대와 법령의 개편

군국주의 국가인 몽골제국에서 가장 중요한 일은 강병을 양성하는 것
이다. 그리고 이를 위해서는 군 체제를 개편하는 일이 필요했다. 칭기
즈칸은 '케식테이'라는 친위군단을 새로 만들어 몽골군 최정예부대로
양성했다. 귀족 자제들이 케식테이에 속속 입단했으며 단원에게는 많
은 특혜와 명예가 주어졌다. 케식테이 이전까지의 친위대는 주간병력
70명과 야간병력 80명 등 도합 150명에 불과한 보잘 것 없는 전력이
었다. 그러던 것이 케식테이 창설 후 지원자가 눈덩이처럼 불어나 주
간병력 8천명, 야간병력 2천명 등 도합 1만 명의 대군으로 늘어났다.
명실상부하게 몽골군의 중심 전력이 된 것이다. 칭기즈칸은 이 부대
를 넷으로 나누어 주야 3일씩 4교대로 근무하게 했다. 이 외에 수십
개의 천호집단으로 편성된 일반 군단이 있었는데 이들은 좌·우·중 3
군으로 나뉘었다. 이밖에도 군사 편제를 개편하여 소대, 중대, 대대를
만들고 1만 명의 병사로 구성된 사단 투면Tumen을 조직했다.[25]

　군사 조직이 완비되자 칭기즈칸은 제왕으로서의 위상을 갖추게 되
었다. 로마군과 마찬가지로 몽골군의 편제도 기본은 100명 단위였
다. 로마군의 경우 100명 중 80명이 전투병이고 나머지 20명은 요리,
의료, 정찰, 보급, 엔지니어 등 지원병이었다. 이에 반해 몽골의 자군
Jagun은 100명 모두 전투병으로 대부분이 기마병이었다. 자군에 속
한 모든 병사는 전투병이었을 뿐 아니라 지원과 보급 등을 자체적으

언덕 위의 칭기즈칸 초상화. 몽고의 수도 울란바토르Ulaanbaatar에 위치하고 있으며, 2006년 몽골 나담 축제 때 그려진 것으로 전해진다.

로 소화했다. 이밖에 칭기즈칸은 제르비Jerbi라고 하는 별도의 지원부대를 창설했다. 그는 초기의 전투경험을 바탕으로 보급이 끊기는 경우 전투부대에 미치는 위험을 충분히 알고 있었으므로 이러한 일이 벌어지지 않도록 최대한 주의를 기울였다.

군사조직을 정비한 칭기즈칸은 '야사'라는 법전을 제정했다. 야사는 몽골의 실정에 맞는 법을 집대성한 것이다. 칭기즈칸은 여러 부족의 관행을 조사하여 야사에 포함시켰고 야만적인 관행은 과감히 폐지했다. 예를 들어 지금까지 광범위하게 이루어지던 부녀자의 약탈 행위를 금지했다. 이제 부녀자와 동물을 약탈하는 행위는 중죄가 되었으며 법을 어기는 자는 처형되었다. 야사에 따라 간통한 여자, 첩자, 헛된 말을 꾸미는 무당, 악독한 일을 저지르는 자들도 모두 사형에 처해졌다. 반면, 불교, 기독교, 이슬람교, 샤머니즘 등 모든 종교에 대해서는 관용을 베풀었다. 누구든 자신이 원하는 종교를 택할 수 있었다. 성격이 급한 칭기즈칸은 불같이 화를 내는 일이 많았지만 불필요한 폭력은 싫어했다. 반면, 몽골인에게 폭력은 몸에 밴 습관으로 일종의 오락이었다. 야사는 이방인에 대한 폭력은 허용한 반면 몽골인 간의 싸움은 금했다. 칭기즈칸은 또한 권위를 중시했다. 신하들은 그의 이름을 직접 부를 수 없었다. 또한 왕자들의 이름을 쓸 때는 금가루를 사용해야 했다.[26]

금나라 정복

1210년 새로 등극한 금Jurchen 황제는 칭기즈칸에게 사신을 보내 조공을 바칠 것을 요구했다. 호랑이 콧수염에 불을 붙인 셈이다. 칭기즈칸은 사신을 죽이는 대신 침을 뱉고 황제를 멍청이라고 조롱했다. 선전포고였다. 칭기즈칸은 먼저 탕구트(Tangut：서하)를 침공하여 왕과 동맹을 맺고 중국 침공을 준비했다. 세를 불리기 위한 전략이다. 당시 중국에는 세 나라가 있었는데 화남의 송과 화북의 여진(금), 그리고 서하이다. 송은 한족이고, 금은 만주족의 사촌인 퉁구스족이 지배하는 나라로 북경을 수도로 해서 황하유역의 가장 비옥한 땅을 통치하고 있었다. 서하는 현재 내몽골로 불리는 감숙성과 아라산 및 오르스 일대를 장악하고 있는 티베트계 탕구트 족이 세운 나라이다.

금 황제가 믿는 구석은 난공불락의 성과 수적으로 우세한 군사였다. 그러나 이것은 큰 착오이다. 황제는 칭기즈칸이 얼마나 뛰어난 전략가인지 전혀 모르고 있었다. 양측의 차이는 뚜렷했다. 칭기즈칸은 총사령관으로서 몽골군을 진두에서 지휘하면서 작전을 펼쳤으나 금 황제는 장군들에게 지휘권을 양도하고 자신은 북경의 궁궐에서 보고만 받았다. 기마병으로만 구성된 몽골군은 기동력이 대단했고 훈련이 잘 되어 있어 전투력이 뛰어났다. 말고기와 말 젖을 주식으로 하는 이들은 말만 있으면 식량과 음료 그리고 교통을 한꺼번에 해결했다. 마른 말고기와 물에 탄 마유를 마시면서 열흘 동안이나 쉬지 않고 이동할 수 있었다. 전혀 먹을 것이 없을 때에는 말의 혈관에 구멍을 뚫어 피를 마신 뒤 다시 혈관을 봉합했다. 말만 있으면 거의 모든 것이 해결되는 이들은 예비로 몰고 다니는 많은 말들 외에는 다른 보급품도 거의 필요로 하지 않았다. 이동하면서 말의 젖을 짜고, 말을 도살하여 식량을 만들고, 시간이 남으면 사냥과 약탈을 통해 필요한 물자를 조달했다.

몽골군에게는 병사들과 함께 다니는 예비용 말 외에는 따로 병참부나 거추장스러운 보급 대열이 없었다. 이러한 병참 구조를 가진 몽골군의 기동력은 상상을 초월했다. 농민 출신이 대부분인 금나라군은 전투력에서 몽골군의 상대가 되지 않았다. 곡물 위주로 식사하는 금 병사들은 뼈가 약하고 힘이 없었으며 병에도 잘 걸렸다. 이와는 반대로 고기와 젖을 주식으로 하는 몽골병사들은 단백질이 풍부하여 뼈가 튼튼하고 병에 저항력이 강했다. 몽골군은 한 번씩 충분히 영양을 섭취하면 이틀 정도는 먹지 않고도 싸울 수 있을 정도로 체력이 뛰어났다.

금나라 원정이 시작되었다. 칭기즈칸은 만리장성의 외곽지대를 지키는 파수병 역할을 하고 있는 옹구트 족을 먼저 포섭했다. 이를 위해 딸을 옹구트 족장 아들과 결혼시키면서 호시탐탐 기회를 노렸다. 1212년 금의 종속국인 거란에서 반란이 일어났다. 칭기즈칸은 때를 놓치지 않고 거란의 본거지인 남만주 요양에 장수 제베를 보내 함락시켰다. 이러한 가운데 금나라 수도에서도 반란이 일어났다. 금의 장군이 군주인 위왕을 죽이고 그의 조카 선종을 왕위에 앉힌 것이다. 나라 안팎의 반란으로 금이 쇠약해지자 이 틈을 놓치지 않고 쳐들어갔다. 칭기즈칸이 무력으로만 금을 정복한 것은 아니다. 고도의 책략과 심리전 그리고 무자비한 인질작전으로 적을 휩쓸었다. 성을 공격하기 전 인근 마을을 공격하여 주민을 죽이고 불을 질렀다. 백성들은 살기 위해 모두 성으로 몰려들었다. 수십~수백만 명의 사람이 몰려들자 성은 극도로 혼란해졌으며 질병이 창궐했다. 성 밖으로 나갈 수도 없는 백성들은 식량이 떨어지자 약탈을 자행했으나 먹을 것은 곧 동이 나고 말았다. 성내에는 인육을 먹는 카니발리즘Cannibalism이 만연했으며 역병이 돌았다. 몽골군은 성내의 혼란이 극도에 달하면 때를 놓치지 않고 공격하여 쉽게 성을 점령했다.

잔인한 일은 성 밖에서도 벌어졌다. 칭기즈칸은 포로로 잡은 백성들을 노동력으로 사용했을 뿐 아니라 그들을 물건처럼 취급했다. 몽골군은 성을 공격할 때 백성들을 앞에 내세워 방패로 썼으며 죽은 시체는 해자를 메우거나 참호를 쌓는데 사용했다. 반면 기술을 가진 사람들은 아끼고 우대했다. 기술자는 칭기즈칸의 특별한 보호를 받으면서 전쟁에 필요한 각종 병기와 화약, 그리고 성을 공격하는데 필요한 공성탑과 투석기 등 각종 장비를 제작했다. 무자비한 전법이지만 백성을 노동력으로 쓰고 현지에서 필요한 사람을 징발해서 사용하는 전략은 주효했다.

칭기즈칸이 중군(中軍)을 이끌고 큰 전과를 올리고 있는 동안 그의 세 아들은 별도의 군대를 이끌고 태행산맥을 따라 하북성(허베이Hebei

성)으로 남하했으며 황하에 부딪치자 서쪽으로 기수를 틀어 산서성 쪽으로 행군했다. 이들도 진군하는 동안 많은 성들을 점령한 것은 물론이다. 옆에서 보기에는 성을 점령하는 것이 이렇게 쉬운 일인가 할 정도로 몽골군은 가는 곳마다 백전백승을 거두었으나 사실 그들도 매우 힘든 행군을 하고 있었다. 기후 때문이었다. 시원한 초원에서 말을 타고 거침없이 달리던 몽골군에게 북중국의 덥고 습한 기후는 가장 큰 장애물이었다. 많은 병사들이 더위를 견디지 못하고 쓰러졌다. 이 때문에 몽골이 1214년 금의 수도 종두(북경)를 점령하기까지 3년이나 걸렸다. 예상보다 훨씬 긴 시간이 걸린 것이다.

몽골군의 전투력과 잔학성에 겁을 집어 먹은 금 황제는 싸움 대신 화친을 택했다. 칭기즈칸의 신하가 될 것을 약속한 금 황제는 조공품으로 산더미 같은 금, 은, 비단과 말 3천 필, 각 5백 명의 건강한 소년과 소녀들, 그리고 자신의 딸을 바쳤다. 위구르, 탕구트, 키타이(요) 등과 같이 금을 조공국으로 편입시키는데 성공한 칭기즈칸은 의기양양하게 초원으로 돌아갔다. 그러나 금 황제는 약속을 지키지 않았다. 몽골군이 철수하자마자 남쪽으로 천도하여 개봉Kaifeng에 새 수도를 열고 몽골군에 저항해 싸울 것을 결의했다. 칭기즈칸이 이를 가만히 놔둘 리 없었다. 칭기즈칸은 다시 군대를 일으켜 1215년 종두를 함락시켰다. 이번에는 철저히 보복했다. 도시를 무자비하게 약탈하고 파괴한 것이다. 죽은 사람의 시체가 산을 이룰 정도였으며 6만여 명의 처녀들이 폭행을 피해 성벽에서 뛰어내렸다고 한다.

몽골군이 적을 공격할 때 포로로 잡은 백성들을 군대의 앞에 세운 방식은 독특한 것이다. 이는 전투기계인 몽골군의 전투 방식을 적나라하게 보여주고 있다. 포로를 앞세운 것은 몽골군을 보호할 인간방패로 쓰기 위한 것이었다. 뿐만 아니라 포로가 쓰러지면 이들의 몸은 전쟁 물자처럼 사용되었다. 해자를 메우거나 적이 만든 방어용 구덩이나 구조물을 덮어 길을 트는데 사용된 것이다. 반면 금나라는 너무 전략이 허술했다. 위기 상황 시 관리능력이 전혀 없었다. 몽골군에게 쫓겨 성으로 들어온 백성들은 굶주렸으므로 사람을 잡아먹는 일까지 생겼다. 백성들의 원성이 높아지면 무능한 관리에 대항하는 폭동이나 반란이 일어났다. 이에 대해 금이 취한 조치는 농민을 살육하는 것이었다. 최악의 폭동이 일어났을 때 군대는 자국 농민을 3만 명이나 죽였다.[27] 이러한 나라를 믿고 따르는 백성이 어디 있겠는가.

초원의 유목민인 몽골군은 도시 생활에 대해 아는 것이 거의 없었다. 큰 도시를 처음 보는 이들은 도시에 대해 경외를 느끼는 대신 약탈, 살육, 방화 등 파괴에만 전념했다. 북경에 침입한 군에게 파괴 명령을 내린 칭기즈칸은 북경이 불타고 있는 동안 더위를 피해 한가하게 만리장성의 건너편에 있는 드론 노르라고 하는 호숫가에 머물렀다. 북경은 관심 밖이었으므로 그는 자신이 정복한 도시에 가보지도 않았다. 북경 뿐 아니라 이 후에 정복한 모든 도시들에 대해서도 칭기즈칸은 거의 관심을 보이지 않았다. 몽골군은 성을 약탈하고 파괴했을 뿐 도시를 점거한 후 활용하려는 생각은 하지 않았다. 그들은 도시를 살만한 곳으로 여기지 않았다. 싸움이 끝나면 도시를 파괴하고 속히 초원으로 돌아가는 것, 그것이 그들의 목표였다. 칭기즈칸은 도시에 대한 이해가 전혀 없었고 새로운 지식을 얻으려 하지도 않았다. 그는 어디까지나 초원의 주인이지 도시의 주인은 아니었다.

북경을 점령한 후 그가 한 일은 부하 장수 무카리에게 일부 병력을 주어 북경 인근을 지키도록 한 것이 전부였다. 이와 같은 사례는 비일비재했다. 이 때문에 몽골군이 떠나면 일시 난을 피해 숨어있던 병사나 백성들이 다시 성에 들어와 살았다. 따라서 몽골의 정복은 완전한 정복이 되지 못했다. 한번 뺏었던 도시를 처음부터 다시 뺏어야 했다. 만약 당시 몽골군이 그들이 뺏은 도시에 정착해서 그 곳을 생활의 근거지로 삼았더라면 오늘의 세계 역사는 크게 달라졌을 것이다.[28] 칭기즈칸은 살육자에 도시 파괴자를 겸한 것 같은 정복자였다. 그는 복수를 위해 또는 공포심을 자아내기 위해 주민을 무차별 살육하고 도시를 파괴했다. 이밖에 전략적인 목적에서 도시를 파괴하는 경우도 흔히 있었다.

칭기즈칸은 금 원정에서 뜻하지 않은 부산물을 얻었다. 금에 원한을 가진 과거 키타이(요나라) 귀족들이 몽골을 돕고자 하는데 그들 중에 뛰어난 인재들이 많다는 사실을 알게 된 것이다. 칭기즈칸은 인재를 아끼는 사람이다. 그는 키타이 출신의 인재들을 등용하여 자문관으로 활용했다. 그들 중에 가장 뛰어난 사람이 옐리 추차이(야율초재)이다. 과거 키타이 왕족 출신으로 20대 초반의 젊은이인 옐리는 중국

문화에 정통했고 현지 정세에 밝았으며 점성술에도 능숙한 인재였다. 키타이의 언어는 몽골어와 유사한 점이 많기 때문에 옐리는 몽골과의 의사소통에도 별 문제가 없었다. 옐리 추차이는 칭기즈칸의 세계 정복에서 많은 공을 세운 모사 중 하나가 되었다.

코라즘 정복

중국의 절반을 정복한 칭기즈칸은 많은 금은보화와 진귀한 물품 그리고 기술자, 장인, 예능인 등 필요한 사람들을 징발하여 끌고 돌아왔다. 목표를 달성한 셈이다. 느긋한 마음이 든 칭기즈칸은 그 더운 중국의 날씨를 생각하면서 이제 전쟁은 그만 하고 초원에서 조용히 지내려고 했다. 주변에 칭기즈칸을 위협할만한 세력은 없었다. 단 하나 마음에 걸리는 것은 서쪽으로 수천 킬로미터 떨어진 곳에 있는 이슬람 제국 코라즘이다. 당시 코라즘은 동서로 코카서스 산맥과 카스피해 그리고 아랄 해를 잇는 선에서 남쪽으로는 인더스 강에 이르는 광대한 제국이었다. 지금의 우즈베키스탄, 투르크메니스탄, 이란, 아프가니스탄, 파키스탄 등을 포괄하는 지역이다. 칭기즈칸은 코라즘과 우호관계를 맺기 위해 사신을 보냈다. 친서에서 친밀한 관계를 부각시키기 위해 코라즘 술탄과의 나이 차이를 감안, 그를 아들로 칭했다. 이것이 술탄을 자극했고 평화를 위한 사신의 임무는 실패했다.

시계방향으로 칭기즈칸, 오고데이 칸, 티무르 칸, 쿠빌라이 칸.

이 사건이 있은 지 얼마 되지 않은 1219년 칭기즈칸은 다시 술탄에게 평화적 교역관계 수립을 제의했다. 술탄은 칭기즈칸의 제의를 받아들인 듯 했으나 속으로는 독을 품고 있었다. 몽골의 무역대표단이 오트라르에 도착했을 때 이곳 총독이자 술탄의 외삼촌인 이날추그가 450명의 몽골 대표단을 살해한 것이다. 이 소식이 전해지자 칭기즈칸은 분노를 누른 채 다른 사절단을 보내 사죄를 요구했다. 그러나 술탄은 사절단장을 죽이고 나머지 대표들은 얼굴을 훼손하여 돌려보냈다. 비통한 칭기즈칸은 언덕에 올라가 모자를 벗고 하늘을 향해 사흘 동안 기도를 한 후 복수를 결심했다. 코라즘 술탄은 과거 금 황제가 했던 것처럼 몽골의 위협을 과소평가했다. 이로써 술탄 알라 앗 딘 무함마드Ala ad-Din Muhammad 2세는 잠자는 사자를 건드리고 말았다. 무함마드는 벼락출세한 투르크인으로 이슬람 세계에서 뿌리가 없었다. 같은 종교를 믿으면서도 무슬림의 원조인 아랍이나 페르시아로부터 어떤 동맹자도 얻을 수 없었다. 그들이 무함마드를 야만적인 정복자 정도로 여겼기 때문이다. 고립된 투르크 술탄에게 과연 어떤 일이 벌어질 것인지?

코라즘 공격은 말이 쉽지 가능할 것 같지 않은 일이었다. 몽골에서 코라즘까지 행군하려면 3천 킬로미터 이상을 가야 하는데 태산준령을 넘고 넓은 사막을 건너야 했다. 지금까지 그러한 장정을 감행한 군대는 역사상 없었다. 코라즘 도시들은 커다란 성벽으로 둘러싸여 있었고 철통과 같은 수비를 자랑했다. 칭기즈칸이 원정군을 직접 진두에서 지휘했다. 그가 전쟁에서 동원할 수 있는 병력은 약 20만 명인데 반해 코라즘의 병력은 최소한 두 배 이상이었다. 이 때문에 칭기즈칸은 적이 예기치 못한 기습작전을 펼칠 계획이었다. 그는 겨울에 진군을 시작했다. 겨울에 천산산맥과 힌두쿠시를 넘는 것이 얼마나 힘들다는 사실을 너무나 잘 알고 있으면서도 이를 강행한 것이다. 몽골군은 엄청난 추위와 눈에 시달리면서도 행군을 계속했다. 그나마 다행인 것은 몽골군이 무거운 장비를 대동하지 않았다는 점이다. 장비 대신 중국에서 데려온 기술자들을 대동했다. 기술자들은 현지에서 필요한 재료를 구입하여 성을 점령하는데 필요한 장비를 만들어낼 수 있었다. 코라즘의 성을 점령하기 위해 이들의 도움은 필수적이었다.

　사람보다도 말을 보호하는 것이 더 문제였다. 편자를 박지 않은 말의 발굽을 보호하기 위해 일일이 야크 가죽으로 발을 묶어주었다. 먹이가 떨어지자 굶주린 말들이 눈 위에 쓰러졌다. 말들은 눈앞에 있는 이끼나 마른 풀을 찾기 위해 발굽으로 땅을 파헤쳤다. 일부 병사들은 사냥감을 찾아 들판을 헤맸다. 20만 명의 병사들은 아시아 고원의 혹독한 추위에도 행군을 멈추지는 않았다. 몽골인은 혹독함을 견디는 타고난 인내력이 있었고, 추위쯤은 개의치 않았다. 병사들은 몸에 양가죽을 휘감고 눈 위에서 잠을 잤다. 필요한 경우에만 둥근 뿔과 같은 유르트*를 쳐서 몸을 따뜻하게 했다. 식량이 떨어지면 말의 핏줄을 열

* 유르트(yurt)는 중앙아시아 키르기즈 지방의 유목민이 사용하는 천막이다. 펠트를 재료로 하며 형태는 몽골의 게르와 같고 원뿔 모양의 지붕과 원기둥 모양의 벽으로 되어 있다.

몽골의 전통적인 유르트Yurt..

고 피를 조금 마신 뒤 도로 닫았다. 산악지대를 이동할 때는 넓게 흩어져 이동했다. 적의 기습과 같은 돌발적인 상황에 대비하기 위한 것이다. 그들이 지난 자리에는 썰매 자국이나 동물의 뼈 등이 흔적으로 남았다.[29]

죽음의 행군을 마친 몽골군은 평원으로 나오자마자 코라즘이 자랑하는 무적의 도시들을 차례로 점령해 나갔다. 부하라, 사마르칸트, 니샤푸르, 타브리즈, 카즈윈, 하마단, 아르데빌 등이 칭기즈칸의 손으로 들어온 것이다. 칭기즈칸은 중국을 정복할 때와 같은 전술을 썼다. 성 주변에 있는 마을을 공격하여 주민을 죽이고 불을 지르고 포로를 잡았다. 이후 성에 최후통첩을 보냈다. 항복하면 살려주고 저항하면 모두 죽이겠다는 것이다. 이 원칙에 따라 니샤푸르와 같이 저항한 도시들은 초토화되었다. 수도 사마르칸트는 광범위하게 파괴되었으나 법관, 이슬람 이맘, 학자 등 1천여 명은 살아남았다. 이들은 공격이 시작되기 전 항복 의사를 밝혔고 칭기즈칸이 신변 보호를 약속했기 때문이다. 칭기즈칸의 말이 곧 법이었으므로 그가 한 약속은 지켜졌다. 1223년까지 칭기즈칸의 코라즘 정복은 완성되었고 한 때 이슬람 세계를 호령했던 거대한 제국은 멸망했다.

코라즘 정복 당시 눈여겨 볼 사실은 왕족이나 귀족들이 큰 피해를 입었다는 사실이다. 유럽이나 중동에서 벌어진 다른 전쟁에서는 전투에서 패해도 귀족이 죽는 일은 드물었다. 그들은 포로가 되어도 기사도 정신에 따라 귀족으로서 대접을 받았다. 그러나 몽골군에게는 그러한 관행이 없었다. 포로면 포로지 귀족이고 평민이고 구분이 없었다. 몽골군은 왕족이나 귀족은 오히려 더 귀찮은 존재로 생각했다. 살아 돌아가면 힘을 규합하여 복수전을 펼칠지 모른다는 생각에서였다. 따라서 몽골군은 그들을 보이는 족족 죽였다. 코라즘 제국에서 가장 권력이 센 여자였던 술탄 어머니는 간신히 죽음은 면했으나 처참한 운명을 맞아야 했다. 몽골군은 먼저 그녀의 시종과 가족 등 20여 명

을 죽였다. 그런 다음 몽골로 보내 노예로서 수치스러운 여생을 살게
했다. 포로로 잡히는 순간 태후의 존재는 사라지고 말았다. 고귀한 신
분이라고 해서 배려해주는 일은 일체 없었다.[30]

당시 코라즘에는 명장이 한 사람 있었다. 그는 술탄 무함마드의 아
들 잘랄 앗 딘Jalal ad-Din이다. 오직 살기 위해 카스피 해의 조그만
섬으로 도망친 무함마드는 스트레스로 인해서인지 곧 죽고 만다. 아
들 잘랄은 빼앗긴 땅을 되찾고 아버지의 원수를 갚겠다고 결심했다.
동쪽으로 쫓겨 아프가니스탄에 둥지를 튼 잘랄은 아프간인과 중앙아
시아 인으로 군을 구성해 반격에 나선다. 잘랄은 기동력을 생명으로
하는 몽골군이 넓은 평원에서는 적수가 없으나 험준한 지형이나 지
구전에서는 약점이 있다는 사실을 간파했다. 1221년 봄까지 잘랄은
페르시아인, 아프간인, 터키인 및 인도인 등으로 구성된 6만 명의 병
력을 모았다. 잘랄은 비단길의 요충지 카이버 패스Khyber Pass에 인
접한 파르완Parwan을 공격하여 수천 명의 몽골군을 살해한 뒤 그 지
역을 점령했다. 이 소식을 들은 칭기즈칸은 장군 쉬기 쿠투쿠Shigi-
Kutuku에게 3만의 병력을 주어 파르완을 되찾도록 했으나 잘랄에게
패하고 말았다. 이 대승은 코라즘이 몽골군과의 전쟁에서 거둔 가장
자랑스러운 승리였다. 대노한 칭기즈칸이 대군을 이끌고 직접 공격해
오자 잘랄은 동쪽으로 후퇴하다가 인더스 강에서 퇴로가 막혔다. 포
위된 잘랄은 말을 탄 채 8미터 높이의 절벽에서 강으로 뛰어들었다고

한다. 칭기즈칸은 강기슭에서 이를 지켜보고 있다가 그를 살려두도록 명했다. 비록 적이지만 용감한 장수를 존중하는 칭기즈칸의 면모가 드러났다. 잘랄은 이후 페르시아를 거쳐 그루지야, 아르메니아 및 쿠르드 땅으로 들어갔다. 1231년 잘랄이 살해된 후 그의 추종자들은 서쪽으로 행진을 계속하여 지중해에 이르러 예루살렘을 정복하고 십자군을 몰아내기도 했다. 비록 몽골군을 물리친 것은 아니었지만 잘랄이 그토록 고대했던 승리를 그의 부하들이 대신 거둔 것이다.

1222년 가을 코라즘 정복을 마친 칭기즈칸은 귀로에 올랐다. 부하라에 들른 칭기즈칸은 처음으로 이슬람교에 관심을 보였다고 한다. 부하라Bukhara는 칭기즈칸이 코라즘 공격을 시작한 후 최초로 초토화시킨 도시이다. 이슬람 역사상 전무후무한 피해를 입힌 몽골의 대칸이 그 피해가 시작된 곳에서 뒤늦게 이슬람에 관심을 표명했다는 것은 아이러니컬하다. 사실 처음에 칭기즈칸이 술탄 무함마드에게 사신과 무역대표단을 보냈을 때 이슬람을 유린할 생각은 전혀 없었다. 종교적 방임주의자인 칭기즈칸은 새로운 종교에 대해 관심이 없었고 알려고 하지도 않았다. 하지만 칭기즈칸의 사신과 대상을 죽인 대가로 이슬람 세계는 엄청난 재앙을 겪어야 했다. 그러한 재앙을 끼친 장본인이 칭기즈칸이다. 뒤늦게야 자신이 너무 심한 짓을 했다고 느낀 것일까? 여하튼 이후에도 이슬람 세계에 대한 몽골의 징벌은 한동안 계속되었지만 14세기 이후로 이슬람이 급격히 팽창하는데 한 몫을 담당한 것이 몽골이니 역사는 참 돌고 도는 것이라고 하겠다.

칭기즈칸의 죽음과 권력 승계

몽골 초원으로 돌아간 칭기즈칸은 황허 상류에서 탕구트 족과 전쟁을 벌이던 중 1227년 사망했다. 그해 겨울 고비사막을 넘어 탕구트와 싸우던 중 잠깐 짬을 내어 사냥에 나섰다가 말에서 떨어져 부상을 입었다. 부인을 비롯한 주변 사람들은 모두 쉴 것을 간언했으나 칭기즈칸은 계속 탕구트를 몰아붙였다. 그로부터 6개월 후 마지막 승리를 불과 며칠 앞두고 사망한 것이다. 칭기즈칸은 몽골제국 창건 이듬해인 1207년 중국 원정을 앞두고 탕구트를 공격한 적이 있었다. 탕구트는 항복했고 조공 국가가 되었다. 그러나 탕구트 칸이 코라즘 원정 시 지원군을 보내지 않았기 때문에 칭기즈칸은 그를 응징하려고 했다. 칭기즈칸은 또한 정복전쟁이 계속되어야 몽골제국이 유지될 수 있다고 생각했으므로 탕구트를 기지로 하여 송나라 정벌에 나설 계획이었다. 몽골족의 전통에 따라 대칸의 시신은 아무도 모르는 곳에 매장되었다. 묘를 쓴 흔적이 남지 않도록 800명의 기마병이 매장지를 정성스럽게 밟았다. 이후 그들은 모두 살해되었다. 기마병을 살해한 군인들이 다시 살해되었으며 그들도 또 살해되었다. 몇 번에 걸쳐 가담자들이 모두 살해되자 매장지를 아는 사람은 아무도 없게 되었다. 전승(傳承)에 의하면 어느 날 사냥을 나간 칭기즈칸이 황무지에 무성한 나무가 한 그루 있는 것을 보고 감탄하며 측근들에게 자신이 죽으면 이곳에 묻어달라고 말했다고 한다. 그 말이 지켜졌는지 여부는 알 수 없

〈칭기즈칸의 가계도〉
Royal Family of the Great Mongol Empire, Yeke Mongol Ulus

칭기즈칸
Genghis Khan
1206~1227

보르테
Borte khatun

주치
Juchi

바투
Batu

황금군단
Golden Horde
Russia

차가타이
Chaghatai

무굴제국
Moghul Empire
India

오고데이
Ogodei
1229~41

투레게네
Turegene
1241~48

구육
Kuyuk
1246~48

오굴 가이미쉬
Oghul Ghaimish
1248~51

툴루이
Tolui
1227~29

소르칵타니
Sorkhaktani

몽케
Mongke
1251~59

훌라구
Hulagu
1256~65

일한국
Il Khanate
Persia & Iraq

쿠빌라이
Khubilai
1260~94

원나라
Yuan Dynasty
China

아릭 보케
Arik Boke
1259~64

다. 여하튼 칭기즈칸의 무덤은 아직까지 발견되지 않고 있다.

칭기즈칸이 죽고 아들의 시대가 시작된다. 아들 중 뛰어난 인물은 없었으나 칭기즈칸이 구축해놓은 시스템이 워낙 탄탄했으므로 제국은 큰 문제없이 운영될 수 있었다. 칭기즈칸이 아들 세대에 남긴 많은 것들 중에서 가장 중요한 것은 군국주의 국가를 지탱하는데 필수적인 요소들이다. 군사 천재 칭기즈칸은 독자적인 군사 체계를 자식들에게 남겨주었다. 오고데이, 차가타이, 톨루이는 아버지가 심혈을 기울여 육성한 주력 부대를 나누어 가졌다. 동원 및 훈련 체계, 전쟁에서의 이동 작전 등 핵심전략도 칭기즈칸이 만들어 놓은 것을 그대로 물려받았다. 무엇보다도 중요한 것은 인적자원이었는데 왕자들이 세계제국 건설이라는 과업을 지탱할 수 있었던 것은 무칼리Muqali, 제베Jebe, 수보데이Subodei 등과 같은 전설적인 무사들이 곁에 있었기 때문이다.

칭기즈칸의 아들 중에는 아버지를 대신할만한 인물이 없었다. 아들들은 서로 다퉜다. 특히 첫째와 둘째 아들 간의 반목은 이만저만 심한 것이 아니었다. 둘째 차가타이는 "메르키트 사생아가 우리를 다스리는 꼴을 어떻게 보겠습니까?"라고 아버지에게 노골적으로 장남 주치의 출생문제를 걸고 넘어졌다. 다른 아들들은 주치의 출생문제를 거론하거나 노골적으로 그에게 대드는 일은 하지 않았다. 그러나 내심으로는 주치를 승계자로 인정하지 않았다. 몽골의 전통에 의하면 설사 모두 주치를 장남으로 인정한다고 하더라도 대칸의 승계가 보장되

오고데이 칸의 동상. 몽골 가초르트 Gachuurt Mongolia 초원에 있는 몽골 궁전 소장.

는 것은 아니다. 대칸과 같이 중요한 자리는 서열뿐 아니라 능력과 인품에 대한 폭넓은 지지가 있어야 승계가 가능했다. 자신의 사후 승계 문제는 칭기즈칸에게도 늘 골칫거리였다. 칭기즈칸은 주치와 차가타이에게 아랄 해 남쪽에 있는 코라즘 술탄의 옛 수도 우르겐치를 함께 정벌하는 임무를 맡겨 둘 사이의 관계를 회복시켜보려 했다. 그러나 소용없었다. 두 아들은 적을 공격하다가 오히려 서로를 공격하기 일보 직전까지 갔다. 이 소식을 들은 칭기즈칸은 긴급히 두 아들을 본국으로 소환했다. 칭기즈칸은 어떻게 해서든 형제간에 화해를 이루도록 하여 둘 중 하나에게 권력을 물려줄 생각이었던 것 같다.

그러나 모든 노력이 허사로 돌아가자 결국 가벼운 성격에 술을 좋아하는 셋째 오고데이에게 보위를 물려주었다. 자신의 능력이 아니라 운으로 보위에 오른 오고데이는 아버지의 기대에 부응하지 못했다. 낭비벽이 있는데다가 지나치게 관대한 오고데이는 후계자가 되자마자 카라코룸에 새 수도를 세웠으며 이를 위해 막대한 국고를 탕진했다. 오고데이는 무역을 증진시킨다는 명목으로 보통 값의 두 배를 치르고 외국으로부터 진귀한 상품을 사들였다. 사치를 즐기는 오고데이는 상인이 부르는 값이 어떻든 이에 더해 10퍼센트의 웃돈을 지급하는 칙령까지 제정했다. 지나치게 술을 좋아하는 오고데이는 늘 취해 있었으며 많은 여자들을 곁에 두고 사치와 방종의 길을 걸었다. 평생 초원의 무인으로 살았던 아버지와는 달리 그는 카라코룸에 성을 쌓고 좋은 집을 지은 후 더 이상 말을 타지 않았다. 유목민의 나라, 전사의 나라인 몽골에게 이러한 일은 역사상 처음이었다. 몽골인은 한 곳에 정주하여 사는 것에 생소했다. 이들이 이러한 생활방식에 완전히 적응하기까지는 40여 년이 걸렸다. 아버지가 남긴 유산은 점점 사라지고 도시생활의 유산이 새로 만들어졌다. 도시의 유산은 아버지가 보았으면 기겁할만한 사치스럽고 퇴폐적인 것이 혼합된 무질서한 것들이 대부분이었다.

유럽 원정

오고데이가 권력을 잡은 지 8년 후인 1235년경이 되면 칭기즈칸이 쌓은 국고가 바닥이 났다. 그동안 정복전쟁을 하지 않은 채 돈을 써대기만 하니 금고가 빈 것이다. 몽골은 다시 정복전쟁에 나설 수밖에 없었다. 오고데이는 정복전쟁을 재개하기 위해 쿠릴타이를 소집했다. 이 회의에서 나온 의견은 다양했다. 어떤 장군은 인도, 다른 장군은 중동 정벌을 주장했다. 오고데이와 그의 측근 몇 사람은 송나라 공격을 선호했다. 그러나 전투 경험이 가장 풍부한 노장 수보데이는 유럽 공략을 주장했다. 수보데이는 미지의 땅인 유럽이 자신들에게 놀라운 선물을 안겨줄 것이라고 주장했다. 수보데이는 이미 유럽을 공격한 경험이 있었다. 12년 전 코라즘 술탄을 추격하던 시절 카스피 해를 넘어 유럽 땅으로 접어들자 칭기즈칸의 허가를 얻어 유럽의 문턱을 공략했던 것이다.

수보데이와 제베는 코카서스 산맥을 따라 진군하여 그루지야를 속국으로 삼은 후 북쪽으로 나아가 러시아와 우크라이나의 공국들을 하나씩 하나씩 점령했다. 그러다가 드네프르 강을 지나 동구로 진입하려는 순간 칭기즈칸의 회군 명령에 따라 말머리를 돌려야 했다. 1223년 5월 칼카 강에서 러시아군과 맞붙은 몽골군은 대승을 거두었다. 러시아군은 10분의 1이 겨우 살아 돌아왔다고 하니 거의 전멸을 당한 것이다. 몽골군의 전투력에 놀란 러시아군은 이후 몽골군의 모습만 봐도 겁을 집어 먹었다. 러시아군은 전반적으로 전투력이 떨어졌지만 특히 활이 문제였다. 몽골 활에 비해 사거리가 훨씬 짧은 유럽 활은 전투에서 거의 무용지물이었다. 또 러시아 기사들의 갑옷은 너무 무거웠다. 말의 기동력이 현저히 떨어졌다. 다른 유럽기사들과 싸울 때는 피차 같은 조건이므로 별 문제가 없었으나 경쾌한 몽골의 기병과 싸울 때에는 이야기가 달랐다. 몽골군은 러시아 기사들을 장난감을 가지고 놀 듯 다루었다. 기동력이 현저히 떨어지는 러시아 기사들은 사냥감에 불과했다. 몽골군은 생포된 러시아의 장수와 귀족 70여 명을 감옥에서 끌어내어 땅에 눕혔다. 키예프 공국의 영주 로마노비치와 그의 두 사위도 끌려나왔다. 몽골 장수들은 이들 몸 위에 널빤지를 깔고 그 위에서 승전을 축하하는 술잔치를 벌였다. 몽골군은 밤새 널빤지 위에서 뛰고 춤추며 놀았다. 이들은 모두 깔려 죽었다고 한다.[31]

대칸 오고데이는 수보데이의 의견에 찬성하지 않았다. 오고데이는 송나라 정복에 더 큰 관심을 가졌다. 수보데이가 주치 집안사람들과 가까웠기 때문에 그를 싫어했던 것도 반대의 이유였다. 주치 집안은 유럽 원정을 적극 지지했다. 주치 집안의 둘째 아들 바투는 칭기즈칸의 모든 손자 중에서 가장 뛰어나다는 평가를 받고 있었다. 만일 유럽 원정에서 바투가 큰 승리를 거둘 경우 다음 대칸 후보로 급부상할 가능성이 있었다. 이러한 이유 때문에 오고데이는 유럽 원정에 반대했다. 의견 차이를 조정하는데 실패한 오고데이는 결국 군사를 둘로 나누어 송과 유럽을 동시에 공격한다는 결정을 내렸다. 그러나 송 공격은 실패였고 전투 중 오고데이의 아들이 전사했다. 반면 수보데이의 유럽 원정은 성공적이었다. 유럽 원정 시 칭기즈칸의 네 아들은 직접 참가하는 대신 대표를 한 명씩 참가시켰다. 대칸 오고데이의 대표로 아들 구육, 주치의 대표로 바투 그리고 톨루이의 대표로 몽케가 참가했다. 대장군 수보데이는 칭기즈칸의 손자들과 함께 15만 명의 기병을 이끌고 출병했다.

이들은 1240년 키예프를 점령했고 뒤를 이어 독일, 폴란드 및 헝가리 영토를 침범했다. 유럽에서도 몽골군의 승리는 계속되었다. 이들은 철제 갑옷과 둔탁한 쇠 무기로 중무장한 유럽 기사들을 격파했다. 10만여 명의 정예 기사들이 몽골의 칼과 활에 쓰러졌다. 기사들의 패배는 유럽 봉건제도의 종말을 예고하는 것 같았다. 수보데이는 적을 무찌르기만 한 것이 아니었다. 그는 이미 장기적인 포석을 준비하고 있었다. 중국인과 위구르인을 시켜 그들이 지나온 산, 강, 호수, 평야, 금광, 은광, 염광 등 각종 광산, 토산물 등에 관한 정보를 기록했다. 몽골군은 지나온 길의 이곳저곳에 초소를 설치했고 점령지에는 다로가Daroga*를 임명 했다. 몽골군에게는 문관이 별도로 있어 행정을 담당하고 기록을 관리했다. 코카서스에서 포로로 잡힌 한 아르메니아 주교는 글을 모르는 군인들의 편지를 대신 써주거나 답신을 읽어주는 역할을 했다고 한다. 이 주교는 몽골군을 수행하면서 남부 코카서스 지역 내 10세 이상 남자들을 대상으로 인구조사를 시작했다.[32]

명장 수보데이는 자신이 해야 할 일에 대한 개념이 명확했다. 그는 진군하면서 발견한 남부 러시아의 광대한 스텝 지역에 대한 위치와 정보 등을 명확히 기록해놓았다. 나중에 몽골이 이 땅을 통치할 때에 대비한 것이다.

몽골군은 중앙아시아를 거쳐 러시아, 우크라이나, 폴란드, 헝가리에 이르는 초원지대를 따라 진격했으나 초원이 끝나는 곳에서 행군을 멈추었다. 말을 타고 넓은 지역을 종횡무진 질주하는 그들이 능력을 가장 잘 발휘할 수 있는 곳은 초원이다. 초원이 끝나면 능력은 반감되었다. 병사 1인당 다섯 필의 말이 주어지기 때문에 초원이 없으면 우선 말을 먹일 도리가 없다. 숲과 강을 지나 울타리를 친 경작지를 지나야 하는 경우에는 속도와 기동성이라는 장기가 무용지물이 되고 만

· · · · · · · · · ·

* 다로가(daroga)는 '머리'라는 뜻으로 몽골식 감독관을 일컫는다.

다. 흙을 밟고 지나가는 것은 몽골말에게는 생소한 환경이었다. 뿐만
아니라 초원지대의 건조한 기후가 사라지고 해안의 습한 기후가 시작
되자 몽골군이 자랑하는 활의 정확성이 현저히 떨어졌다. 그러한 환
경에서는 결코 군사적인 우위에 설 수 없었다. 몽골은 다뉴브 강 너머
를 쳐다만 보았을 뿐 공격하지 않았다.[33] 몽골의 유럽 원정은 성공이
었지만 12년 전 수보데이가 처음 침공한 때와 마찬가지로 전리품은
빈약했다. 유럽은 미개한 상태였으며 아직 경제가 발전하지 않았기
때문이었다. 몽골군은 힘들게 이룩한 승리에 비해 성과가 미미한 데
실망했다. 그들의 유럽에 대한 흥미는 급격히 감소했다.

여인들 간의 권력 쟁탈

몽골군이 유럽을 헤집고 다니던 1241년 대칸 오고데이가 갑자기 사
망했다. 이어 몇 개월 후에는 형제들 중에서 마지막 남은 둘째 차가타
이도 사망했다. 이제 몽골이 당면한 가장 큰 과제는 대칸의 후계자를
선정하는 일이다. 시조 칭기즈칸이 죽은 후 불과 14년 만에 아들들이
모두 사망하고 바야흐로 손자들의 시대가 열리게 된 것이다. 이렇게
되자 몽케와 바투는 유럽 원정을 즉시 중단하고 초원으로 돌아가야
했다. 오고데이는 원하지 않았지만 그의 통치 중 가장 치열하게 전투
가 벌어졌던 곳이 유럽이다. 유럽은 아직 미 정복상태였고 따라서 유

럽의 통치는 남자들이 맡았다. 그러나 상대적으로 평온한 다른 지역의 통치는 여자들의 손에 맡겨졌다. 오고데이는 재위 중 첫째 부인은 아니었지만 총애했던 투레게네Turegene에게 행정권을 점차 넘겨주었다. 권력을 잡게 된 투레게네는 오고데이가 죽자 공식으로 섭정이 되어 10년 동안 사실상 대칸 노릇을 했다. 투레게네와 경쟁 관계에 있었던 막내 톨루이의 미망인 소르칵타니는 중국 북부와 몽골 북부를 통치했으며, 둘째 차가타이의 미망인 에부스쿤Ebuskun은 중앙아시아 즉 투르키스탄을 통치했다. 이렇게 대칸 후계자가 결정되지 않은 10년 동안 몽골제국은 여자들이 분할해서 통치했다.

투레게네는 아들 구육이 대칸으로 선출될 수 있도록 물밑 작업을 벌였다. 그러나 투레게네가 코라즘 원정 시 포로로 잡혀온 페르시아 여인 파티마Fatima와 가까이 지내기 시작하면서 아들과 사이가 벌어졌다. 구육은 파티마를 자신과 어머니 사이를 이간시키는 존재로 여겼던 것 같다. 투레게네가 갑자기 죽자 구육은 파티마를 범인으로 지목하여 고문 끝에 잔인하게 죽였다. 폭력 성향이 짙은 구육은 할아버지 칭기즈칸의 마지막 남은 친동생 테무게를 체포하여 반역죄로 처형함으로써 칭기즈칸 가문 전체가 충격에 빠졌다. 구육은 앙심을 품고 있던 소르칵타니도 수사할 것을 명했다. 남편 톨루이 사후 구육이 청혼했으나 소르칵타니가 이를 받아들이지 않았던 것이다. 자칫 초원에 피바람이 몰려드려는 순간 장본인이 사망함으로써 사람들은 안도의 한숨을 쉬었다. 구육이 러시아에 있던 바투 칸을 치기 위해 원정을 준비하다가 급사하고 만 것이다. 사인은 밝혀지지 않았다. 그러자 이번에는 구육의 미망인 오굴 가이미쉬Oghul Ghaimish가 대권에 도전하기 위해 나섰지만 역부족이었다. 오굴 가이미쉬는 시어머니 투레게네와 같은 능력이 없었다.

그동안 일련의 사태를 묵묵히 지켜보며 때를 기다려왔던 소르칵타니가 마침내 움직이기 시작했다. 소르칵타니는 살아생전 칭기즈칸도 껄끄럽게 생각했을 정도로 다부진 여인이다. 소르칵타니는 또 가장 강력한 무기를 가지고 있었다. 바로 몽골제국의 역사에서 빛난 이름을 가지고 있는 그녀의 네 아들들이다. 소르칵타니는 오굴 가이미쉬가 행동을 취하기 전인 1250년 선수를 쳐서 천산산맥 줄기에 있는 이식쿨 호수 근처에서 첫 번째 쿠릴타이를 소집했다. 이 쿠릴타이에서 장남 몽케가 대칸으로 옹립되자 예상했던 대로 오고데이의 가족은 이를 인정하지 않았다. 수도 카라코룸에서 쿠릴타이가 열려야한다는 이유에서였다. 그러나 소르칵타니에게는 다른 카드가 있었다. 그것은 그녀가 칭기즈칸이 태어나고, 칸으로 선출되고, 죽어서 묻힌 고향땅을 장악하고 있었기 때문이다. 1251년 소르칵타니는 이곳에서 두 번째 쿠릴타이를 소집했고 몽케는 만장일치로 대칸으로 선출되었다. 이번에는 아무도 장소에 대해 이의를 제기하는 사람이 없었다. 몽케는 즉위 후 오고데이의 친족과 측근 77명을 모두 죽였다. 오굴 가이미쉬도 처형되었다. 몽케는 충성에 의심이 가는 사람은 누구나 잡아다 조사하고 처벌했다. 차가타이와 오고데이 가문을 지지하던 사람들의 뿌리가 뽑혔다. 권력은 확실하게 톨루이 가로 옮겨졌다. 여장부 소르칵타니는 아들들이 권력을 잡는데 방해가 되는 것이라면 무엇이든 남김 없이 제거했다.[34]

바그다드 점령

칭기즈칸의 손자들은 아들보다 훨씬 유능했다. 몽케, 훌라구, 쿠빌라이, 아릭 보케 등 톨루이 가문의 쟁쟁한 손자들이 몽골제국의 축을 형성했다. 이렇게 된 이면에 어머니 소르칵타니의 헌신이 있었음은 물론이다. 1251년 쿠릴타이에서 대칸으로 선출된 장남 몽케는 동생 훌라구와 쿠빌라이에게 각각 중동과 송의 정복을 명했다. 몽케는 진지하고 성실한 인품을 가졌다. 그는 백부 오고데이처럼 경박하지 않고 사촌 구육처럼 무모하지도 않았다. 그는 황금 가족의 구성원들 가운데 유일하게 알코올을 즐기지 않았던 사람이기도 하다. 그는 기독교, 이슬람교, 불교의 대표자들을 한 자리에 모아놓고 진지한 토론을 벌일 정도로 종교에 대해 개방적이었다. 몽케는 전임자 격인 구육이 상인들로부터 물건을 받고 마구잡이로 발행한 어음을 결제해줄 정도로 국가의 신뢰를 중시했다. 한 번 신뢰가 깨어지면 몽골과의 상거래가 급격히 감소할 것을 감안한 사려 깊은 결정이었다. 경제에 관해 깊은 지식이 없음에도 불구하고 몽케는 경제가 돌아가는 원리를 잘 깨닫고 있었다. 지폐의 중요성을 깨닫고 1253년 화폐국을 창설하여 지폐의 발행을 관장토록 했다. 몽케는 학문적인 배경은 없었으나 명석하여 세상 돌아가는 이치를 잘 파악했다. 그의 정책은 합리적이고 시의 적절했다. 몽케 치하에서 몽골제국은 안정적으로 성장할 수 있었다.

유럽 원정을 강력히 주창하여 이를 성공시킨 명장 수보데이의 희망에도 불구하고 미개한 유럽으로부터 오는 전리품은 참담할 정도로 빈약했다. 이에 반해 훌라구가 공격 목표로 삼은 바그다드, 다마스쿠스, 카이로 등 아랍도시들은 당시 세계에서 가장 부유한 도시들이었다. 중동 정벌에 나선 훌라구는 먼저 신출귀몰한 청부 암살로 인해 골치 아픈 존재로 알려진 이스마일파의 비밀조직 '아사신(Assassin어쎄신)'의 본부를 습격하여 조직을 궤멸시킨 후 바그다드를 향해 나아갔다.

이스마일 파는 다량의 해쉬쉬Hashish*로 젊은이들을 흥분시켜 천국을 약속하는 일종의 자살특공대를 형성하고 있었다. 자, 이제 500년 된 압바스 왕조의 고도 바그다드의 운명은 어떻게 될 것인가? 재미있는 것은 훌라구가 이슬람의 심장을 공격하는데 다른 종교를 이용했다는 사실이다. 바그다드 내에 기독교 세력이 만만치 않다는 사실을 알게 된 훌라구는 공격을 시작하기 전 이들과 은밀히 내통했다. 훌라구 자신은 기독교도가 아니었지만 기독교와 가까운 입장에 있었다.

• • • • • • • • • •

* 해쉬쉬는 대마의 덩어리를 함유한 효능이 뛰어난 약재이다. 해쉬쉬의 원산지는 힌두쿠시 산맥으로 알려져 있으나 처음 환각제로 사용한 것은 중동에서였다. 아사신들이 해쉬쉬에 마취되어 십자군에 대항하여 잔인한 살인 행각을 벌이고 무자비한 전투를 벌임으로써 해쉬쉬의 효력이 널리 알려지게 되었다.

홀라구 칸과 기독교 신도인 부인 도쿠즈 가툰Dokuz Kathun.

어머니 소르칵타니와 두 아내가 모두 네스토리아파 기독교인이었기 때문이다. 부하들 중에도 기독교도들이 많았다. 이 때문에 홀라구는 원정을 시작하기 전 중동 전역의 기독교 공동체와 접촉을 통해 그들의 협력을 미리 확보했다.

홀라구는 또한 오래된 정교국가들인 그루지야 및 아르메니아와도 우호적인 관계를 유지하고 있었다. 이런 관계 때문에 공격이 시작되기 전 기독교 대표들이 비밀리에 성(城)과 몽골 진지 사이를 오가며 홀라구에게 중요한 정보를 제공했고, 그 대가로 홀라구는 바그다드 함락 후 특별대우를 약속했다. 1258년 2월 바그다드가 함락된 후 엄청난 살육과 약탈이 벌어졌지만 기독교도는 약속대로 화를 피할 수 있었다.

홀라구는 압바스 왕조의 마지막 칼리프 알 무스타심을 비롯한 왕족과 귀족들에게 사형을 선고했지만, 그들의 지위를 감안하여 몽골식으로 처형하는 명예를 베풀어주었다. 명예라는 것은 이들이 피를 안 흘리고 죽도록 배려해 준 것을 말한다. 몽골군은 이들을 양탄자에 둘둘 말거나 자루에 넣은 다음 입구를 꿰맸다. 그런 뒤에 몽골 전사들이 발로 차거나 말을 이용해 짓밟았다. 홀라구의 공격으로 바그다드는 처참하게 파괴되었고 압바스 칼리프는 종언을 고했다. 이에 놀란 다마스쿠스는 백기를 들고 항복함으로써 바그다드와 같은 운명을 피했다. 몽골 전사들은 이제 역사상 두 번째로 지중해 해변에 이르게 되었다. 18년 전인 1241년 바투가 지휘하는 몽골군이 유럽을 거쳐 지중해에 도달한 적이 있었지만, 이번에는 아시아를 통해 지중해를 밟게 된 것이다. 그러나 천하무적인 것 같았던 홀라구의 군대는 1260년 북 팔레스타인의 아인 잘루트에서 노예로 구성된 맘룩 군에게 패해 이집트로 진군하지는 못했다. 전 이슬람 세계가 몽골의 손에 떨어지려는 순간 이변이 일어난 것이다.

송나라 정복

훌라구가 순조롭게 중동을 정복한 반면 쿠빌라이는 송나라 원정에서
고전했다. 쿠빌라이가 부진하자 몽케는 1258년 5월 직접 친위대를
이끌고 황허를 지나 송나라 땅으로 진입했다. 대칸 몽케는 뛰어난 용
장 수보데이 밑에서 훈련을 받았고 그를 따라 제2차 유럽원정에도 참
여했다. 스승이 세상을 떠난 지 2년이 지난 지금 송나라 원정군을 이
끌 가장 훌륭한 장군은 몽케 자신이었으니 그의 결정은 옳은 것이다.
그러나 날씨가 문제였다. 할아버지의 금나라 정벌 시에도 몽골군은
날씨 때문에 고전했는데 이번에도 상황이 비슷했다. 더운 날씨로 몽
골군은 이질 등 전염병에 시달렸고 사기가 크게 떨어졌다.

　몽케는 충칭(중경)을 공격하던 중 이질(또는 콜레라)에 걸려 병석에
누웠다가 만 50세인 1259년 8월 사망하고 말았다. 몽골제국은 몽케
칸 치세에 가장 넓은 땅을 차지했다.

　몽케는 칭기즈칸의 후손 가운데 몽골제국 전체로부터 대칸으로 인
정받은 마지막 칸이다. 몽케가 죽은 후 쿠빌라이와 막내 아릭 보케 사
이에 권력 투쟁이 일어났다. 보케가 자신을 대칸으로 칭했기 때문이
다. 아릭 보케는 세계주의자인 쿠빌라이와는 달리 초원에서만 살아온
사람이다. 그는 고향을 떠나본 적이 없는 골수 몽골인이었다. 전통적
인 몽골인은 모두 보케를 지지했다. 반면 형 쿠빌라이는 보케를 인정
하지 않았다. 쿠빌라이는 훨씬 폭넓은 인생을 살아온 사람이며 경험

도 훨씬 많았다. 이러한 그가 대칸 자리를 시골뜨기로 여기는 보케에게 순순히 내놓겠는가! 쿠빌라이는 몽골 원정군 뿐 아니라 중국과 만주의 세력으로부터도 강력한 지지를 받고 있었다. 막상 싸움이 벌어지자 보케는 쿠빌라이의 상대가 되지 못했다. 가장 큰 이유는 수도 카라코룸에 대한 식량공급권을 쿠빌라이가 쥐고 있었기 때문이었다. 아니나 다를까, 쿠빌라이는 식량 공급을 중단한 후 군대를 보내 사기가 떨어진 카라코룸을 단숨에 점령해버렸다. 수도가 점령당하자 싸움은 싱겁게 끝났다. 1264년 보케가 항복한 후 쿠빌라이는 카라코룸을 파괴하고 북경에 새로운 수도를 세웠다. 보케는 수감되어 있다가 수년 후 의문의 죽음을 맞이했다. 그러나 이로써 몽골제국의 분열이 초래되었다. 초원을 떠나 다른 나라에 수도를 세우는 것에 반대하는 전통주의자들은 독자적인 길을 걸어갔으며 이들의 자손은 별도의 세력을 형성했다. 홀라구와 그의 후손은 일 칸국을 세워 아랍과 페르시아를 다스렸고 주치의 후손은 황금군단을 세워 러시아와 동구를 다스렸다.

쿠빌라이는 거의 40년에 걸쳐 서서히 송을 점령했다. 할아버지와는 방식이 전혀 달랐다. 칭기즈칸 식의 전격전 대신 쿠빌라이는 심리전과 민첩한 공공정책을 통해 중국의 전통을 존중하면서 송 왕실의 몰락을 부채질했다. 송의 수도 항저우는 1276년에야 쿠빌라이의 수중으로 들어왔다. 송 왕조는 갑자기 무너지거나 정복을 당한 것이 아니라 서서히 침식당하면서 해체되는 과정을 밟았다. 쿠빌라이는 '중국식 미덕의 화신'이라는 이미지를 유지하기 위해 송의 황태후를 극진히 모셨고 왕족 대부분이 좋은 궁에서 전과 다름없이 호화롭게 살 수 있게 해주었다. 다만 폐위된 송나라 황제의 어린 후계자는 반역의 중심이 될 위험이 있었기 때문에 티베트로 보내 격리시켰다. 어린 왕자는 1296년 티베트에서 승려가 되었다. 쿠빌라이는 중국의 문화와 전통을 중시하는 정책을 취했으나 몽골 순혈주의를 지키려 했다. 그는 중국인과 몽골인의 혼인을 금하고 중국인이 몽골어를 배우는 것도 금했다. 쿠빌라이는 정부의 고위직에 중국인 대신 몽골인과 비중국인을 임명했다. 위구르, 키타이, 페르시아, 중앙아 및 유럽 출신들이 중용되었다. 쿠빌라이는 성공과 함께 실패도 거듭한 군주였다. 그는 고려를 발판으로 일본을 점령코자 두 차례 원정군을 파견했으나 태풍으로 모두 실패했다. 몽골군은 지상전에서는 백전백승이었으나 해군의 전적은 보잘 것 없었다. 몽골군은 일본, 자바, 타이완, 필리핀 등 섬나라 진출에 실패했다. 훌라구는 기세 좋게 바그다드를 점령했으나 이집트의 맘룩군에게 저지당해 더 이상 남쪽으로 내려가지는 못했다. 또 유럽 쪽으로는 다뉴브 강을 넘지 못하고 폴란드와 헝가리 진출을 포기했다. 몽골은 13세기 말에 최대의 영토에 이르렀다가 이후로는 쇠퇴기에 접어들게 된다.

쿠빌라이는 형 몽케로부터 대칸 직을 승계한 후 34년간 몽골과 중국을 평화적으로 통치하고 1294년 78세로 사망했다. 쿠빌라이는 연경(북경)의 심장부에 몽골인만을 위한 특별구역을 만들었다. 중국인이나 다른 외국인은 이 구역에 들어갈 수 없었다. 쿠빌라이가 이러한 구역을 만든 것은 대도시에 살면서 고향의 한가한 초원이 그리운 이유도 있었지만 몽골이 지배계급이라는 사실을 과시하기 위한 것이다. 몽골의 귀족이나 고관들은 이 특수구역 내에서 몽골식 풍습을 지키며 살았다. 도시 한 가운데에 짐승을 풀어놓은 넓은 공간을 조성한 것은 중국 문화에는 전례가 없는 일이다. 쿠빌라이의 '금단의 도시'*는 수도의 중앙에 인위적으로 만든 소형 초원지대였다. 수도 깊숙이 몽골인만을 위한 게르 도시가 생기자 몽골 관리들은 고향에 온 것처럼 틈만 있으면 이곳에서 지냈다. 몽골어를 쓰고 몽골 음식을 먹고 몽골의 전통적인 놀이를 즐겼다. 칸의 부인들은 해산할 때가 되면 게르에 와서 애를 낳았다. 이곳에서 태어난 아이들은 게르에서 자라면서 몽골식으로 교육을 받았다. 쿠빌라이를 비롯한 황족도 이중생활을 했다. 궁궐에서는 중국을 통치하는 지배자로 군림하는 생활을 했지만 내성으로 들어오면 전통적인 몽골인의 삶을 산 것이다. 쿠빌라이는 보기 드문 천재였던 것 같다. 그는 상황을 정확히 판단하는 능력이 있었다. 그는 몽골의 군사력이 아무리 강하다고 해도 힘만으로는 거대한 중국을 지배할 수 없다는 사실을 일찍이 깨달았다. 쿠빌라이는 전사가 아니라 모사이자 전략가였다. 칭기즈칸 집안의 어느 누구도 쿠빌라이처럼 예리한 판단력과 빼어난 전략을 갖춘 사람은 없었다. 쿠빌라이는 서두르지 않으며 자신의 구상을 오랜 세월을 두고 실천에 옮겼

• • • • • • • • • •

* 이 '금단의 도시'는 현재 북경에 있는 자금성(Forbidden City)과는 다르다. 자금성은 명나라 때 만들어졌다.

다. 그만이 가지고 있는 전략과 구상 그리고 지구력으로 쿠빌라이는 1271년 원나라를 창건했고 1279년 송을 완전히 정복함으로써 중국 영토를 통일했다. 결국 쿠빌라이는 할아버지 칭기즈칸도 하지 못한 일을 해낸 것이다. 그는 중국 역사에서 외국인으로 통일왕조의 황제 가 된 첫 번째 인물이 되었다.

쿠빌라이의 통치는 엄격한 법치주의에 입각한 것이었으나 정책은 온건하고 관용적이었다. 그의 재임 기간 중 사형수의 숫자는 이례적 으로 적었다. 현재 중국의 사형수에 비해도 훨씬 적은 숫자였다고 한 다. 쿠빌라이는 죄를 뉘우치는 자는 사면했으며 육체적인 형벌을 벌 금으로 대신토록 했다. 죄수들에 대한 고문도 극히 제한적으로만 허 용했다. 그가 통치했던 시대는 가히 태평성대라고 할만 했다. 그러나 쿠빌라이가 죽자마자 각지에서 분쟁이 우후죽순처럼 일어났다. 칭기 즈칸 대부터 손자 대에 이르기까지 전 세계를 휩쓸었던 초원의 유목 민 정신은 사라지고 도시에 안주하는 허약한 몽골인의 모습만 남았 다. 몽골제국은 빠르게 해체되었다. 14세기 후반 중앙아시아 출신으 로 몽골과 투르크의 피가 반반씩 섞인 티무르라는 정복자가 등장하여 칭기즈칸의 후계자임을 자칭했다.

티무르는 중앙아시아, 코카서스, 페르시아의 일부 등을 정복하고 주치의 아들 바투가 유라시아의 스텝 초원에 창건한 황금군단을 패퇴 시켰다. 페르시아와 중국에서도 몽골의 지배는 빠르게 붕괴했다. 각 각 1335년과 1368년에 몽골의 지배가 무너졌으니 백년을 넘기지 못

쿠빌라이 칸이 신하들과 사냥을 즐기고 있다.

한 것이다. 원나라의 마지막 황제 토곤 테무르(순제順帝)와 약 6만 명
의 몽골인은 명의 반군을 피해 가까스로 달아났다. 그러나 미처 피하
지 못한 수십 만 명의 몽골인은 체포되어 처형되거나 명나라에 흡수

되었다. 몽골로 돌아온 사람들은 옛날과 마찬가지로 유목민으로 지냈다. 주치 일가가 러시아에 세운 황금군단이 무너지자 킵차크한국은 여러 개의 작은 집단으로 나뉘어 400년이라는 긴 기간에 걸쳐 서서히 쇠퇴해갔다. 그 긴 세월 동안 몽골과 투르크인은 서로 융합하여 많은 혼혈집단을 만들어냈다.[35]

몽골군의 특징

몽골군은 몇 가지 점에서 특징을 가지고 있었다. 그들은 기마병으로 신속한 기동력을 가지고 있었으며 전리품을 얻는 것보다는 땅을 얻는 것에 보다 큰 관심을 기울였다. 몽골군의 성공은 그들이 만든 성능 좋은 활과 토종말의 능력에 힘입은 바가 컸다. 몽골 말은 크고 다리가 길며 귀족풍인 유럽의 말과는 달리, 작고 강한 가슴을 가지고 있으며 목이 짧고 다리도 짧다. 강한 발굽을 가지고 있으며 스피드가 약한 대신 스태미나와 지구력이 강했다. 몇 시간 동안 쉬지 않고 달릴 수 있으며 울퉁불퉁한 길을 하루 80킬로미터 이상 이동할 수 있었다. 칭기즈칸의 군대는 이 말을 타고 기후 좋은 날 양호한 지형에서는 하루 130킬로미터 이상 이동했다. 유럽 말이 같은 조건에서 잘해야 하루 24킬로미터 정도 이동하는 것에 비하면 실로 놀라운 기동력이다. 칭기즈칸은 기동력을 높이기 위해 병사 1인당 4~6마리의 말을 배분했다. 병사들은 이 말들을 번갈아 타면서 해 뜰 때부터 해 질 때까지 하루 종일 달릴 수 있었다. 말이 지치지 않도록 2시간 정도 탄 후 잠깐 휴식을 취하면서 충분히 물을 먹였다. 갑옷이나 무기 등 무거운 물건은 번갈아가며 말들에 옮겨 실어 부담을 줄였으며 임무를 끝낸 말은 가장 후미로 돌려 충분한 휴식을 취하도록 했다. 이렇게 해서 말들은 하루 종일 원기를 유지할 수 있었으므로 전투 시 예비 말을 기다릴 필요도 없었다. 몽골 말은 많은 양의 먹이를 먹지 않고도 원기가 왕성했고 극한적인 기온에서도 잘 견디는 강인함을 지녔다. 몽골인은 전통적으로 뛰어난 승마술을 지닌 민족이다. 말 위에서 먹고, 자고, 싸우는 사람들인 것이다. 몽골인의 뛰어난 승마술과 놀라운 능력을 지닌 몽골 말이 힘을 합쳐 놀라운 위업을 이룰 수 있었다.

몽골군이 출정할 때는 병사 개개인이 자신의 식량을 휴대했다. 식량을 등에 지고 가야 하므로 무거우면 안 되었다. 가볍고 부피가 작으면서도 오래 먹을 수 있는 것이라야 했다. 고기나 곡식을 볶아 수분을 없앤 후 이를 가루로 빻은 마른 식량을 휴대했다. 건량에 물만 타면 먹을 것은 해결되는 셈이다. 배불리 먹는 식량은 아니었으나 열량이 높아 휴대식량만 가지고도 전투에서 오래 버틸 수 있었다. 그러나 전쟁터에서 에너지 소모가 많은 군사들이 건식(乾食)만으로 계속 버틸 수는 없다. 특히 먼 외국으로 원정 가는 경우 충분한 식량을 지참하는 것은 필수적이었다. 그래서 몽골군은 양, 소, 말 등 가축을 몰고 가기도 했고 음식을 만들어 줄 여인들을 함께 데리고 다니기도 했다.[36] 칭기즈칸은 외국 원정을 나갈 때, 행군 도중 틈이 있을 때마다 사냥을 했다. 1219년의 코라즘 원정이나 1226년의 서하 원정 시 자주 사냥을 나간 것으로 기록되어 있다. 물론 이는 전투를 앞둔 군사들에게 갓 잡은 싱싱한 고기로 영양을 보충해주는 한편 남은 고기로 건식을 만들기 위한 것이다.

몽골군은 그 넓은 지역을 휩쓸고 다니면서 통신을 어떻게 했을까? 적은 숫자로 넓은 지역을 관장해야 하는 몽골군의 전투적인 특성으로 볼 때 원활한 통신은 생명선이었다. 병사들은 취침 시 3~5명씩 작은 그룹을 지어 눈에 잘 띄지 않는 곳에서 잤다. 작은 그룹들은 넓은 공간으로 흩어졌다. 적의 공격을 미리 탐지하기 위해 그리고 이미 침입한 적이 있으면 협공하기 위해서이다. 병사들이 넓은 지역에 흩어졌기 때문에 통신은 더 중요했고 또 어려웠다. 몽골군은 글을 모르기 때문에 말로 통신을 해야 하는데 내용을 정확하게 전달하는 것이 중요했다. 지휘관들은 병사들이 정확하게 기억할 수 있도록 명령의 내용을 노래가사로 만들었다. 몽골군에게는 모두 잘 알고 있는 노래들이 있었다. 병사들은 작은 무리를 지어 말을 타고 다니면서 노래를 자주 불렀다. 따라서 명령을 암기하는 것은 이미 알고 있는 노래의 새로운 가사를 배우는 것과 같았다.[37]

칭기즈칸은 무자비하고 잔인했지만 탁월한 군사전략가임에는 틀림없다. 전투 기계로 길러진 몽골군들도 무자비했다. 그들은 눈과 귀에 녹인 은을 부어넣었으며 배반하는 여인의 입과 코를 바늘로 꿰매어 살해했다. 칭기즈칸 자신은 "무찌른 적이 발아래 쓰러질 때, 적의 말과 물건을 약탈하여 여자들이 울부짖을 때, 그때가 최고의 순간이다"라고 말했다. 그러나 그가 무조건 파괴적인 사람은 아니었으며, 전략가인 그는 관용적인 정책도 병행했다. 유럽인이 자신과 종교가 다르다는 이유로 이교도를 말뚝에 묶어 화형 시킬 때 칭기즈칸은 종교적 자유를 허용했다. 민족의 다양성을 수용해 정복한 주민 중 재능 있고 능력 있는 사람을 골라 군에 편입시켰다. 그의 손자들인 몽케, 훌라구, 쿠빌라이는 할아버지의 관용적인 정책을 보다 광범위하게 채택했다. 칭기즈칸은 인재를 알아보고 발탁하는 능력이 탁월했다. 능력과 충성심에 따라 장군으로 임명함으로써 보르추, 수보데이 등과 같은 유능한 참모를 양성할 수 있었다. 부하를 아끼고 존중하는 칭기즈칸 밑에 많은 인재가 몰려들 것은 당연한 일. 푸른 이리군단의 천리마 같은 네 마리의 준마라 하여 4준이라 불리던 장수들은 보르추, 무칼리, 보로쿨, 칠라운이다. 또 네 마리의 사나운 사냥개로 비유되어 4맹이라 불리던 장수들은 제베, 쿠빌라이, 젤메, 수보데이이다. 전투가 벌어지면 항상 맨 앞에 나가 적과 싸우던 장수도 두 명이 있어 2첨이라 했다. 주르체데이와 쿠일다르가 그러한 선봉장이다.[38] 마치 삼국지에 나오는 것과 같은 전설적인 맹장들이 몽골군에 있었으며 이들은 몽골의 세계 정복에서 핵심적인 역할을 수행했다.

칭기즈칸이 부하에게 요구한 것 중 가장 중요한 미덕은 충성이다. 칭기즈칸은 충성스러운 신하에게는 어떠한 혜택도 아끼지 않았다. 위기 속에서 자신을 도운 용사에게는 어마어마한 상을 내렸는데 그것이 바로 '탈칸Tar-khan'이라는 특별한 지위이다. 탈칸은 의전적인 절차를 거치지 않고 언제든지 왕의 처소에 들어올 자격을 갖고 있었다. 전쟁에서 거둔 전리품 중에서 가장 먼저 자신의 몫을 챙길 수 있었고, 모든 세금도 면제되었다. 큰 잘못을 저질러도 아홉 번의 사형 사면권이 주어졌기 때문에 처형의 대상이 되지도 않았다. 과거 어떤 부족장도 가지지 못했던 어마어마한 특권이 9대에 걸쳐 그 자손들에게 세습되었다. 당연히 몽골 전사의 가장 큰 목표는 바로 이 탈칸에 오르는 것이다.[39] 가히 칭기즈칸과 같이 스케일이 큰 지도자만이 고안해낼 수 있는 지위, 그것이 바로 탈칸이었다.

몽골제국의 붕괴

칭기즈칸이 세운 제국은 빠르게 붕괴해갔으나 그의 후손들은 중앙아시아 심장부의 모굴리스탄(몽골 영토를 지칭하는 페르시아식 이름)에서는 권력을 계속 유지했다. 14세기 말 중앙아시아에 혜성처럼 나타난 한 전사는 칭기즈칸의 제국을 다시 부흥시키려 했다. 그의 이름은 티무르인데 절름발이 태멀레인Tamerlane으로도 불린다. 티무르는 몽골과 투르크의 피가 섞인 사람인데 스스로 칭기즈칸의 후손이라고 주장했다. 티무르는 이를 뒷받침하기 위해 여러 권의 책을 발간했고 칭기

포로로 잡힌 오스만제국의 술탄 바예지드 1세를 접견하고 있는 티무르 칸.
절름발이인 티무르가 지팡이를 짚고 있다.(스타니슬라프 클레보우스키 Stanislaw Chlebowski作)

즈칸의 후손과 자신의 친족들 간의 혼인을 주선하기도 했다. 티무르
가 헛소리만 늘어놓은 것은 아니다. 대단한 전사인 그는 치세 중 차가
타이 칸국, 일 칸국, 황금군단 등 몽골제국의 구 영토 중 많은 부분을
회복했으며 원나라 재건을 도모하기도 했다. 이 때문에 티무르는 유
라시아 스텝 초원의 마지막 위대한 정복자로 불린다. 이슬람의 열렬
한 신도인 티무르는 치세 중 자신의 신민을 모두 이슬람으로 개종시

켰다. 한편 티무르는 그 당시 세계 인구의 5%인 1천 7백만 명을 살해할 정도로 잔인한 사람이었다. 인도를 점령한 후 8만개의 해골로 탑을 쌓을 정도였다. 이유 없는 살인과 고문, 모욕 그리고 대량학살은 그의 전매특허였다. 티무르의 후손들은 칭기즈칸 가문과의 혼인을 통해 인도에서 무굴왕조를 창건했다.

1519년 무굴 왕조를 창건한 바부르Babur는 티무르의 5대손이자 칭기즈칸의 둘째아들 차가타이의 13대손이다. 이 당시 외국인은 무굴제국의 지배 계층을 '차가타이인'이라고 부르기도 했다. 무굴제국은 제3대 황제인 악바르Akbar 시대에 전성기를 구가한다. 악바르는 정복사업을 통해 영토를 확장했을 뿐 아니라 정치와 경제를 안정시키고 종교에 대해서는 관용적인 태도를 보였다. 그는 먼 할아버지 칭기즈칸과 마찬가지로 행정의 천재였을 뿐 아니라 무역도 중시했다. 악바르는 무슬림 또는 힌두 전통과는 반대로 여성의 지위를 존중했으며 문화와 예술을 창달한 영주였다.

몽골은 1368년까지 중국을 다스렸고 1555년에는 이반 뇌제에게 러시아의 마지막 거점을 빼앗겼다. 카스피 해 주변에는 몽골의 후예인 우즈벡 족이 1500년 샤이바니의 지도하에 강력한 세력을 가지게 된다. 이들은 '호랑이'라는 별명을 가진 칭기즈칸의 후손 바부르를 인도로 쫓아냈다. 바부르는 그곳에서 무굴제국의 첫 번째 왕이 되었다. 몽골제국이 완전히 멸망한 것은 칭기즈칸이 태어난 지 6백년 후인 18세기 중반의 일이다. 당시 무굴제국은 힌두스탄에서 영국에 패했고

바부르Babur, 무굴제국의 창건자.
티무르 칸의 5대손이자, 칭기즈칸의 둘째 아들 차가타이의 13대 손이다.

동쪽의 몽골인은 명나라 건륭제에게 항복했다. 크리미아의 타타르 칸들은 카타리나 여제의 신하가 되었으며 칼무크Kalmuks 족은 볼가 강가의 초원에서 쫓겨나 동쪽을 향해 험난한 행군을 시작해야 했다.[40]

초원의 유목민은 새로운 문화를 창출하지는 못했지만 서로 다른 문화를 이곳저곳에 전파시킴으로써 문화 창달에 기여했다. 이들이 정복한 땅이 워낙 넓고 민족과 문화가 다양했으므로 전파된 문화는 다른 문화와 융합되어 새로운 문화를 만들어낼 수 있었다. 몽골인은 유럽의 기술자와 장인을 중국으로 데려오고 중국의 의사를 중동으로 데려갔다. 프랑스인이 카라코룸에서 분수를 짓는가 하면 영국인은 몽골군에서 통역을 담당했다. 페르시아 카펫에 맛을 들인 몽골인은 가는 곳마다 카펫 문화를 전파했고 차와 국수 등 중국의 전통적인 문화는 중동과 유럽에 이식했다. 종교에 대한 개방적인 태도로 말미암아 생소한 곳에 이방적인 종교가 전파되었다. 중국에 기독교 교회가 건설되는가 하면 페르시아에 절이 생기고 러시아에서는 코란을 가르치는 마드라사가 건립되었다. 몽골인은 상품과 기술을 이동시킨 뒤 현지 요소와 결합시켜 새로운 발명품을 만들어내는 일에 솜씨를 발휘했다. 중국의 화약, 무슬림의 나프타 발사기 그리고 유럽의 종 만드는 기술을 융합시켜 사상 최초로 대포를 만들어 낸 것도 몽골이다.[41] 대포의 개발로 말미암아 무기의 역사는 새로운 장을 열게 되었다. 역사상 가장 강력한 군국주의 국가였던 몽골은 결국 후세에도 군국주의가 판을 칠 수 있는 기반을 마련해준 셈이다.

12 피에르 브리앙, 홍혜리나 옮김, 「알렉산더 대왕」, 서울: 시공사, 1995, 14-15쪽.

13 피에르 브리앙, 홍혜리나 옮김, 앞의 책, 36쪽.

14 마이클 우드, 남경태 옮김, 「알렉산드로스, 침략자 혹은 제왕」, 서울: 중앙M&B, 2002, 93쪽.

15 피에르 브리앙, 홍혜리나 옮김, 앞의 책, 66쪽.

16 피에르 브리앙, 홍혜리나 옮김, 앞의 책, 72-73쪽.

17 마이클 우드, 남경태 옮김, 앞의 책, 66-67쪽.

18 피에르 브리앙, 홍혜리나 옮김, 앞의 책, 85쪽.

19 피에르 브리앙, 홍혜리나 옮김, 앞의 책, 103쪽.

20 피에르 브리앙, 홍혜리나 옮김, 앞의 책, 120-126쪽.

21 피에르 브리앙, 홍혜리나 옮김, 앞의 책, 126쪽.

22 해럴드 램, 문선희 옮김, 「칭기즈칸」, 서울: 대성닷컴, 2003, 142쪽.

23 잭 웨더포드, 정영목 옮김, 앞의 책, 120-121쪽.

24 잭 웨더포드, 정영목 옮김, 앞의 책, 134-135쪽.

25 이두성 편저, 「초원에 뜨는 별: 칭기즈칸가의 영광」, 서울: 이목구비사, 1996, 148-149쪽.

26 해럴드 램, 문선희 옮김, 앞의 책, 95쪽.

27 잭 웨더포드, 정영목 옮김, 앞의 책, 156쪽.

28 이두성 편저, 앞의 책, 172-174쪽.

29 해럴드 램, 문선희 옮김, 앞의 책, 168쪽.

30 잭 웨더포드, 정영목 옮김, 앞의 책, 178-179쪽.

31 구종서, 앞의 책, 185쪽.

32 해럴드 램, 문선희 옮김, 앞의 책, 199쪽.

33 잭 웨더포드, 정영목 옮김, 앞의 책, 238쪽.

34 잭 웨더포드, 정영목 옮김, 앞의 책, 240-251쪽.

35 잭 웨더포드, 정영목 옮김, 위의 책, 353쪽.

36 구종서, 앞의 책, 311쪽.

37 잭 웨더포드, 정영목 옮김, 앞의 책, 150-151쪽.

38 구종서, 앞의 책, 213쪽.

39 해럴드 램, 문선희 옮김, 앞의 책, 91쪽.

40 해럴드 램, 문선희 옮김, 앞의 책, 266쪽.

41 잭 웨더포드, 정영목 옮김, 앞의 책, 21쪽.

3부

희대의 독재자들

히틀러

Adolf Hitler 1889~1945, 독일, −오스트리아 출생

유년 시절

히틀러는 스스로를 가난하고 보잘 것 없는 빈농의 아들이었다고 하는데, 사실 아버지 알로이스는 세무공무원으로 자수성가한 사람이었다. 어머니 클라라는 알로이스의 먼 조카뻘이었는데 그의 세 번째 부인이다. 히틀러Hitler의 성은 원래는 히들러Hiedler였다고 한다. 미혼모였던 어머니의 성을 쓰고 있던 알로이스가 나중에 아버지 성으로 바꿨는데 이 과정에서 '히들러'를 '히틀러'로 잘못 기록했다는 것이다. 히틀러의 조상은 오스트리아 북서쪽 변방 삼림지역에 거주했던 사람들로 알려져 있다. 아돌프 히틀러는 1889년 4월 20일 조상의 마을인 될러스하임Döllersheim에서 태어났다. 될러스하임은 비엔나 북서쪽

다뉴브 강과 체크 국경 사이에 위치한 조그만 마을이었는데 지금은 존재하지 않는다. 이 마을은 히틀러의 오스트리아 병합 후 지도에서 완전히 사라지고 말았다. 히틀러가 자신의 가족사에 대한 흔적을 남기고 싶지 않아서였다는 견해가 유력하다. 히틀러의 아버지가 유대인 혼혈이었다는 설도 있다. 이 설을 주장하는 사람들은 히틀러가 유대인을 증오했던 이유를 그의 할머니로부터 찾는다. 제분 기술자인 남편 게오르그 히들러Georg Hiedler와 결혼한 할머니 마리아 쉬클그루버Maria Schicklgruber는 생활비를 벌기 위해 유대인 가정에서 하녀 생활을 했는데 주인집의 19세 된 소년과 관계를 맺었다고 한다. 이 무렵 히틀러의 아버지가 태어났는데 남편의 아들인지 아니면 유대인 소년의 자식인지 불분명하다는 것이다. 출생에 대한 비밀을 알게 된 히틀러는 자신의 몸속에 있을지도 모르는 혐오스러운 유대인 피에 대한 생각을 떨쳐버리기 위해 대량학살을 자행했다는 것이다.

어머니 클라라는 아돌프 위로 세 명의 아이를 낳았으나 모두 어릴 때 죽고 말았다. 클라라는 홀로 남은 아돌프에게 모든 것을 걸었다. 히틀러는 영특한 학생이었으나 공부에는 별 관심이 없었다. 이 때문에 학교에서 낙제를 한 적도 있다. 바로 위의 형이 죽자 히틀러의 성격이 바뀌었다. 자신감에 넘치고 외향적이었던 그는 소심하고 안으로만 움츠려 드는 외골수로 변했다. 히틀러는 아버지와 선생들에게 반항하는 아이가 되었다. 반항적인 성격으로 바뀐 탓인지 모르지만 히틀러는 언제부턴가 화가가 되려는 생각을 품게 되었다. 스스로 예술에 대한 재능이 있다고 생각했다. 그러나 아버지는 이를 용납하지 않았다. 알로이스는 아들이 다른 마음을 품지 못하도록 멀리 린츠에 있는 실업학교로 보내버렸다. 그러다가 히틀러가 13세 때 갑자기 뇌일혈로 죽었다. 이로 인해 히틀러의 학창 시절은 실업학교 4학년 수료로 끝났다. 아버지 사후 히틀러에게는 불운이 계속되었다. 비엔나의 미술학교에 들어가려는 꿈은 2년 연속 입학시험에 낙방함으로써 좌절되었다. 와중에 어머니 클라라가 47세의 젊은 나이에 암으로 죽었다. 히틀러는 매우 비통해했다. 히틀러는 권위적이고 폭력적인 아버지에 대한 정은 별로 없었던 것 같다. 어려서부터 아버지에게 대들다가 두들겨 맞곤 했다. 그러나 어머니에 대한 정은 깊었다. 어머니는 어렸을 때 의지한 유일한 존재였다. 클라라는 순종적이고 조용한 성품을 지녔으며 독실한 신앙인이었다. 평생 가정과 자식들을 돌보는 데만 전념했던 평범한 여성이었다.

린츠의 실업학교에서 히틀러에게 역사를 가르친 레오폴트 푀치 박사는 어린 히틀러의 민족주의 형성에 영향을 미쳤다. 히틀러는 자서전 『나의 투쟁』에서 푀치 선생으로 인해 역사에 눈을 뜨게 되었다고 한다. 그의 강의를 듣고 역대 독일 왕실이 얼마나 국민을 우롱하고 곤경에 빠뜨렸는지 확실히 알게 되었다는 것이다. 히틀러는 일찌감치 독일의 지배계급에 대해 적대감을 가지게 되었다. 푀치와의 인연은 계속되었다. 푀치는 『나의 투쟁』에서 자신을 높이 평가해준 것을 너무 영광스럽게 느껴 1929년 히틀러에게 그 부분을 가족에게 유산으

비엔나 시절

히틀러는 1905년부터 비엔나에서 보헤미안적인 삶을 살았다. 재정적
으로는 공무원의 아들로서 연금을 받았으며 어머니가 가끔 보내주는
돈도 있었다. 히틀러는 임시 노동자로 일하면서 비엔나의 풍경을 그
린 수채화를 팔아 생활했다. 1907년 12월 어머니가 사망하자 히틀러
는 싸구려 하숙방으로 거처를 옮겼다. 그러나 히틀러는 다소 유산이
있고 연금도 있었으므로 가난하지는 않았다. 그는 물질적으로 부족하
지 않은 방랑자였다. 뚜렷한 목표가 없이 운명적으로 달려들 것 같은
기회를 기다리며 바그너에 열광하고 독서에 몰두하던 보헤미안이 당
시 히틀러의 모습이다.

히틀러는 비엔나에서 삼류화가로 빈둥대던 시절 두 가지 현안에 대
해 경각심을 품게 되었다고 한다. 그것은 마르크스주의와 유대인이
유럽에 끼칠 위험이다. 이 두 가지 요소에 대한 그의 집착은 결국 유
럽의 판도를 바꾸어놓게 된다. 학창 시절에 책을 멀리 하던 히틀러는
비엔나 시절에는 책벌레가 되었다. 그림을 그리거나 바그너의 오페라
를 보기 위해 극장에 가는 시간을 제외하고는 거의 모든 시간을 독서
에 할애했다. 책이 그의 벗이고 애인이었다. 그 시절 독서가 그의 인

생관 형성에 중요한 역할을 한 것으로 보인다. 또한 히틀러는 식비를 아껴서라도 바그너의 오페라만큼은 꼭 감상했다. 가장 좋아하는 『로엔그린』은 수십 번을 보았다고 한다. 히틀러는 비엔나에서 철저히 고립된 생활을 했다. 친구라고는 하숙집에서 같은 방을 썼던 음악 지망생 한 명 뿐이었다.[43]

히틀러의 사상적 기반인 '국가사회주의'는 언제 태동했을까? 비엔나는 아니었던 것 같다. 당시 비엔나는 잡다한 사상과 민족주의, 인종주의 등이 팽배한 도시였으나 전쟁의 참화를 겪은 도시는 아니었다. 국가사회주의 같은 극우주의는 증오를 배경으로 한다. 비엔나 시절 히틀러의 증오 지수는 그렇게 높지 않았다. 내부에 잠재하던 반항심이 외부로 표출되면서 히틀러가 운명적으로 변화한 시기는 비엔나보다는 한참 세월이 지난 후였다. 참호에서 겨자가스를 맞고 후송된 히틀러가 독일의 항복은 군의 잘못이 아니라 베를린 정치권에서의 반전(反戰)운동 확대 등 후방의 배신 때문이라고 확신했던 1918년에 이르러 그의 분노는 절정에 이르렀고 이때부터 그의 운명과 독일의 운명은 대전환기를 맞게 되는 것이다.

뮌헨으로의 이주와 독일군 입대

히틀러는 게르만족 출신이기는 하지만 원래 독일인은 아니다. 오스트리아인인 그가 독일인이라는 자부심을 갖게 된 것은 1913년 뮌헨으로 이주한 후부터이다. 히틀러가 뮌헨으로 옮겨간 이유는 자서전에서 밝힌 바와 같이 오스트리아·헝가리 제국과 같이 잡다한 인종이 모여 사는 나라의 군대에서 복무하고 싶지 않았기 때문이다. 오스트리아 경찰이 그러한 일을 용납할 리 없다. 경찰은 병역을 기피한 히틀러를 추적하여 1909년 소환령을 내렸다. 그러나 히틀러는 이에 응하지 않았는데, 응했더라면 아마 1910년 쯤 정식으로 오스트리아·헝가리 제국의 군인이 되었을 것이다.

쫓겨 다니던 히틀러는 1914년 2월 잘츠부르크의 신체검사에서 운 좋게 부적합 판정을 받아 병역을 면제받고 뮌헨으로 돌아갔다. 이제 히틀러에게는 진정으로 바랐던 독일군에 입대하여 게르만족의 일원으로서 명예롭게 복무할 수 있는 기회가 열렸다. 히틀러는 병역 기피를 위해 뮌헨에서 보낸 몇 달에 대해 큰 의미를 부여했다. 앞으로 자신에게 운명적으로 다가올 책무를 맡기 위한 준비 기간이었다고 둘러댄 것이다. 그러나 그의 뮌헨 생활은 그렇게 인상적이지 않았다. 히틀러는 뮌헨에서도 그림을 팔아 그럭저럭 먹고 살았다. 그러나 자칭 예술가라는 그는 뮌헨의 주류 사회에는 접근도 못했다. 토마스 만, 릴케, 칸딘스키 등이 자주 찾았던 예술의 거리 슈바빙Schwabing은 그의 아지트가 아니었다. 다른 예술가나 문인들과의 교류도 없었다. 그저 무미건조한 생활이었을 뿐이었다.

그토록 원하던 독일군에 입대한 히틀러는 군 생활에 잘 적응해 나

제1차 세계대전 당시 히틀러.

갔다. 그러나 외톨이로 지내는 성격은 여전했다. 전령으로 복무하면서 동료들과는 별 친분관계가 없이 독자적인 삶을 살았다. 전쟁 중에도 틈만 나면 수채화나 펜화를 그렸다. 폐허가 된 마을, 방공호, 병원등 전쟁의 풍경이나 그림엽서에 나와 있는 자연 풍경 등을 그렸다. 스스로 원해서 입대한 히틀러에게 군 생활은 잘 맞았다. 히틀러는 근면

성실하고 투쟁심이 강한 모범 군인으로 평가되었다. 이 때문에 명예로운 철십자훈장을 받았다. 상관들은 몸을 사리지 않고 솔선수범하는 히틀러를 높이 평가했으며 동료들도 비록 사교성은 없으나 매사에 성실한 히틀러를 괜찮은 군인으로 생각했다. 히틀러는 이프르Ypres, 솜므Somme, 아라스Arras 등 여러 전투에 참가하여 용감히 싸웠다. 군생활에 만족하고 지내던 히틀러는 솜므 전투에서 겨자가스를 맞고 쓰러져 후송된다. 이것으로 병사로서의 그의 군 생활은 끝나고 만다.

처음에 유리한 듯 보였던 제1차 세계대전은 결국 독일에게 혹독한 대가를 안겨주었다. 2백만 명 이상의 젊은이들이 전장의 이슬로 사라졌고 이와 비슷한 숫자의 상이군인이 생겼다. 산업시설은 철저하게 파괴되었고 수백만 명의 실업자가 발생했다. 전승국들은 베르사유 조약에서 천문학적인 배상금을 부과했으며 독일 영토의 일부를 프랑스와 폴란드에게 할양했다. 아프리카 등지의 독일 식민지도 모두 박탈되었다. 독일이 자랑했던 국방군(정규군: Reichswehr)은 10만 명의 자원군으로 축소되어 사실상 전투력을 잃었다. 영토와 자존심 그리고 일자리 등 모든 것을 빼앗긴 국민은 1918년의 패배를 인정하지도, 이해하지도 않았다. 독일이 아직 충분히 더 싸울 힘이 있었음에도 후방에서의 음모로 항복했다는 논리가 국민의 가슴 속에 깊이 파고들었다. 훗날의 일이지만 수치와 고통 속에서 어떤 돌파구를 간절히 기대하던 국민에게 히틀러와 나치는 가뭄 속의 단비와 같은 존재로 등장한다. 히틀러는 손쉽게 국민의 열망에 부응했다. 그의 선동적인 연설이 먹혀들어간 때문이다. 아리안Aryan족의 우월성, 유대인과 공산주의자의 음모, 열등한 민족의 거세 등 국민의 귀에 솔깃한 주장을 외치며 히틀러는 독일의 자존심과 영토 회복을 역설했다.

정치 입문

전쟁의 종식(終熄)은 히틀러에게 별로 달가운 일이 아니었다. 그가 군생활을 너무 즐겼기 때문이다. 규칙적인 생활의 즐거움을 알게 된 히틀러는 다시 보헤미안적인 방랑생활로 돌아가고 싶지는 않았다. 전후 준동하는 좌익 세력의 횡포를 막기 위해 제국 군대의 제4사령부는 뮌헨에서 정치적 감시 업무를 수행했다. 이곳에서 칼 마이어 대위라는 사람이 선전부를 맡고 있었는데 그는 민족의식이 강한 인물을 찾고 있었다. 히틀러는 합당한 인물로 분류되어 선전활동 차 대학에 파견되었다. 마침 휴식시간에 청중을 모아 놓고 열변을 토하는 히틀러의 모습이 알렉산드로스 폰 뮐러 교수의 눈에 들어왔다. 폰 뮐러 교수는 마이어에게 히틀러가 연설에 뛰어난 재능을 가지고 있다는 사실을 알려주었다. 이렇게 해서 히틀러는 군인들의 민족의식을 고취하기 위해 몇몇 동료와 함께 제대군인 대기소가 있는 레히펠트로 파견된다. 많은 청중 앞에 서자 히틀러는 마치 물 만난 고기와 같았다. 히틀러의 압도적인 연설 능력에 모든 사람들이 매료되었다. 이를 계기로 히틀러는 1919년 9월 독일노동당(정식명칭은 국가사회주의 독일노동당: NSDAP)에 입당했고 곧 이 당의 대표 연설가로 변신하게 된다. 정치인 히틀러의 탄생이다.

당시 독일노동당은 출범한 지 얼마 되지 않은 신생 정당이었는데 히틀러를 영입한 후 인기가 급상승했다. 히틀러의 인기몰이는 무서운 속도로 진행되었다. 입당한 지 채 3년도 되지 않아 숭배자들로부터 격려의 편지가 쏟아져 들어왔다. 민족주의 진영은 그를 '독일의 무솔리니'라고 치켜세웠으며 심지어 나폴레옹에 비교하는 사람들도 있었다. 정치 입문 후 4년차가 되면서 히틀러는 가장 핫한 정치인으로 떠올랐다. 그는 바이에른의 지방 정치인에서 일약 전국적 지명도를 가진 거물 정치인이 되었다. 히틀러의 상승세는 무서울 정도였다. 그는 독일노동당의 노동위원회에 가입한 순간부터 이미 정치인이 되었다. 젊어서 방황하던 시절의 모습과 비교하면 완전히 다른 사람이다. 설익은 예술가의 모습, 자신감 없이 사회와 격리되어 살아가던 모습, 인생의 목표가 뚜렷하지 못해 결단력이 부족한 것처럼 보였던 모습 등은 모두 씻은 듯이 사라졌다. 대신 정치인으로서 또 정당인으로서 목표가 뚜렷하고 결단력이 확고한 모습으로 나타났다.

선전부장 히틀러는 노동당 당수를 감동시킬 만큼 성실하고 근면했다. 무엇이든 열심이고 공격적이었다. 모든 일을 앞장서서 해냈다. 일과를 끝낸 동료들이 맥주나 마시면서 잡담을 나누는 그런 비공식모임을 토론 모임으로 바꾼 것도 그였다. 히틀러는 이 토론모임을 통해 이견을 조정하고 컨센서스를 이끌어가는 정치 기술을 익혔다. 당내에서 힘이 커지자 히틀러는 당수였던 안톤 드렉슬러를 명예당수로 밀어내고 스스로 당수가 된다. 노동당에 입당한 지 불과 22개월 만에 히틀러는 소수 정당이지만 이름 있는 정당의 지도자가 된 것이다.

전쟁배상금, 초인플레, 좌우익의 대립, 전승국과의 갈등 등 바이마르 공화국의 위기가 계속되면서 히틀러는 국민들에게 가장 강력한 지도자로 떠올랐다. 처음에 국민의 관심은 전쟁 영웅 파울 폰 힌덴부르크Paul von Hindenburg 장군에게 쏠렸으나 곧 실망하면서 다른 영웅을 찾았다. 무솔리니의 '로마 행군'을 모델로 1923년 11월 뮌헨에서 시도한 '맥주홀 쿠데타'가 실패한 후 히틀러는 정규군에 맞서 무장봉기로 권력을 잡는 것은 불가능하다는 사실을 절실히 깨달았다. 무장 봉기 대신 대중연설을 통해 민중을 선동하는 것이 혁명에 성공하는 길이라는 확신을 굳혔다. 이 때문에 히틀러는 돌격대장 룀과 점점 거리를 두게 된다. 무력혁명을 신봉하는 룀이 투쟁동맹을 재건하여 무장단체를 조직하려 했기 때문이다.

맥주홀 사건으로 체포되어 반역죄로 9개월 남짓 수감되었다가 1924년 말 풀려난 히틀러의 세계관에는 중요한 변화가 생겼다. 1922년쯤부터 생각해왔던 '생존공간Lebensraum' 구상이 머릿속에 정리되면서 이를 핵심적인 외교정책으로 내놓아야 한다는 생각이 확고해진 것이다. 히틀러가 구상한 '생존공간' 정책은 인종적으로 우월한 독일민족이 넓은 동구와 러시아를 삶의 무대로 삼아 세계를 지배해야 한다는 극우적인 발상이다. 이 아이디어는 또한 동구와 러시아에 산재해 있는 바퀴벌레와도 같은 유대인을 쓸어버려야 한다는 생각과 맞물려 있었다. 이제 히틀러가 나아가야 할 방향은 확실해졌다. 그것은 유대인을 소탕하고 볼셰비즘을 타도하며 위대한 독일민족이 세계를 경영할 생존공간을 마련하는 것이다. 이후 개별적인 전술은 때에 따라 조금씩 달랐지만 기본적인 전략은 히틀러가 구상한 틀 안에서 그대로 유지되었다.

자서전 『나의 투쟁』에서 히틀러는 자신을 정치가와 이론가의 자질을 두루 갖춘 보기 드문 인재로 자찬하고 있다. 사상을 이끌어 가는 이론가는 구체적 현실에 발을 담그기보다는 위대한 종교 지도자처럼 영원한 진리에만 신경을 쓰고, 반면에 정치가는 이론가가 개발한 이념을 현실로 구체화하는 데서 그 능력을 발휘하는데, 역사를 훑어볼 때 이론과 정치역량을 겸비한 사람은 극히 드물다고 했다. 그러한 인물은 보통 사람과 다르며 사람들이 보지 못하는 앞을 내다보는 예지력을 갖고 있다. 바로 그러한 인물이 큰일을 해내고 역사를 만들어낸다는 것이다. 이 같은 부류의 인물로 히틀러가 꼽은 사람은 루터, 프리드리히 대제, 바그너 등이었다. 그리고 이제 자신의 차례가 온 것이다. 뮌헨 감옥에서 출소한 후 히틀러는 눈에 띄게 달라졌다. 마치 고승이나 스스로에게 마법을 건 사람처럼 신념이 확고했다. 자신이 국가사회주의 이념의 가장 투철한 대변자이며 실천자라고 주장했다. 또 자신 외에는 위기에 처한 독일을 구할 사람이 없다고 믿었다. 그리고

한걸음 더 나아가 다른 사람들도 자신의 생각에 동조하도록 만들려고
했다.

나치스의 권력 장악

나치스(정식명칭: 국가사회주의 독일노동자당)를 상징하는 십자문양
Swastika의 제작에 대해서는 논란이 많은데 이 문양의 최종적인 형
태를 결정한 사람은 히틀러이다. 따라서 소름끼치는 나치 깃발의 원
조는 바로 히틀러 자신이다. 고대 인도의 종교에서 유래한 마력기호
와 구원기호를 교차시키고 흑, 백, 적 3색이 주는 이미지를 나치의
이념에 접목시켰다. 민족사회주의의 목표가 3색을 통해 드러나 있다
는 것이다. 히틀러에게 적색은 사회주의, 백색은 민족주의, 그리고
구부러진 십자는 아리안족의 승리를 상징한다. 1920년대와 30년대에
나치스가 권력을 장악할 것이라고 진지하게 생각하는 독일 정치인
은 거의 없었다. 그러나 대기업, 군부, 중산층과 연합한 나치스는
거리의 부랑자 집단으로부터 광범위한 대중 운동으로 급성장했다.
나치는 1932년 선거에서 43%를 득표함으로써 1933년 히틀러가 총
통이 되는 길을 열어주었다. 나치즘의 유일한 목표는 독일 민족주
의를 관철시키는 것이다. 나치스는 경제정책이나 사회개혁에도 별
관심이 없었다. 그들의 목표는 폴란드와 소련의 공산주의를 붕괴

나치당 기

나치당 엠블럼

나치당 휘장

히틀러를 상징하는 앰블럼

시키고 유대인을 제거하며 독일 사회에서 모든 형태의 다양성과 반대파를 제거하는 것이었다. 그들은 극단적인 인종차별주의와 군국주의에 기초한 독재국가 독일을 건설하려 했으며 마침내 그 뜻을 이루었다.

히틀러의 권력을 이해하기 위해서는 그의 대중연설 내용이 어떻게 바뀌었는가에 주목할 필요가 있다. 1920년대 초반까지 히틀러의 연설 메뉴는 주로 유대인을 공격하는 것이었다. 히틀러는 유대인을 바퀴벌레처럼 공격했다. 이후 뮌헨 감옥에서 출감한 20년대 중반이 되면 화두가 생존공간으로 바뀐다. 이번에는 아리안족의 위대함을 외치면서 넓은 세계로 나갈 것을 주문했다. 그러다가 1930년 선거 운동이 시작되면서 그 전의 단골 메뉴는 싹 사라졌다. 유대인은 거의 입 밖에 내지 않았고 생존공간도 예전처럼 무게감이 없었다. 새로 개발한 메뉴는 오직 나치를 선전하는 것이었다. 다양한 이익 집단들을 겨냥하여 독일의 분열을 막고 계급, 신분, 직업을 초월하여 위대한 독일을 재건할 수 있는 주역으로 나치스를 내세웠다. 바이마르 공화국의 정당들은 폐쇄적인 이익만을 대표할 뿐이라고 하면서 나치스만이 전체적인 이익을 대표할 수 있다고 주장했다. 히틀러는 국가사회주의 운동을 국민 전체의 이념으로 끌어올리려고 했다.[44]

나치당의 정치자금은 어디서 나왔는가? 전국적인 정당이 되기 전까지 나치는 재정적으로 여유 있는 정당이 아니었다. 당원들이 내는 당비와 각종 행사 때 거두는 입장료 정도가 당의 주요 수입원이었다. 그러다가 히틀러와 당의 인기가 올라가고 전국적인 정당으로 대두되면서 재정사정은 일시에 호전되었다. 대기업들이 앞을 다투어 후원금을 내고 당원들의 기여금도 액수가 훨씬 많아졌다. 당의 고위 간부들 중에는 이로 인해 재미 본 사람이 많았다. 특히 귀족적인 성향을 가진 괴링이 물질적으로 혜택을 많이 입었다. 철강업으로 유명한 재벌 티센이 그의 물주가 되어주었기 때문이다. 괴링은 베를린의 고급 아파트에서 마치 로마의 귀족처럼 지낼 수 있었다. 경제장관과 제국은행

총재를 지낸 발터 풍크, '장검의 밤' 사건* 때 살해된 나치 좌파 그레고어 슈트라서 등도 목돈을 챙긴 것으로 유명했다. 당시 나치스에서는 지위 고하를 막론하고 부패가 만연했다. 히틀러의 수입이 얼마나 되는지는 알려지지 않았다. 그가 다른 당료처럼 부패했다고 볼 수는 없다. 그러나 재정적인 풍요를 누렸음은 틀림없다. 그의 자서전 『나의 투쟁』 출간으로 받은 인세, 연설로부터 들어오는 사례금, 그리고 국내외 언론 기고로 받는 원고료가 상당했다. 당수인 그에게는 당으로부터 음으로 양으로 들어오는 돈이 있었으며 독지가들로부터도 끊임없이 후원금이 들어왔다. 이 모든 수입을 합하면 호사스러운 생활을 해도 남을 정도였다.[45]

1932년 3월 대통령 선거에서 히틀러는 노장군(老將軍) 힌덴부르크와 경쟁했다. 히틀러는 아버지뻘 되는 전쟁영웅에게 완패했다. 1천 940만 대 1천 340만 표, 600만 표 차이가 난 것이다. 선거는 표로 말하는 법. 히틀러는 실망했지만 84세의 노인을 향후 7년 간 대통령으로 모시는 것 외에 다른 방도는 없었다. 노익장 힌덴부르크가 선거에서 승리하기는 했지만 제1당으로 부상한 히틀러의 도움이 없이는 국정 운영이 불가했다. 1933년 1월 30일 힌덴부르크는 고심 끝에 아돌프 히틀러를 제국의 총리로 임명하게 된다. 드디어 히틀러가 정부의

· · · · · · · · · ·

* 장검의 밤(Nacht der langen Messer) 사건은 1934년 6월 30일 히틀러가 돌격대장 에른스트 룀 등 자신에게 반기를 든 세력을 처단한 사건을 말한다. 이 사건으로 룀을 비롯 당내 권력 싸움에서 밀린 그레고어 슈트라서 등이 암살되었고 히틀러는 반대 세력 없이 당을 장악하게 된다.

힌덴부르크Paul von Hindenburg독일 대통령.

전면에 나서게 되는 순간이다. 히틀러의 총리 임명에 반대하는 세력
이 며칠 동안 힌덴부르크를 설득했지만 대통령은 끝내 그 같은 결정
을 내렸다. 히틀러에 대한 여러 가지 비난에 대해서는 그도 잘 알고
있었다. 그러나 제국의회에서 압도적인 다수를 차지하고 있는 제1당
의 당수와 협력하지 않고는 국정의 안정을 담보할 수 없다는 것이 그

의 확고한 생각이었다. 힌덴부르크가 내건 단 하나의 조건은 오랫동안 총리를 역임했던 측근 파펜Franz von Papen이 부총리를 맡는 것이었다. 파펜을 통해 어떻게든 히틀러의 전횡을 견제해보려는 생각이었을 것이다.

민주주의는 완벽한 제도가 아니다. 선거 민주주의, 의회 민주주의를 잘 이행하는 나라들에게도 가끔 먹구름은 다가온다. 지도자가 달변이고 귀에 솔깃한 소리를 하는 경우 더욱 진짜와 가짜를 구별하기 어려워진다. 히틀러의 진면목을 모르는 채 그의 선동에 넘어간 독일 국민은 나치스에 몰표를 던졌다. 나치가 압도적으로 원내 제1당이 되자 히틀러를 견제할 수 있는 장치는 없었다. 다른 군소정당들이 모두 힘을 합쳐 견제할 수도 없었고, 부총리 파펜이 견제한다는 것도 현실과는 거리가 멀었다. 힌덴부르크도 위험은 감지하고 있었으나 다른 방법이 없었다. 독일의 비극적인 역사는 이렇게 흘러갔다.

1933년 1월 히틀러는 총리에 취임함으로써 12년간의 장기 집권을 시작한다. 이 어수선한 시기에 선동가는 빠르게 모든 권력을 장악했다. 독일의 역사는 히틀러의 독무대가 되었으며 그가 나아가는 길이 제3제국이 걷는 길이었다. 히틀러가 쉽게 권력을 장악할 수 있었던 배경에는 비스마르크 시절부터 제1차 세계대전에 이르는 독일의 정치 문화가 배경으로 깔려 있다. 폐쇄적 민족주의, 제국주의, 권위주의, 인종주의, 반 마르크스주의 등이 자리 잡고 있었다. 그리고 무엇보다 제1차 세계대전 패배 후 바이마르 공화국이 출범할 때부터 쌓여

온 위기와 문제들이 도사리고 있었다. 국민들은 열등감에서 벗어나게 해줄 강력한 지도자를 원하고 있었던 것이다.

1933년과 1934년은 현대 독일의 역사에서 가장 불길한 시기이다. 길지 않은 이 시간 동안 희대의 선동가 히틀러는 손쉽게 독일제국을 손에 넣을 수 있었다. 선거에 이기고 원내 다수당이 되자 이러한 행운이 히틀러에게 저절로 굴러 들어왔다. 히틀러 자신은 별로 노력할 필요도 없었다. 힌덴부르크가 알아서 그를 총리에 임명했고 총리가 된 후에는 모든 것이 알아서 잘 굴러갔다. 1933년 1월 30일 처음 정권을 잡았을 때만 하더라도 히틀러는 노골적으로 독재자 노릇을 할 처지에 있지는 않았다. 대통령 힌덴부르크가 있었고 군부도 눈을 크게 뜨고 그를 지켜보고 있었다. 그러나 1934년 8월 힌덴부르크가 사망한 후 대통령과 총리를 합친 총통 직이 신설되고 히틀러가 그 자리에 오르면서부터는 모든 것이 그의 1인 천하가 되었다. 히틀러는 모든 제약에서 벗어나 제한 없는 권력을 행사할 수 있는 절대적인 독재자로 등장한 것이다.

1934년 6월 돌격대장 에른스트 룀 처단 사건에서 8월 힌덴부르크의 죽음으로 이어지는 몇 주 동안 히틀러는 자신의 권력 기반에 장애가 되는 모든 요소를 남김없이 제거했다. 바로 직전까지만 해도 히틀러가 반대 세력을 쉽게 제압할 수 있을 것으로 그 누구도 생각지 못했다. 그러나 불가능한 것처럼 보였던 일이 현실로 다가왔다. 이제 실질적으로 히틀러를 견제할 수 있는 장치는 아무 것도 남아있지 않았다.

총통 히틀러는 현대판 독일 황제로 등극했다. 최후의 보루였던 군부도 그에게 충성을 맹세했으며 거리에서는 나치 지지자들이 '퓌러(총통) 만 세'를 외치며 열광했다. 2년도 채 되지 않는 사이에 모든 것이 바뀌었 다. 독일 국민은 히틀러에게 절대적인 권력을 헌납하고 말았다.

숭배의 대상이 된 히틀러

히틀러는 정치인이 된 처음부터 연설을 통해 인기를 끌었지만 시간이 지날수록 그의 연설은 통치 방식의 일부가 되었다. 독일 국민은 히틀 러의 연설을 흥분 속에서 기다렸으며 연설을 마치면 열광했다. 마치 로마시대 황제를 연상케 했다. 그가 말하는 것은 바로 진리요 법이 되 었다. 라디오를 통해 전달되는 메시지는 정부의 공식성명과 같았다. 히틀러에 열광하는 사람들은 나치의 모든 조치를 비판 없이 수용했 다. 그가 독일의 영광을 되찾아줄 것으로 믿어 의심치 않았다. 국민은 나치스에 자발적으로 협력했으며 나치스는 이에 힘입어 계속 가속 페 달을 밟아나갔다. 정부는 부채가 늘어나는 데도 불구하고 대규모 공 공사업을 벌여 일자리를 창출했고 물가와 임금은 인위적으로 동결시 켰다. 불만이 있는 사람들의 목소리는 총통에게 열광하는 환호에 막 혀 들리지도 않았다. 히틀러가 통치하는 독일은 오케스트라와 비슷했 다. 히틀러가 지휘하는 가운데 국민은 연주자가 되어 그가 원하는 대로 나아갔다. 반대와 비판이 없는 단일체제 하에서 독일 경제는 비약적으로 발전할 수 있었다.

독재 체제의 강점은 국민의 맹종을 기반으로 일사불란하게 움직일 수 있다는 점인데 히틀러는 이 점을 최대한 활용했다. 지휘자와 연주자가 한 몸과 같이 움직일 때 작품 완성에 많은 시간이 걸리지는 않는 법. 총통이 된 지 2년 남짓 되자 히틀러는 거국적인 지도자로 떠올랐다. 라인란트 점령 등 외교에서 거둔 잇따른 성과들이 히틀러에 대한 신뢰를 훨씬 더 높여주었다. 3년차에 접어들어서면서 히틀러는 고통과 좌절의 세월을 살아온 독일 국민의 자존심을 회복시키고 독일을 찬란한 미래로 이끌어갈 구세주와 같은 존재로 격상되었다. 집권 4년차로 접어들자 그에 대한 개인숭배는 정점에 달했다. 독일이 정치, 경제, 외교 등 모든 분야에서 승승장구하여 유럽의 지도국가로 다시 떠오르게 된 것은 모두 총통의 혜안과 지도력 덕분이라는 인식이 독일 내에서 팽배했다. 히틀러는 신통력을 가진 인물로 여겨졌고 국내에서뿐만 아니라 유럽 전체에서도 가장 인기 있는 지도자로 부상했다.

히틀러가 국민으로부터 영웅 취급을 받고 전례 없이 높은 인기를 누리는 인물로 떠올랐지만 사실 그의 권력을 지탱해 준 것은 군부이다. 히틀러는 베르사유 조약 위반을 감수하고 재무장 정책을 추진할 것을 공약했는데 이는 군부의 전폭적인 지지에 힘입은 것이다. 군을 확장하겠다는데 군부가 반대할 이유가 있겠는가? 재무장 정책은 히틀러와 군부 간 상호 이익을 도모하기 위한 은밀한 합의였다. 히틀러는 1933년 2월 군부 지도자를 만난 자리에서 동구에 생존공간을 확대하고 '게르만 화(化)'를 이루기 위해 재(再)무장 정책을 추진하겠다고 공약했다. 이후 재무장 정책과 군비 확장은 히틀러의 최우선 정책이 되어 일사불란하게 추진되었다. 최고 권력자와 가장 막강한 힘을 가진 조직이 한 몸이 되어 움직였기 때문이다. 군 지도부도 나름대로 생각이 있고 고민이 있었을 것이다. 히틀러의 말대로 하다가 잘못되면 군부가 책임을 뒤집어 쓸 가능성도 있었다. 그러나 결국 히틀러를 따르기로 했다. 추락한 군부의 위상을 회복하고 과거의 영광을 되찾아줄 인물은 히틀러 밖에 없다고 생각한 것이다. 결과적으로 군부의 판단은 잘못이었다. 재무장까지는 좋았지만 히틀러가 그보다 더 나아갈 것으로는 예측하지 못했던 것이다. 군부는 히틀러에게 운명을 맡긴 뒤 5년도 못돼 전통적인 지위를 상실하고 그에게 예속된 집단으로 전락했다. 그들은 승리를 장담하지 못하는 두려운 길을 히틀러와 함께 걸어가야 했다. 이미 한 운명체가 된 군부는 발을 뺄 수도 없었다. 군부는 결국 집단의 위상을 높여준 히틀러에게 그 대가로 모든 것을 바쳐야 했다.

히틀러는 부하들이 권력과 지위가 높아질수록 이에 상응하는 부를 원한다는 사실을 알고 있었다. 그는 충성하는 가신들의 이러한 욕구를 채워주었다. 부패를 눈감아주는 것은 일종의 통치 방식이었다.

개인숭배가 일상화되면서 제3제국은 마치 중세시대 왕국을 방불케 했다. 모든 권력은 히틀러에게 집중되었고 모든 사람의 이목은 히틀러의 일거수일투족에 집중되었다. 총통 히틀러는 재물에 관심을 쏟을 필요도 없었다. 자서전『나의 투쟁』이 엄청난 베스트셀러가 되면서 인세만으로도 백만장자가 되었기 때문이다. 어렸을 때부터 지켜왔던 검소한 습관 때문에 히틀러의 일상생활은 여전히 소박한 편이었다. 그러나 다른 면에서는 돈을 아끼지 않았다. 웅대한 규모의 베를린 관저 외에도 알프스 줄기인 오버잘츠베르크Obersalzberg에 호화로운 별장을 세웠다. 히틀러는 틈이 나는 대로 이곳에 자주 머물렀다. 끊임없이 움직이는 것을 좋아하는 그는 많은 수행원을 데리고 이곳저곳을 계속 돌아다녔다. 여행을 좋아하는 총통을 위해 11량의 객차에 침대칸이 딸린 특별열차, 방탄 장치가 되어 있는 여러 대의 리무진, 그리고 비행기 3대가 늘 준비되어 있었다.[46]

1933년 9월 히틀러는 프랑크푸르트와 하이델베르크를 잇는 유럽 최초의 고속도로(아우토반) 기공식에 참석했다. 고속도로 건설은 괴테의『파우스트』에 나오는 댐 건설과 같이 웅장한 계획이었다. 언론은 히틀러다운 웅대한 계획이라고 찬사를 늘어놓았다. "기념비적이며 영원한 가치를 지닌 작업, 세계에서 가장 긴 도로망의 건축에 대해 언급하고 싶다"라고 히틀러는 아우토반 기공식에서 연설의 서두를 뗐다.[47] 히틀러는 1936년까지 40만 명의 노동력을 투입하여 아우토반 건설에 총력을 기울였다. 이후 아우토반은 독일의 상징이 되었으며 히틀러의 세계대전을 가속화시키는 매개체가 되었다. 그러나 실제적으로 아우토반은 군사 작전에 크게 기여하지는 못했다. 독일 군부가 연료를 아끼기 위해 병력이나 군수물자의 수송에 있어서 차량 대신 열차를 주로 이용했기 때문이다. 제2차 세계대전 패망 후에야 비로소 아우토반의 진가가 드러난다. 독일이 '라인강의 기적'이라고 불리는 초고속 경제발전을 이루는데 아우토반이 결정적인 역할을 했기 때문이다.

1936년 3월 라인란트Rhineland 점령은 히틀러와 독일 국민에게 하나의 기폭제가 되었다. 겉으로는 큰 소리를 쳤으나 내심으로 초조해하던 히틀러는 이 성공으로 자신의 노선에 확신을 가지게 되었다. 독일 국민도 마찬가지였다. 라인란트 점령 소식을 들은 국민은 1933년 국제연맹 탈퇴나 1935년 징병제 재도입 선언 등과는 비교가 되지 않을 정도로 열광했다. 그전까지는 히틀러가 무모한 행동을 하는 통에 전쟁이 일어날지 모른다는 우려와 비판도 있었다. 라인란트에서 들려온 소식은 이러한 우려를 한꺼번에 씻어 내렸다. 국민의 반응이 너무 뜨거워 '히틀러 만세'를 연호하는 통에 이성(理性)이 마비될 정도였다. 이 분위기에 휩쓸리지 않고는 독일인으로 취급되기도 어려울 정도였다. 히틀러는 독일에게 모멸을 안겨주었던 베르사유 체제를 무너뜨렸다. 열광하는 국민 앞에서 그는 곧 독일의 영토주권을 회복하여 항구적인 평화를 이루겠다고 약속했다. 구세주가 따로 없었다. '영웅 히틀러'에 대한 숭배 열풍이 독일 전역을 휩쓸었다.

독특한 성격의 히틀러

히틀러는 어려운 결정을 뒤로 미루는 버릇을 가지고 있었다고 한다. 이는 공공연한 비밀이었다. 중요한 결정은 그가 내려야 하는데 결정이 늦어지면 일에 차질을 빚는 경우가 많았다. 그러다가 한번 결정을 내리면 뒤를 돌아보지 않았다. 처음에는 미적거리다가 나중에는 거침없이 밀어붙이는 것이 히틀러의 특징이라면 특징이었다. 예술가적인 기질이 있다고나 할까, 히틀러의 의사결정 방식은 특이했다. 중요한 안건이 앞에 있어도 진지하게 토의하기 보다는 딴전을 피우다가 갑자기 다른 문제로 넘어가곤 했다. 본인의 관심이 큰 문제에 대해서는 이야기를 독차지했기 때문에 다른 사람들은 끼어들 구석이 없었다. 이런 식으로 진행되다 보니 제대로 된 토론이 이루어지기는 힘들었다. 자신이 잘 모르거나 선뜻 결정하기 어려운 문제에 대해서도 히틀러는 곧장 토론을 벌이지 않고 시간을 끄는 경우가 많았다. 이러한 태도는 그의 이중적인 성격 때문인 것으로 보인다. 히틀러는 누구보다도 자신만만하고 거침없는 태도를 보이는가 하면 다른 한편으로는 소심하고 불안해했다. 질질 끌기만 하고 결정을 못 내리는가 하면 갑자기 대범하게 결정을 내렸다. 그리고 한 번 결정을 내리면 끝까지 밀고 나갔다. 히틀러는 속내를 알기 어려운 사람이었다. 지도자로서 존경할만한 것처럼 보이다가도 어떨 때는 이해할 수 없는 존재이기도 했다. 히틀러의 이러한 독특한 태도가 그의 열등감에서 비롯된 것이라는 견해

히틀러와 괴벨스Paul Joseph Goebbels(오른쪽).

도 있다.⁴⁸

히틀러는 다른 무엇보다도 개인의 충성심을 중요시했다. 친위병(SS) 중 가장 고참으로 히틀러가 총애하는 에밀 마우리체Emil Maurice가 순수 아리안 족이 아니라는 사실이 밝혀지자 친위대장 히믈러는 제명을 요구했다. 그러나 히틀러는 충성스러운 마우리체와 그의 가족들은 예외라는 점을 명확히 했다. 히믈러는 반대의사를 표명

영국군에 체포될 당시(왼쪽부터) 알베르트 슈페어 Berthold Konrad Hermann Albert Speer, 대제독 카를 데니츠Karl Doenitz와 상급대장 알프레드 요들Alfred Jodl.

했지만 히틀러는 "누가 유대인인지는 내가 결정한다"라는 문구가 적힌 개인 보호증서까지 만들어주었다고 한다.[49] 충성을 중요시하는 히틀러에게 부하들은 절대 충성하는 자세를 보였지만 진심으로 그를 존경했는지는 의문이다. 그의 연극적인 성격 때문이다. 히틀러는 자기확신이 강하고 유아독존적인 사람이다. 히틀러의 행동은 기분에 따라

달라졌다. 기분이 좋은 때에는 수하들이 좀 잘못하거나 지나친 행동을 해도 너그럽게 넘어갔다. 그러나 자존심을 상하게 한다거나 권위에 도전하는 것은 금물이었다. 히틀러는 이러한 경우에는 결코 그대로 넘어가지 않았다.

10여 명의 최측근들 중에서도 가장 충성심이 강했던 사람은 빼어난 연설 능력을 지녔던 선전장관 파울 요제프 괴벨스이다. 히틀러와 괴벨스 사이는 실과 바늘 또는 부자지간과 비슷했다. 괴벨스는 끝까지 베를린의 벙커를 지켰으며 히틀러의 유언에 따라 총통 직을 물려받은 지 하루 만에 가족과 함께 자살로 생을 마쳤다. 또 한 사람은 뒤늦게 히틀러의 총애를 받은 건축가 헤르만 알베르트 슈페어Berthold Konrad Hermann Albert Speer 이다. 히틀러는 슈페어와 함께 건축 설계를 논의하는 것이 낙일 정도로 그를 좋아했다. 히틀러는 1937년 1월 슈페어에게 베를린 재건축 사업을 맡겼고 1942년에는 군수장관으로 임명했다. 히틀러는 두 사람을 좋아해서 자주 불렀고 이들의 가족과 함께 어울리는 것을 즐겼다. 두 사람도 히틀러를 우러러보았다. 그러나 나머지 측근들은 이 두 사람만큼 친밀하지는 않았다.

히틀러는 고환을 하나만 가지고 있었다고 한다. 특이한 신체적 조건이 히틀러의 성(性)생활에 지장을 주지는 않았지만 이로 인해 히틀러는 열등감과 수치심을 가졌던 것 같다. 이 때문인지 히틀러는 평생 동안 입맞춤하는 것을 싫어했다고 한다. 어머니 클라라는 소년시절 아들을 깨우기 힘들 때에는 누이에게 이렇게 말하곤 했다. "아돌

히틀러와 그의 연인 에바 브라운.

프에게 입맞춤하고 오렴." 그러면 히틀러는 공포에 가까운 반응을 보이며 즉시 침대에서 일어났다. 신체적 조건이나 어릴 적 영향인지는 몰라도 히틀러는 섹스에 무관심했다. 히틀러는 젊었을 때부터 매음을 두려워했다고 한다. 매음하면 바로 성병을 연상했으며 반유대주의자가 된 후부터는 유대인과 매춘을 동일시했다. 이는 그가 유대인 매춘부로부터 매독에 걸렸기 때문이라는 설도 있다. 히틀러의 여자관계는 지극히 피상적이었다. 여성과 깊은 감정적 교류를 나눈 적이 거의 없었던 것으로 보인다. 히틀러에게 여자는 필수품이 아니라 남자들의 세계를 꾸미는 장식품과 비슷했다. 청춘이었던 비엔나 시절, 뮌헨 시절, 군 복무 시절은 물론이고 1920년대 카페에서 추종자들과 함께 시간을 보낼 때에도 그의 곁에는 여자들이 없었다. 히틀러는 평생 여자와 거리를 두면서 살았다. 이것은 그에게 또 하나의 숙명이 되었다.

만난 지는 오래 되었으나 죽음 직전에야 결혼하게 되는 정부 에바브라운Eva Braun과의 관계도 마찬가지이다. 그녀는 하나의 장식품에 불과했다. 그러나 1931년 자살한 조카 겔리 라우발과의 관계는 좀 달랐다. 겔리는 히틀러와 함께 살던 아파트에서 숨진 채 발견되었다. 겔리는 히틀러가 어머니를 제외하고 깊은 정서적 교류를 나눈 유일한 여인이다. 하지만 히틀러가 조카와 육체적인 관계에 있었는지는 알려진 바가 없다.[50]

유대인 혐오와 살육

히틀러가 언제부터 반유대인 감정을 갖게 되었을까? 히틀러 가문의 유대인 연관설이나 린츠 시절의 불쾌한 경험 등을 거론하는 견해들이 있으나 그가 어린 시절부터 유대인을 혐오했다고 보기는 어렵다. 그의 말이나 객관적인 자료를 볼 때 보헤미안적 삶을 살았던 비엔나 시절부터 반(反)유대 정서가 싹트기 시작했던 것으로 보인다. 당시 비엔나는 혼돈과 무질서의 중심지였고 반유대주의자들이 많았다. 히틀러는 반유대주의를 부추기는 언론과 연설 등을 통해 자신도 모르는 사이에 유대인에 대해 악감정을 갖게 되었고, 나이가 들면서 이를 기초로 본격적으로 반유대주의에 빠지게 된 것으로 보인다. 그가 비엔나에서 살았던 시기는 1905년에서 1913년까지 8년간이다. 이 시기는 19세기 말 테오도르 헤르츨Theodor Herzl에 의해 비엔나에서 시작된 시오니즘Zionism이 왕성했던 때이며 유럽 각지에서 유대인의 영향력이 막강했다. 유대인이라는 존재에 대해 두려움과 이질감을 동시에 느끼면서 히틀러는 이들을 추방시켜야겠다는 생각을 갖게 되었을지 모른다.

히틀러가 유대인을 처음 접한 것은 린츠의 실업학교 시절로 알려져 있다. 그는 학교에서 한 유대 학생을 알게 되었는데 그와 감정이 생길만한 일은 없었다. 그러다가 15세 때 정치적인 문제에 대해 논쟁을 벌이던 중 유대인이라는 단어에 처음으로 거부감을 느끼게 되었다고 한다. 이때부터 히틀러는 유대인에 대해 늘 혐오감을 가지게 되었으며 종교적인 문제가 나오면 불쾌한 감정을 누를 수 없게 되었다는 것이다. 히틀러는 처음에는 유대인도 종교만 다를 뿐 같은 독일인이라고 생각했는데 비엔나 시절 유대인의 진면목을 알게 되었다고 말

한다. 시온주의 유대인과 자유주의 유대인 간 연극 같은 갈등에 구역질을 느끼면서 이들은 절대 독일인이 아니라는 확신을 갖게 되었다고 한다. "유대인은 독일 민족을 현혹시키는 존재이다. 유대인이 마르크스주의를 도구로 다른 민족을 어지럽힌다면 이는 인류의 죽음을 상징하는 것이다. 지금 유대인과 맞서 투쟁하는 것은 신이 주신 사명이다." 히틀러는 『나의 투쟁』에서 이렇게 강조하고 있다.

히틀러는 최초의 정치문서인 1919년 9월 16일자 편지와 자살하기 이틀 전에 쓴 유서에서도 변함없는 투쟁을 요구했다. 모든 민족을 말살시키려는 유대인의 책동을 붕괴시키라고 주문한 것이다. 유대인 증오는 그의 생을 이념적으로 지탱해주는 버팀목과 같았다. 히틀러는 유대인이 생산적이고 활동적인 민족을 노예로 삼기 위해 동원할 수 있는 모든 무기를 사용하고 있다고 주장했다. 히틀러가 말하는 무기라는 것은 민주주의, 의회주의, 평화주의, 마르크스주의 등 현대적 사상 모두를 지칭했다. 국제 자본도 물론 이 무기에 포함된다.[51] 한마디로 모든 사회에서 독버섯처럼 기생하고 있는 유대인을 제거하지 않으면 역습을 당해 그들의 지배를 받게 된다는 것이다.

1939년 폴란드에서 시작된 야만스러운 인종 청소는 가장 잔인한 사건 중 하나로 기록되었다. 나치의 이 작전으로 인해 약 550만 명이 희생되었는데 이는 당시 폴란드 인구의 20%에 해당한다. 아우슈비츠 등 강제수용소에서 집단 학살당한 사람의 숫자만 3백만 명에 달했다. 이 사태로 폴란드 계 유대인의 90% 이상이 희생되었다. 폴란드

아우슈비츠 제 1수용소; 폴란드에 위치한 나치의 강제수용소. 아우슈비츠 수용소에서만 300만 명 이상이 집단 학살되었다고 알려져 있는데 그 중 2/3가 유대인일 거라 추정하고 있다. 1979년 유네스코 세계문화유산으로 지정되었다.

에서 일어난 일은 지금까지와는 양상이 전혀 달랐다. 그것은 1934년

룀이 이끄는 돌격대가 저지른 학살극과도 달랐고 1938년 11월 유대

인에 대한 탄압조치와도 달랐다. 지금까지 독일 내에서는 아무리 심

한 조치도 법의 테두리를 넘어서지 않았다. 그러나 폴란드 점령 시 일어난 일은 전례 없이 폭력적이었고 법을 완전히 무시한 행동이었다. 이를 기점으로 독일은 가는 곳마다 엄청난 살육을 자행했고 유대인의 씨를 말리기 위해 광분했다. 특히 1941년 소련 원정 때 독일군은 엄청난 학살을 저지르게 된다. 폴란드에서의 학살은 이에 대한 예행연습 격이었다.

한편 영국과 프랑스의 선전포고로 전쟁이 본격화되면서 독일 내에서도 야만적인 조치들이 공공연히 행해졌다. 히틀러가 정신병자와 불치병 환자를 제거토록 승인한 것이다. '안락사 계획'이라는 완화된 표현을 썼지만 이는 전쟁을 앞두고 국가에 부담이 되는 사람을 죽여 없애겠다는 야만적인 계획이었다. 독일 사회는 점차 야만과 공포의 사회로 변모해갔다. 그리고 그 중심에 히틀러가 있었다. 히틀러는 유럽에서 유대인의 씨를 말리겠다는 생각을 갖고 있었으며 이것은 그의 역사적 사명이었다.[52]

나치가 유대인과 소수민족을 무작정 체포하고 그들의 재산을 몰수한 것이 처음에는 재정적으로 도움이 된 측면이 있었다. 유대인이 소유하고 있는 재산이 막대했기 때문이다. 나치는 유대인이 가지고 있는 모든 것을 몰수했다. 부동산, 사업장, 개인소지품은 물론 금으로 된 치아까지 몰수했다. 그러나 재정적 이득은 순간에 불과했고 이내 부메랑이 되어 돌아왔다. 사람 그것도 수백만 명을 처형한다는 것이 말처럼 쉬운 일이겠는가? 이 사업을 효과적으로 진행하기 위해서는

히믈러Heinrich Luitpold Himmler(안경쓴 이)가 강제수용소에서 소련 병사와 대화를 나누고 있다.

막대한 예산과 인력 그리고 시간이 필요했다. 행정조직을 만들고 수용소를 짓고 수송수단을 마련하는 데만 몇 년이 걸렸다. SS친위대 전체가 수용소에 수감된 죄수를 감시하기 위해 투입되었다. 대리석, 사암, 니켈 같은 귀중한 자원들이 화장터와 가스실을 만드는데 사용되었다. 전선에서 기차가 부족한데도 유대인 수송에 우선적으로 배정되었다.

1942년 겨울 스탈린그라드 전투에서 포위된 독일군에게 기차가 절실히 필요했음에도 불구하고 배정되지 않음으로써 엄청난 희생을 자초했다. SS사령관 히믈러는 보다 많은 유대인을 죽이기 위해 수용소에 우선적으로 기차를 배정했다. 뿐만 아니다. 나치는 유대인을 무작정 살육함으로써 돌이킬 수 없는 인적 손실을 자초했다. 아인슈타인, 카르만, 비그너, 스질라드, 베테, 텔러, 마이트너 등과 같은 일류 과학자들이 독일을 떠났으며 그들 중 많은 사람이 원자탄 개발(맨해튼 프로젝트)에 참여했다. 나치는 모든 것을 '우수한 아리안 족 대 기생충 같은 유대인'이라는 공식에 비추어 판단했다. 나치 과학자 투링은 아인슈타인의 상대성이론을 폄하했으며 유대 과학자의 레이다 개발도 멸시했다. 나치의 편협성으로 인해 연합군이 자신의 암호를 해독할 가능성을 무시함으로써 독일 해군이 자랑하는 유보트는 훗날 치명적인 타격을 입게 된다.

세계대전의 시작

1938년 여름 체코슬로바키아 내 독일인 거주 지역인 주데텐Sudeten 문제로 히틀러가 체코슬로바키아를 압박할 당시 처음으로 군부 내에 반대파가 형성되었다. 이들은 총통이 진군 명령을 내리는 즉시 반란을 일으켜 그를 제거할 생각이었다. 그러나 역사는 이때까지는 히틀러 편이었다. 히틀러는 진군 명령을 내릴 필요가 없었다. 유화주의자들인 영국 수상 챔벌레인과 프랑스 수상 달라디에가 체코슬로바키아 지도자를 설득해 주데텐란트Sudetenland를 히틀러에게 내어주도록 설득했기 때문이다. 주데텐에는 3백만 명이나 되는 독일인이 거주하고 있으니 이를 내주지 않으면 평화를 보장할 수 없다는 것이 이들이 내놓은 이유였다. 잔뜩 긴장하고 있던 독일 군부 내 반대파의 김이 빠져버렸다. 이후 몇 년 동안은 더 이상 군부 내에서 반대파가 나타나지 않았다. 히틀러는 운이 좋았다. 그러나 정작 당사자에게는 별로 기분 좋은 일은 아니었다. 히틀러의 본심은 주데텐을 무력으로 점령하는 것이었으므로 평화 중재가 달갑지 않았던 까닭이다. 특히 괴링이 영국과 보조를 맞춰 평화협정을 체결토록 밀어붙인데 대해 히틀러는 불쾌감을 토로했다. 그 후 총통은 눈에 띨 정도로 괴링에게 싸늘한 태도를 보였다. 히틀러의 오른팔 격인 괴링은 그 일로 인해 얼마동안 외교와 관련된 모든 사안에서 강경파 요아힘 폰 리벤트로프Joachim von Ribbentrop 외교장관에게 철저하게 밀리게 된다.[53]

뉘른베르크 법정에서의 괴링Hermann Wilhelm Göring, 그는 이 재판에서 사형선고를 받았으나 처형 직전 음독자
살했다.

히틀러는 자신이 숭배하는 프리드리히 대제가 1757년 로이텐 전
투에 앞서 장교들에게 행한 연설과 같은 톤의 비장한 연설을 여러 번
했다. 살아있는 채로 최후를 맞이하는 일은 없을 것이라고 선언한 것
이다. 1938년 히틀러는 자신이 죽을 경우에 대비해 괴링을 후계자로
정한 후에도 비슷한 말을 한다. "나에게는 항복이라는 단어가 없다.

1918년 11월은 독일 역사에서 결코 되풀이되지 않을 것이다."[54] 이는 역시 히틀러다운 연설이었다. 특히 전쟁을 앞두고 미리 후계자를 정했다는 점에서 스탈린과는 다른 면모를 보여준다. 또 제1차 세계대전 참전용사인 그에게 패전의 트라우마가 얼마나 컸는지 짐작할 수 있다. 오스트리아 병합 직전인 1938년 2월 히틀러는 군 수뇌부와 외교부 간부들을 대거 물갈이한다. 아직 남아 있는 국내의 반대세력을 모두 제거하고 일사불란하게 호전적인 정책을 밀어붙이기 위한 것이다. 이후 주데텐란트를 힘들이지 않고 얻게 된 히틀러의 자신감은 하늘을 찔렀다. 기회주의자들과 예스맨에 둘러싸인 히틀러는 절대 권력을 군 힘으로써 전쟁과 평화를 마음대로 결정하는 위치에 섰다.

히틀러는 1939년 9월 마침내 폴란드 침공을 감행함으로써 사실 조금 더 미루고 싶었던 유럽전쟁으로 독일을 몰아넣었다. 군 내부에서는 230만 독일군의 재무장이 워낙 급하게 이루어졌기 때문에 1914년보다 전쟁 준비가 덜 되어 있다는 의견이 많았다. 그러나 히틀러는 그렇게 싫어했던 소련과 동맹을 맺고 폴란드 공격에 함께 나서게 되었다. 반면 그렇게 친구가 되고 싶었던 영국과는 결국 전쟁을 해야 하는 사이가 되고 말았다. 챔벌레인이 유화파이기는 했지만 한계가 있었다. 옆에서 히틀러의 밀어붙이기를 근심스럽게 바라보던 사람들은 이런 식으로 나가다가는 틀림없이 전쟁이 일어나게 될 것이라고 경고했다. 그러나 히틀러는 절대 영국의 참전은 없을 것이라고 장담했고 강경파 리벤트로프가 끝까지 동조했다. 그 결과 1939년 9월 3일 히틀러에게 날아든 선물은 영국의 최후통첩이었다. 이 전보를 받고 히틀러는 리벤트로프에게 "이젠 어떡하지(Now What)?"라고 화를 냈다고 한다. 유럽전쟁이 일찍 일어난 데에는 강경파 리벤트로프가 그 중심에 있었다. 비즈니스맨 출신으로 히틀러의 눈에 들어 주영대사와 외교장관을 지낸 리벤트로프는 아부의 달인이었다. 외교에 대해서는 거의 식견이 없는 그는 히틀러의 비위를 맞추는 데만 모든 힘을 기울였다. 히틀러는 영·독 동맹조약 체결의 임무를 줘 그를 주영대사에 앉혔으나 이러한 임무는 그의 능력 밖이었다. 영국 정부로부터 괄시를 받았다고 생각한 리벤트로프는 앙심을 품고 오히려 영국과의 관계를 악화시켰다. 리벤트로프는 국제정세를 제대로 이해하지 못했으나 전쟁광이었고 히틀러를 부추기는 데는 일가견이 있었다. 그러나 어디까지나 최종 결정자는 히틀러이다.

히틀러는 역사상 가장 위대한 독일인이 되겠다는 야망을 지녔는데 나이 오십이 되자 죽을 날이 가깝다는 강박감으로 시간에 쫓겼다. 이러한 상황에서 무모한 것처럼 보이던 승부수가 모두 통하면서 원하는 것들을 얻게 되자 사람들은 신이라도 모시듯 그에게 온갖 찬사를 보냈다. 이제 숭배주의가 대세가 되면서 그의 내면에 도사리고 있던 한 줌의 불안감마저 사라져버렸다. 히틀러는 자신의 능력을 지나치게 과대평가하고 군부처럼 신중론을 펴는 집단은 경멸했다. 후퇴는 물론이고 타협을 하는 것도 나약함을 드러내는 것이라며 극구 비난했다.[55]

굴욕적인 베르사유 조약 체결로 손상된 독일인의 자존심을 회복하는 가장 좋은 방법은 당장 군대를 일으켜 프랑스를 점령해버리는 것이었지만 이는 꿈속에서나 가능한 일이다. 암울한 현실 속에서 독일인이 취할 수 있는 선택은 별로 없었다. 그런데 꿈으로만 생각했던 일들이 하나둘씩 현실 속에서 일어나기 시작했다. 베르사유 조약을 휴지조각으로 만드는가 하면 피 한 방울 흘리지 않고 영토를 넓히는 일도 가능해졌다. 정말 믿을 수 없는 일이 일어나고 있었다. 히틀러 반대파까지도 믿지 못할 현실로 인해 극심한 혼란에 빠졌다. 히틀러를 다시 평가해야 할지 말지 갈팡질팡했다. 이름도 없던 상병 출신의 히틀러가 그러한 일을 해낸다는 사실이 믿어지지 않았다. 호사다마라고 물론 후유증은 있었다. 고속도로 건설과 전쟁에 대비한 대규모 벙커 구축 등 무리한 사업 추진으로 재정적 압박이 커졌고 물자의 공급도 어려워졌다. 그러나 비엔나, 린츠와 같이 수준 높은 산업시설을 가진 오스트리아를 손에 넣은 데 이어 공업 지역인 주데텐란트까지 손에 넣게 되자 사정이 훨씬 나아졌다. 새로운 일자리들이 생기고 숙련공이 늘어났으며 무기 공장을 증축하는 사업도 활기를 띠었다. 이제 히틀러 반대파들도 비판 거리를 찾기가 쉽지 않게 되었다.

폴란드 점령 후 서부 전선 공격이 자꾸 지연되자 히틀러의 조바심이 커져갔다. 그러나 전쟁준비가 부족했던 독일에게 이는 오히려 행운이었다. 1940년 4월 덴마크와 노르웨이를 침공한 히틀러는 5월 드디어 프랑스 공격에 나서면서 우선 룩셈부르크, 네덜란드 그리고 벨기에를 집어삼켰다. 히틀러는 프랑스를 신속히 점령하는 데 승부수를 던졌다. 프랑스가 점령되어 고립되면 영국은 더 이상 버티지 못하고 평화협상에 나올 것으로 생각했다. 그러나 히틀러의 예상은 빗나갔다. 독일은 전격작전Blitzkrieg으로 6주 만에 프랑스를 점령했으나 영국을 협상 테이블로 끌어낼 수는 없었다. 독일 공군은 파상적으로 영국 본토를 공격하면서 영국 공군과 대대적인 공중전을 벌였다. 독일은 또한 런던 등 영국의 주요도시를 무차별 폭격했다. 그러나 영국을 점령하는 데는 실패했다. 영국의 견고한 저항은 히틀러를 패망으로 이끈 원동력이 되었다. 히틀러는 영국을 제압하지 못할 경우 언젠가는 대서양 너머 거대한 미국이 지원 세력으로 나서게 될 것으로 예측했다. 비록 군사적으로 영국을 돕지 않아도 경제적으로 도울 가능성은 다분했다. 히틀러는 그러한 일이 벌어지기 전에 어떻게든 영국을 손에 넣으려 했으나 역부족이었다.

독일은 총체적으로 소련을 얕보고 있었다. 히틀러는 소련을 경멸했고 그의 지휘관들도 마찬가지였다. 나치가 얻은 첩보에 의하면 소련군이 빈약한 것은 사실이지만 독일은 지나치게 소련을 낮게 평가하고 있었다. 나치는 슬라브족을 우습게 봤고 볼셰비즘 따위는 쉽게 무너뜨릴 수 있을 것으로 판단했다. 불가침조약 체결 후 폴란드를 나누어 남북에서 동시에 쳐들어갔을 때 독일은 소련군의 전력을 타진할 기회를 가졌다. 폴란드에서 만난 소련 장군들은 전혀 깊은 인상을 남기지 못했다. 그 뿐만이 아니었다. 1939년 말부터 1940년 3월까지 벌어진 소련-핀란드 전쟁에서 적군(赤軍)이 보인 한심한 모습에 독일군 지휘부는 혀를 찼다. 강력한 영국군을 상대로 단련된 독일 군부는 이러한 상황을 지켜보면서 소련은 식은 죽 먹기라고 속단했다. 소련이 무너지면 일본이 극동을 노리게 될 것인데 미국은 이를 견제해야 하므로 영국까지 도울 여력은 없을 것으로 판단했다. 따라서 소련을 무너뜨리면 영국의 희망이 사라질 것이라고 믿었다.

1941년 5월 15일 마음이 조급해진 히틀러는 소련을 공격키로 했으나 이 일정은 지켜지지 않았다. 유고슬라비아와 그리스에서 연달아 패한 허약한 동맹국 이탈리아를 돕느라 여유가 없었기 때문이었다. 히틀러는 무솔리니에게 의리를 지켰다. 그러나 그 대가는 엄청났다. 그 당시로서는 실감하지 못했으나 히틀러가 발칸에서 허비한 2개월은 엄청나게 중요한 시간이었다. 예정대로 5월에 소련을 공격했더라면 욱일승천하는 나치군의 기상으로 보아 겨울이 오기 전에 모스크바를 점령할 수 있었을 것이고 그렇게 되었으면 전쟁은 끝이었다. 그러나 독일은 소련의 잠재력을 너무나 몰랐다. 히틀러는 소련군보다는 오히려 조직력이 탄탄한 유대인이 더 문제가 될 것으로 오판했다.

역사에서 가정은 소용없다고 하지만, 설사 영국이 협상 테이블에 나왔더라도 아마 히틀러는 언젠가는 소련을 침공했을 것이다. 그의 뇌리에는 늘 생존공간이 있었고 그 공간을 마련하기 위해 소련 정복은 필연이었다. 히틀러는 결국 전쟁을 원하고 있었다. 전쟁 없이 생존공간을 마련하는 것은 불가능하기 때문에 히틀러는 20년 가까이 늘 전쟁을 구상하고 계획해온 것이다. 히틀러는 단순히 "이제부터 전쟁이다"라고 지시한 것이 아니다. 그는 구체적인 전쟁 계획을 세우는데도 중심적인 역할을 했다. 히틀러는 전쟁의 입안자이며 작전사령관이었다. 전쟁을 수행하는데 핵심인 육군 수뇌부는 물론 국방부 수뇌부도 히틀러의 지시를 따랐다. 아마추어인 히틀러가 직접 작전계획을 세우고 명령을 내리는 데도 군사전문가라는 사람들은 단 한 번도 진지하게 반대한 적이 없다. 많은 사람이 속으로는 무리한 짓이라고 생각했겠지만 소련 침공을 내심 반기는 사람들도 있었다. 친위대장 히믈러와 보안대장 하이드리히 등이 그러한 부류이다. 이들은 친위대의 세력을 확장하고 마음대로 인종 실험도 해볼 수 있는 절호의 기회가 온 것으로 생각했다. 그들은 '유대 볼셰비즘'에 대한 히틀러의 강박관념을 이용하여 유대인을 말살하는 새로운 해결책을 들고 나왔다. 3월이 되자 히틀러는 전쟁 중 학살 기준을 하달했고 국방부와 친위대 지도부는 이를 확고한 행동 지침으로 구체화시켰다.[56]

독·소 전쟁과 히틀러의 몰락

그렇게 확신하고 시작한 전쟁이었지만 낙관적인 분위기는 한 달도 지속되지 못했다. 전선이 두 개로 갈린 상태에서 모든 전력을 소련에만 투입할 수 없었다. 7월 말이 되자 벌써 사용할 수 있는 전투기는 1천여 대에 불과했다. 히틀러는 폭격으로 모스크바를 초토화시킬 계획이었지만 전투기 숫자가 적다 보니 공습은 별 효과가 없었다. 워낙 넓은 영토를 빠르게 진격하다보니 육군도 피로가 극심했다. 한 달 넘게 쉬지 않고 싸우다 보니 휴식이 절실했다. 이미 20만 명이 넘는 많은 사상자가 발생했다. 병참은 정말 심각한 문제였다. 한여름에도 차가 다니기 어려운 열악한 도로로 인해 연료, 장비, 식량 등 필요한 물자를 제때에 공급할 수 없었다. 육군이 하루에 필요로 하는 물자만 해도 화물열차 25대분에 달하는 많은 양인데 이를 적시에 공급해줄 재간이 없었다.[57] 철도궤간의 차이가 큰 문제로 등장했다. 표준궤를 사용하는 독일과는 달리 소련은 광궤를 사용했다. 철로를 독일식으로 맞추기 위해 밤새워 공사를 벌였음에도 불구하고 8월 초 현지에 도달하는 화물열차의 수는 하루 평균 10여대에 불과했다.

히틀러는 소련의 주요 도시들을 파괴시킬 계획이었다. 히틀러는 공산혁명의 성지 레닌그라드(지금의 상트페테르부르크)는 탱크로 밀어버리겠다고 몇 번이나 강조했다. "피와 눈물로 시작된 볼셰비즘은 피와 눈물로 끝나야 한다. 유럽으로 들어가는 문은 닫히고 아시아인은 아시아로 쫓겨날 것이다. 모스크바와 레닌그라드는 같은 운명에 처하게 될 것이다." 소름끼치는 히틀러의 예언이다. 히틀러는 우선 소련 남부의 공업지대를 장악한 후 북으로 올라가서 늦어도 10월 중순까지는 모스크바를 포위할 계획이었다. 그동안 다른 부대가 신속히 동진하여 카프카스(코카서스)에 도달하면 상황 끝이라고 생각했다. 소련군은 바쿠에서 생산하는 원유에 전적으로 의존하고 있기 때문이다. 어디 에너지 없는 전쟁이 가능하겠는가?

히틀러의 계산으로는 이쯤 되면 이리와 같은 일본이 기회를 놓치지 않고 소련의 극동지역을 침공할 것으로 봤다. 그렇게 되면 동서 양측에서 협공당하는 소련이 버티지 못하고 항복하거나 아니면 평화협상을 구걸해 올 것으로 예상한 것이다. 아마 독일군이 히틀러의 주문대로 진군해주었더라면 정말 그의 계산대로 돌아갔을지 모른다. 그러나 그렇게 되지 않았다. 1812년 나폴레옹을 패퇴하게 만든 러시아의 잔인한 날씨가 이번에도 저주를 내린 것이다. 10월부터 시작된 현지의 악천후로 전황이 계속 악화하자 초조해진 히틀러는 12월 육군 사령관 브라우히치Walther von Brauchitsch를 해임하고 아예 자신이 사령관직을 맡았다. 답답해서 한 일이겠지만 상식적인 행동은 아니었다. 1944년 2월 태평양전쟁에서 궁지에 몰린 일본의 도조 히데키 내각총리대신 겸 전쟁장관이 스스로 육군참모총장까지 겸직한 것과 비슷한 상황이다. 히데키는 모든 권력을 한 손에 쥐고 전쟁을 자신이 원하는 대로 몰아붙이려 했으나 결국 실패하고 말았다. 당시 히데키는 반발하는 참모들에게 히틀러는 상병 출신이나 자신은 장군 출신임을 강조했다고 한다. 히틀러는 이제 거시적인 전략은 물론이고 지엽적인 작전까지 일일이 챙겨야 하는 입장이 되었다. 군사전문가가 아닌 히틀러가 실수할 것은 당연한 일. 히틀러는 전진해야 할 때와 후퇴할 때를 구분하지 못하고 후퇴해야 할 상황에서 초토화 작전으로 밀어붙였다. 몇 개월 동안 엄청난 피해를 자초한 독일군은 1942년 1월말쯤에는 겨우 어려운 고비는 넘겼으나 상황은 이미 좋지 않은 쪽으로 흐르기 시작했다. 히틀러는 피해는 생각지 않고 최악의 상황에서 벗어난 것만을 부각시키면서 이를 자신의 공으로 돌렸다. 독일군의 전력은 이미 큰 손실을 입었다.

1941년 6월 22일 기세 좋게 소련으로 향한 320만 명의 군인 중 100만 명이 이미 전사, 포로 또는 실종으로 사라졌다. 이렇게 큰 손실이 있었음에도 불구하고 병력 충원은 절반에도 미치지 못했다. 그뿐만 아니었다. 탱크, 장갑차, 대포 등 무기 손실이 엄청났으나 보충되지 않았다. 유실된 차량의 10분의 1만이 겨우 보충되었을 뿐이다. 1942년 5월 춘계 공세가 시작될 무렵 동부 전선에서는 줄잡아 62만 5천 명의 병력이 부족했다. 엄청난 규모의 병력 부족에도 불구하고 모스크바에 대한 미련을 버리지 못한 히틀러는 남부지방 공격을 강화하는데 전력을 기울였다. 작전을 위해 투입된 68개 사단 중에서 48개 사단의 병력이 100퍼센트 충원되었고 나머지 20개 사단의 일부 병력이 충원되었다.[58] 히틀러는 시간과 자원이라는 두 마리 토끼를 잡아야 했다. 겨울이 오기 전에 모스크바와 레닌그라드를 점령해야 했고 소련군의 발목을 잡기 위해 카프카스의 유전을 손에 넣어야 했다. 히틀러에게는 카프카스 유전 장악이 독·소 전쟁에서 승리하는 지름길이었다. 소련군이 피와 같은 에너지의 대부분을 바쿠에 의존했기 때문이다. 히틀러는 소련으로 출병하기 전 열린 파티에서 소련의 지도

1941년 12월 11일 독일의회에서 미국에 선전포고를 하는 히틀러.

모양으로 만든 케이크에서 바쿠를 먼저 집어들만큼 카프카스를 중시
했다. 그러나 히틀러의 야심은 독일군이 스탈린그라드에서 패함으로
써 물거품이 되고 만다.

아마추어 지휘관 히틀러는 늘 진격만을 외쳤을 뿐 후퇴는 안중에
없었다. 그로 인해 스탈린그라드에서 엄청난 손실을 입었다. 1942년

8월부터 이듬해 2월까지 거의 반년 간 벌어진 이 대전투에서 최종 승자는 소련이었다. 양측 합쳐 거의 220만 명이 동원되어 170만~200만 명의 사상자를 낸 이 전투는 단일 전투로는 역사상 최대 규모였다. 이 전투에서 독일의 정예부대 제6군은 거의 괴멸되었고 히틀러의 몰락을 촉진시켰다. 당시 남아 있던 수십만 대군이 훗날을 기약하며 퇴각했더라면 많은 사람들이 목숨은 부지할 수 있었을 것이다. 그러나 히틀러는 후퇴를 불허했다. 그런 때에는 꼭 예술가 기질이 나오는 히틀러는 어릴 적에 동경했던 카우보이들의 모습을 떠올리며 '승리 아니면 죽음'을 고집했다. "독일 병사는 군화자국을 남긴 곳에서 결코 후퇴할 수 없다"라는 것이 히틀러의 신념이다. 결과적으로 독일 국민은 베토벤 제5번 교향곡이 배경 음악으로 깔리는 가운데 스탈린그라드에서 독일군 30만 명이 전사하고 9만 1천명이 포로로 잡혔다는 충격적인 뉴스를 듣게 된다. 생포된 병사들 중 종전 후 시베리아 포로수용소로부터 살아 돌아온 사람은 겨우 5천명에 불과했다. 전쟁이 불리해지면서 한두 번도 아니고 매번 피의 희생만을 강요하는 히틀러에게 넌덜머리가 난 군 장성들은 이제 그와 설전을 벌이기도 했다. 총통은 이런 군 장성들에 대한 신뢰를 접었다. 화가 난 그는 장군들과는 식사도 함께 하지 않고 악수마저 거절했다.

처절한 패배에도 불구하고 히틀러는 태연스러운 모습을 보였다. 그리고 비난의 화살을 동맹군에게 돌렸다. 루마니아, 이탈리아, 헝가리 등 동맹군이 허약한 전투력으로 일을 그르쳤다는 것이다. 동맹군의 방어선이 무너지는 통에 동부전선 전체에 재앙이 닥칠 수 있어 제6군에게 사수 명령을 내렸다고 주장했다. 공중 보급도 검토했지만 악천후로 그마저 여의치 않았다는 이유도 등장했다. 그러면서 스탈린그라드에서 제6군이 희생한 덕분에 카프카스군이 살았다는 것으로 위안을 삼았다. 여하튼 히틀러는 변명을 늘어놓는 데도 명수였고 절대 패배의 책임을 자신에게 돌리지는 않았다. 전세가 악화되면서 국민에게 마법을 불어넣었던 대중연설도 점차 줄어들었다. 1940년 9회를 정점으로 1941년 7회, 1942년 5회, 1943년 2회 등으로 계속 줄었다. 패전 전년도인 1944년에는 한 번도 연설이 없었다. 이를 보면서 누구보다도 안타까워 한 사람은 다름 아닌 괴벨스이다. 두 사람 모두 열변가로서 연설이 가져다주는 마력을 누구보다 잘 이해하고 있는 사람들이다. 히틀러가 남다른 권위를 누린 배경에는 대중의 환호와 갈채가 있었다는 사실을 괴벨스는 잘 알고 있었다. 나치 체제를 지탱한 것은 히틀러가 대중에게 주었던 믿음과 신뢰이다. 그러나 괴벨스가 보기에 이제 그러한 공식은 더 이상 통하지 않는 듯했다. 선전장관 괴벨스는 대부분이 익명이기는 하지만 선전부로 날아오는 많은 편지의 내용 대부분이 비관적이라는 사실에 주목하고 있었다.[59]

히틀러의 최후

패색이 짙어 가던 1944년에도 히틀러는 희망을 버리지 않았다. 곳곳에서 패전 소식이 날라들고 위기는 쌓여만 갔지만 자신만이 꿈꾸는 환상 속에서 살고 있는 듯 했다. 신(神)들린 것처럼 느껴지는 때도 있었다. 히틀러는 지푸라기 같은 희망을 품고 큰 기대를 걸었으며 엄청난 반전이 일어나 결국 자신이 승리를 걸머쥐게 될 것으로 생각하는 듯했다. 적이 본토를 침공해도 충분히 지킬 수 있다고 생각했으며 개발하고 있는 원자탄에 큰 기대를 걸어보기도 했다. 2세기 전 7년 전쟁을 벌였던 불굴의 영웅 프리드리히 대제를 귀감으로 삼아 계속 버티다 보면 허약한 적의 동맹이 먼저 무너질 것으로 예측하기도 했다. 독일의 패망 직전까지도 히틀러의 희망은 지속되었다. 끈질긴 히틀러는 끝까지 기적을 포기하지 않았다.

1945년 4월 12일 루스벨트가 죽었다는 소식이 전해졌다. 오랜만에 들어보는 낭보에 히틀러는 크게 기뻐했다. 그러나 기쁨도 잠시 4월 28일에는 무솔리니가 반파시스트에게 붙잡혀 총살되었다는 소식이 전해졌다. 히틀러는 이번에는 크게 낙담했다. 마지막 날인 4월 30일 히틀러는 기르던 개를 죽이고 나서 권총으로 자기 머리를 쐈다. 그의 옆에는 부인 에바가 독약을 먹고 함께 누웠다. 그의 최고 충신 괴벨스는 5월 1일 부인 및 자녀 6명과 함께 자살로 생을 마감했다.

히틀러는 은밀히 우라늄 협회Uranverein를 설립하여 1939년 4월

히틀러의 자살 소식을 전한 미국 성조기 신문.

부터 핵폭탄 개발에 착수했다. 에리히 슈만Erich Schumann, 쿠르트 디프너Kurt Diebner 등 당대 일류 과학자들이 핵 프로젝트에 참가했다. 히틀러와 장군들은 핵무기에 관한 이해가 부족했지만 여하튼 이 신무기가 개발되기만 하면 전쟁의 승패를 바꿀 수 있을 정도로 강력한 존재가 될 것이라는 사실은 짐작하고 있었다. 특히 슈페어 조달장관이 핵무기 개발에 큰 관심을 갖고 예산을 전폭적으로 지원했다. 그러나 독일은 모르고 있었으나 미국의 핵개발이 이미 훨씬 앞서 있었다. 독일에서 망명한 유대인 과학자들이 크게 기여했기 때문이다. 슈페어가 가끔 핵개발 상황에 관해 보고할 때마다 히틀러는 큰 관심을 보였다. 그러나 개발 진척도로 봐서 전쟁이 끝나기 전까지 실전에 배치할 수 있을 것으로는 생각지 않았다. 따라서 히틀러는 처음에 걸었던 기대로부터 다소 후퇴했다. 전쟁 말기가 되자 독일은 자원 부족으로 더 이상 핵무기 개발에 돈을 쓸 여력이 없었다. 우수한 유대 과학자들이 미국으로 망명하지 않았더라면 독일이 먼저 핵폭탄을 개발했을지도 모른다. 만일 그렇게 되었더라면 히틀러는 이를 신(神)이 자신에게 내려준 특별한 선물로 생각하고 주저 없이 런던과 모스크바에 떨어뜨렸을 것이다. 그러나 그러한 일은 끝내 일어나지 않았다. 유대인의 저주가 히틀러에게 내린 셈이 되었다.

독·소 전쟁 후 히틀러를 만난 사람들은 모두 히틀러가 갑자기 늙었다는데 동의했다. 강건하고 힘이 넘쳤던 그의 모습은 온데간데없이 사라졌다. 눈에 핏발이 서고 흰 머리가 많아졌으며 구부정하게 걸었다. 왼팔은 덜덜 떨려서 잘 가누지도 못했다. 파킨슨병 증세가 명백히 나타났다. 그는 오십대 중반의 나이 보다 훨씬 늙어 보였다. 히틀러는 1930년대만 해도 건강이 양호한 편이었으나 1941년 독·소 전쟁을 시작하면서부터 몸이 눈에 띄게 나빠졌다. 고된 일과를 감당하기 위해 히틀러는 약에 의존했다. 주치의 모렐 박사가 매일 처방하는 엄청난 양의 알약과 주사에 의존했다. 전쟁 중 90가지의 약을 복용했고 하루에 28개의 알약을 먹었다고 한다. 몸이 망가질 수밖에 없었다.[60] 과도하게 약을 처방하는 모렐 박사에 대해서는 돌팔이라는 소문도 나돌았다.

　나치 독일의 말로는 비참했다. 술에 취해 이성을 잃은 소련 병사들이 자신들이 당한대로 보복했다는 이야기는 대부분 사실이다. 살해, 약탈, 강간, 구타, 방화 등 모든 만행이 광범위하게 진행되었다. 소련군의 진입로에 있는 동부 독일에서만 140만 명 이상의 여성이 강간당했다. 이는 당시 이 지역 여성인구의 18퍼센트에 해당하는 숫자이다. 독일 통일의 대업을 이룬 헬무트 콜 전 총리의 부인 한넬로레 여사도 소녀 시절 그녀의 어머니와 함께 소련군에게 강간당했다는 사실이 뒤늦게 밝혀졌다. 전쟁 말기에 이르자 나치는 심각한 혼란과 문란한 기강을 바로잡기 위해 군인은 물론 일반 시민에 대해서도 즉결 심판을 자행했다. 아무리 사소한 것이라도 정권을 비판하는 말이나 패배주의에 빠진 말을 했다가는 혹독한 응징을 받았다. 다른 민족에게 수많은 잔학행위를 저질렀던 나치 정권은 이제 전쟁 종료를 앞두고 그 화살을 자국민에게 돌렸다. 마지막 발악에 가까운 나치의 공포정치가 독일 전역을 휩쓸었다.

히틀러의 최측근 괴벨스는 지난 20년간 한솥밥을 먹으면서 주군 히틀러에게 뜨거운 충성을 바쳤다. 히틀러의 정책이 못마땅한 것도 있었지만 괴벨스는 이를 내색하지 않고 충실히 이행했다. 괴벨스는 독일이 이렇게 곤경에 빠진 책임이 주로 공군사령관 헤르만 괴링과 외교장관 리벤트로프 두 사람에게 있다고 보았다. 겉으로만 멀쩡하게 보이는 이 무능력자들을 히틀러가 진작 정리했어야 옳았다고 생각한 것이다. 그러지 못하는 히틀러의 모습을 보면서 괴벨스는 속앓이를 했다. 그러면서도 히틀러를 향한 존경심에는 전혀 변화가 없었다. 괴벨스에게 있어 히틀러는 하늘이 내려준 인물이었다. 패전이 계속되면서도 히틀러의 결의와 낙천주의는 우울한 분위기에 쌓인 총통 관저에서 한 줄기 빛과 같았다. 그러나 시간이 지날수록 그렇게 오랫동안 확실히 신뢰할 수 있는 지도자로 모셨던 믿음에도 회의가 찾아왔다. 괴벨스조차도 이제는 전세를 역전시킬 수 있다는 히틀러의 말에 동의하지 않았다.[61]

알베르트 슈페어Albert Speer는 기회주의자였다. 그는 자신을 신임하여 많은 권력과 영향력을 부여해준 히틀러를 숭배했지만 패전이 짙어지자 살 길을 모색했다. 슈페어는 전범재판에서 살아남기만 하면 어떻게 해서든 히틀러가 없는 독일에서 자신의 역할이 있을 것으로 생각했던 것 같다. 슈페어는 이미 전쟁은 물 건너간 것으로 보았다. 이와 같은 상황에서 건질 수 있는 것은 건지려고 했다. 슈페어는 혹자들이 말하는 영웅적인 종말에는 관심이 없었다. 항복보다는 영웅적인 자기희생을 중시한다는 주장 따위는 그에게 헛소리였다. 슈페어는 결국 항복하는 길을 택했다 그는 한스 프랑크Hans Michael Frank와 함께 자신의 과오와 책임을 시인한 두 명의 나치 고위관료 중 한 사람이다.

전쟁터로 끌려 온 아이들

히틀러가 계획하는 광대한 영토의 식민지화를 뒷받침하기 위해 레벤스보른(Lebensborn, 생명의 샘)이라는 별도 친위조직이 만들어졌다. 그들은 히틀러의 아바타 격이다. 푸른 눈, 갈색 머리, 용모, 두개골의 크기 등이 순수 아리안족의 특성과 맞도록 종자 개량에 나선 것이다. 이를 위해 젊은 여성들이 혈통 개량을 목적으로 나치돌격대원과의 짝짓기를 자원했다. '보다 순수한' 혈통을 빚어내기 위해 '몽매한 게르만인'은 점차 소멸시킨다는 것이 이들의 목표였다.[62]

1932년 1월 24일 한 소년이 공산주의자들에 의해 살해되었다. 길거리에서 나치 선전 책자를 나누어주다 시비 끝에 살해된 그의 이름은 헤르베르트 노르쿠스Herbert Norkus로 당시 15세였다. 노르쿠스는 사망 직후 국가사회주의라는 대의를 위해 희생된 순교자로 추앙 되었

히틀러-유겐트, 나치당의 청소년 조직. 10세에서 18세 청소년으로 구성되어 있다. 전방에도 투입되었으며 1940년에는 단원이 8백만 명으로 늘어났다고 한다.

다. 나치는 1월 24일을 희생된 모든 히틀러청소년단(히틀러-유겐트) 단원을 기리는 국가기념일로 선포했다. 히틀러-유겐트와 공산당 간의 충돌은 도처에서 있었다. 이들의 과격한 충돌로 많은 사상자가 발생했다. 1926년부터 1932년 간 14명의 히틀러-유겐트 단원들이 길거리 싸움에서 사망했는데 그중에는 17세 소녀도 있었다.

히틀러-유겐트Hitler-Jugend에 지원한 소년 소녀들은 인종과 정치에 대한 나치 식 사고방식을 가졌는지 확인하는 필기시험을 거쳐야 했다. 그들은 또한 인종적 배경을 증명해야 했다. 가입 신청은 자의적이지만 가입 자격은 제한적이었다. 아리안 혈통이 증명된 건강한 소년 소녀들에게만 가입이 허락됐다. 유대인은 부모 한 편이 아리안이거나 생김새가 완벽한 아리안처럼 보이더라도 가입할 수 없었다. 기독교로 개종한 유대인이라도 소용없었다. 유대인 또는 혼혈 유대인 아이들은 절망했다.[63] 아이들을 히틀러-유겐트에 보낸 부모는 처음에는 이들에게 일어난 변화를 보면서 만족했다. 나치 캠프에서는 주로 규율, 근면, 우월성, 국가의 전통에 대한 자부심, 확고한 목표의식 등 정신교육과 체력 단련에 집중했기 때문이다. 부모는 아이들이 절도 있는 사람이 되어간다고 느끼면서 속으로 미소를 지었을 것이다. 그러나 시간이 지나면서 누구나 캠프 교육이 군국주의적으로 변해가는 것을 느낄 수 있었다. 사격, 수류탄 던지기 등 군부대의 훈련과목을 빈번히 교육시켰기 때문이다. 부모가 아이들의 앞날을 걱정하기 시작할 때쯤이면 이미 때는 늦어 있었다. 아이들은 벌써 반 군인이 되어 있었다. 아직 캠프에 가입하지 않은 자녀를 둔 부모들은 어떻게든 가입을 저지하려 했으나 선동에 넘어간 아이들을 막을 수 없었다. 이렇게 해서 히틀러-유겐트는 점차 큰 조직으로 발전했다. 1940년까지 단원이 8백만 명으로 늘어났다.

나치의 젊은 친위대는 18~20세의 청년으로 구성되었는데 나중에는 연령이 17세로 낮아졌다. 히틀러-유겐트의 엘리트 중에서 선발된 친위대는 용모가 준수하고 체력이 뛰어나야 했다. 175센티미터 이상의 신장을 가져야 했고 충치가 없어야 했다. 용모와 체격뿐 아니라 사상적으로 나치 신봉자여야 했으며 집안의 혈통이나 내력에서도 흠결이 없어야 했다. 집안에 빚이 없어야 했고 1650년 이래 순수 아리안 혈통임을 증명할 수 있어야 했다. 이들은 히틀러-유겐트 내 엘리트 집단이었다. 전쟁이 치열해지자 히틀러-유겐트 단원들도 전방에 배치되었다. 애송이들이었으나 정신 무장이 잘 된 이들은 전투에서 열심히 싸웠다. 그러나 아직 아이들에 불과했다. 아이들이 무슨 전쟁을 하겠는가. 꽃도 피워보지 못한 애송이들이 총알받이가 되어 사라졌다. 인생에서 살아야 할 방법을 배우는 시기에 죽는 방법을 먼저 배운 셈이다. 히틀러-유겐트 단원이 인민군대의 훈련 책임자로 임명되기도 했다. 십대 소년들은 아버지나 할아버지뻘 되는 늙은 군인을 훈련시켜야 했다. 히틀러-유겐트는 소그룹으로 연합군의 후방을 공격하는 특공대 역할을 수행하기도 했다. '늑대인간'으로 불린 소년 특공대는 연료탱크에 모래를 부어 군 수송기를 파괴하거나, 지뢰를 제거하고 수송차량을 폭파했으며, 통신시설과 보급시설을 파괴하는 등 임무를 수행했다. 히틀러-유겐트 단원들은 요즘 아프리카 등지에서 문제가 되고 있는 소년병사Child Soldier의 효시 격이었다.

추종자들의 말로

뉘른베르크 재판Nuremberg Trial은 1945년 11월에 시작해서 1948년까지 지속되었다. 나치 전범자 약 200명이 이곳에서 재판을 받았다. 나치 최고위층 가운데 19명에게 유죄가 선고되었다. 사형 12명, 무기징역 3명, 징역 4명 등이다. 3명은 무혐의로 풀려났다. 나치 고위 간부 모두가 뉘른베르크에 모이지는 않았다. 몇 명은 다른 곳에서 체포되거나 법정이 열리기 전 자살했다. 총통 히틀러를 위시하여 선전장관 괴벨스, 친위대 총수 히믈러, 국가노동전선 총책 로베르트 라이, 그리고 괴링 등은 자살로 생을 마감했다(괴링은 뉘른베르크 재판에서 사형을 선고 받았으나 처형 직전 자살했다.) 뉘른베르크에서 죽은 사람들은 자살할 마음이 없거나 용기가 없었던 사람들이다. 이들은 군사재판소가 내린 판결에 따라 교수형에 처해졌다.

주전론자로서 외무장관을 역임한 리벤트로프, 국방군 총사령관 빌헬름 카이텔, 국방군 작전참모장으로서 히틀러의 최고 군사고문이었던 알프레드 요들, 나치 사상가이자 동방점령지장관이었던 알프레드로젠베르크, 내무장관을 지낸 빌헬름 프리크, 오스트리아 합병의 주역이고 나중에 네덜란드 제국통제관을 지낸 아르투어 자이스-인크바르트, 강제노역을 총괄한 프리츠 자우켈, 암살된 하이드리히 후임으로 국가보안부를 이끌면서 공안 통치를 주도한 에른스트 칼텐브루너, 폴란드 총독을 지냈고 나치의 대표적 법률가였던 한스 프랑크, 전직 프랑켄 관구장으로 유대인 탄압에 앞장섰던 율리우스 슈트라이허가 전쟁 범죄 또는 반인류 범죄를 저지른 혐의로 사형 판결을 받고 1946년 10월 16일 교수형에 처해졌다.

히틀러의 최측근으로 총애를 입었던 군수장관 슈페어는 운 좋게 20년 형을 받아 생존했다. 마지막 국가수반이었던 되니츠 제독, 발터 풍크 경제장관, 외무장관을 지낸 콘스탄틴 폰 노이라트, 해군 참모총장 에리히 레더, 오랫동안 히틀러-유겐트를 이끌었고 비엔나 관구장을 지낸 발두어 폰 시라흐, 나치당 지도자 대리인 루돌프 헤스 등은 장기나 무기 징역형을 선고 받았고, 그 중 되니츠, 슈페어, 시라흐는 모두 만기 출소했다. 슈페어는 뒤늦게 속죄하며 제3제국 전문가로 행세했고 책을 집필, 베스트셀러가 되면서 명사가 되었다. 헤스는 베를린의 슈판다우 형무소에서 무기수로 복역하다가 1987년 자살했다.[64]

유대인의 강제 수용소 이송을 책임졌던 나치 고위관료 아돌프 아이히만은 아르헨티나로 도피하여 숨어 살아가는데 성공했다. 그러나 이스라엘 정보부인 모사드가 집요하게 추적하여 찾아냈다. 모사드는 1960년 그를 이스라엘로 데려와 재판에 회부했다. 아이히만은 유

뉘른베르크 전범 재판 광경. 뒷줄 오른쪽에서 세 번째가 알베르트 슈페어이고, 앞줄 왼쪽에서 첫 번째가 헤르만 괴링이다.

죄를 선고 받아 1962년 교수형에 처해졌다. 히틀러-유겐트는 종전(終戰)과 동시에 거의 흔적도 없이 사라져 버렸다. 단원들 중 그 누구도 뉘른베르크 법정에 서지 않았다. 국제재판소는 제3제국의 어린아이들이 권력을 장악하려는 나치당과 지도자들의 야욕에 희생되어 배신당한 후 버려졌다고 결론지었다.

스탈린

Joseph Stalin 1879~1953, 소련- 조지아(그루지야) 출생

어린 시절

스탈린의 아버지는 빗사리온 이바노비치 쥬가시빌리Ivanovic Besarionis Dzhugashvili라는 이름을 가진 농민의 아들로 구두수선 공이었다. 빗사리온은 그루지야의 시골마을 고리에 정착하여 그와 비슷한 하층민 출신인 예카테리나와 결혼했다. 스탈린의 고향 고리에는 그를 기념하는 박물관이 있으며 그가 타고 다녔다는 기차도 전시되어 있다. 결혼 당시 예카테리나의 나이는 15세에 불과했다. 스탈린은 네 번째 아이이다. 예카테리나는 1875년부터 1878년에 걸쳐 세 아이를 낳았으나 모두 죽었고 1879년 12월 21일 태어난 스탈린이 장남이 되었다. 운명이었는지 스탈린은 어려서 여러 가지 병을 앓았으나 모두

이겨냈다. 6~7세 때 천연두에 걸려 살아났지만 대신 얼굴에 얽은 흔적이 남았다. 또 장티푸스에 걸렸으나 그것도 이겨냈다. 스탈린은 어려서부터 고집이 센 아이였다고 한다. 주정뱅이였던 그의 아버지는 1890년 스탈린이 11세였을 때 그루지야의 수도 티플리스(트빌리시)에서 죽었다. 졸지에 어머니가 가장이 되었다. 그러나 생활에 큰 변화는 없었다. 예카테리나가 빨래 품팔이를 하여 생활비를 버는 것에는 이미 익숙했기 때문이다.

예카테리나는 동양에서 흔히 볼 수 있는 가정적이고 충직한 여인이었다. 그녀는 어려운 생활 속에서도 자신의 운명을 탓하지 않았고 남편을 원망하지 않았다. 매일 매일 열심히 일하면서 성실한 자세로 가정을 꾸려갔다. 깊은 신앙심을 가진 이 여인은 교회에서 기도하며 위안을 얻었다. 여인에게는 희망이 있어야 살아가는 법. 예카테리나는 아들 스탈린에게 모든 것을 걸었다. 예카테리나는 당시 대부분 여성과 마찬가지로 문맹이었으나 먼 훗날 늙어서 글을 배워 문맹을 벗어났다. 대단한 아들을 둔 어머니로서 수치를 면하기 위해서였다고 한다. 아홉 살 난 아들을 고리의 종교학교에 보내는 것은 예카테리나에게는 엄청난 도전이었다. 아직 어린 나이지만 가난한 가정에서는 구두수선공이나 목수의 조수가 되는 것이 보통이었기 때문이다. 그러나 예카테리나는 아들의 장래를 위해 그렇게 하지 않았다. 그녀는 아들이 배움을 통해 기회를 잡아 부모의 한을 풀어줄 것을 갈망했다.

12세 때 마차 사고로 왼팔을 다쳐 한쪽 팔이 짧았던 스탈린은 결단력이 있고 강인한 아이였다. 매사에 적극적이었고 완력도 세서 같은 나이 또래보다 늘 우위에 있었다. 술에 만취하여 어머니를 두들겨 패는 아버지에게 칼을 던졌다는 일화도 있다. 주정뱅이 아버지 그늘에서 속히 벗어나는 게 소망이었던 스탈린은 교회 성경학교에서 특출한 학생으로 인정받아 티플리스 시내에 있는 러시아정교 신학교에 다니고 싶어 했다. 어머니도 스탈린의 뜻을 존중했다. 예카테리나는 날마다 성상 앞에 엎드려 간절히 빌었다. "부디 제 아들이 성직자가 되게 해주십시오." 어머니의 기도 때문인지 스탈린은 장학금을 받아 신학교에 입학하게 된다. 16세 때 스탈린은 고향 고리를 떠나 수도 티플리스로 향했다. 5년 동안 그가 머물게 될 신학교로 간 것이다.

장학금은 받았으나 스탈린은 처음부터 신학에는 뜻이 없었다. 스탈린은 1학년 때 이미 무신론자가 되어 있었다. 스탈린이 학교에서 배운 거의 유일한 것은 어떻게 하면 교리를 무기로 사용할 수 있느냐에 관한 것이다. 스탈린은 신학교에서 사제가 되는데 필요한 종교적 지식보다는 세상을 움직이는데 필요한 지식을 습득하려 했다. 스탈린은 정규 교과목은 거들떠보지도 않고 다른 책에 몰두했다. 철학, 경제, 역사 등이 그의 주 관심사였다. 결국 전공과는 관계없는 과목을 독학으로 공부한 셈이다. 이 때문에 정식으로 대학에서 정치, 경제, 철학 등을 공부한 공산주의 이론가들과는 지식의 깊이나 넓이에 있어서 차이가 컸다. 스탈린의 학문 연구는 피상적이었기 때문에 레닌이나 트로츠키와는 상대가 되지 않았다. 레닌과 트로츠키는 중산층 가정에서 태어나 부르주아 문화도 경험하고 대학에서 전문적으로 지식을 익힌 사람들이었다. 이로 인해 스탈린은 콤플렉스를 가지게 된다. 훗날 그가 레닌에게 대적한 것이나 트로츠키를 끝까지 숙청한 이면에는 이러한 콤플렉스가 자리를 잡고 있었던 것이다. 흙수저 스탈린의 강인함의 배후에는 '무지'가 도사리고 있다. 스탈린은 대학을 다닌 사람들이 알 수 없는 밑바닥을 많이 경험했지만 정규 대학교육을 받지 못하는 데서 나타나는 약점도 많이 지니고 있었다. 스탈린은 자신의 평생 숙적이 되는 트로츠키의 유창한 화술, 사교술, 명성과 학식, 대중적인 인기 등을 속으로 부러워하고 질투했다.

혁명가가 되다

1898년 스탈린은 티플리스에 있는 '마르크스주의 단체'에 가입함으로써 혁명가로서의 첫발을 내디뎠다. 독일의 철학자 칼 마르크스가 『공산당 선언』을 출간한지 50년 후이다. 1901년 스탈린은 러시아 사회민주당의 한 당원을 만나고 나서 곧바로 당원이 되었다. 러시아 사회민주당은 1898년에 창립되었다. 당원들은 거의가 마르크스 사상을 실천코자 하는 열성파 사회주의자로 구성되어 있었다. 신학교를 떠난 후 레닌의 열광적인 추종자가 된 스탈린은 결정적인 기회를 포착하기 위해 노력했다. 동료 혁명당원들과 경쟁하면서 그들과의 권력투쟁에

스탈린Joseph Stalin과 레닌Vladimir Il'ich Lenin.

합류한 스탈린은 그가 할 수 있는 모든 수단을 동원했다. 바야흐로 권모술수의 명수 스탈린 노선의 시작인 것이다. 비록 제정러시아의 경찰이 비열한 교섭의 대상일지라도 그는 전혀 망설이지 않았다. 그것이 바로 스탈린의 방식이다. 스탈린은 자신의 방식대로 권력을 쟁취하고 이를 지켜나갔다. 아마 그가 보통 사람이 하는 방식으로 행동했더라면 버티지 못했을 것이다. 숙적 트로츠키를 제거한 얼음 깨는 송곳이 그의 머리에 꽂혔을지도 모른다. 스탈린이 살았던 시대에는 모든 사람이 생존을 위해서 가면을 쓰고 있었다. 혁명의 시대를 거쳐 온 풍운아들은 모두 자신의 정체를 가면 뒤에서 숨기고 있었다. 누구도 스탈린의 진정한 면목을 알아차리는 사람은 없었다. 풍운아 스탈린의 가면은 머지않아 벗겨지게 되지만 그의 정체가 밝혀질 때쯤이면 사람들은 이미 돌이킬 수 없는 상황으로 빠져들었음을 알게 되는 것이다.

스탈린이 노동자 계급 출신이라는 점이 부르주아 출신인 레닌에게 매력적으로 다가왔지만 사실 스탈린은 노동자나 빈농에 대해 어떠한 환상도 가지지 않았다. 부르주아인 레닌에게 노동자는 자신의 이념을 실현시켜 줄 대상이었으므로 낭만적인 감정이 앞섰으나 스탈린은 냉정했다. 그는 계급에 대한 증오심이 있었으나 그렇다고 해서 하층 계급 사람들에게 특별한 연민을 가지지 않았다.

1903년 레닌이 볼셰비키 단체를 조직하자 스탈린은 곧 이곳에 가입했다. 스탈린은 노동자를 조직화하는 임무를 맡았고 성공적으로 이를 수행했으나 노동자들에 대해서는 엄격했다. 트빌리시에서는 철도 노동자 조직, 바쿠Baku에서는 유전개발 노동자 조직을 구축했는데 그가 주문한 것은 조직이 상부의 명령에 절대 복종해야 한다는 점이다. 스탈린은 노동자를 방치해두지 않았다. 그들은 끊임없이 교육을 받고 명령에 복종하는 훈련을 거쳐야 겨우 제 구실을 할 수 있는 존재가 된다고 생각했다. 노동자에게 제동을 걸지 않으면 언제든지 자신의 이익을 위해 배반할 수 있고 혁명에 조력은커녕 반혁명주의자로 돌아설 가능성이 크다고 여겼다. 따라서 스탈린은 노동자들에게 볼셰비키 이념과 노선을 끝없이 반복 학습시키면서 그들을 붉은색으로 세뇌시키고자 노력했다.

1900년대 초 바쿠는 석유 때문에 국제도시가 되었다. 1800년대 중반 이후 세계 최초로 상업 원유 중심지가 된 바쿠는 국제 자본가들의 투자처였으며 각지에서 노동자가 몰려들었다. 바쿠의 석유회사에서 일하는 노동자들은 다양한 인종과 민족으로 구성되었다. 1917년 10월 볼셰비키 혁명 당시 바쿠에서 영업 중인 석유회사는 150여 개에 달했다. 1897년 인구 조사에 의하면 바쿠의 인구는 18만 3천여 명이었는데 이중 35%가 무슬림, 25%가 러시아인 그리고 12%가 아르메니아인이었다. 20세기 초반 바쿠의 인구는 20만 명 이상으로 증가하여 남 코카서스에서 티플리스와 함께 양대 도시가 된다.

전체인구의 절반이 넘는 사람들이 대부분 가난한 석유노동자들이었으므로 소요가 빈번히 일어났다. 이질적이고 잡다한 바쿠의 노동자들을 마르크스주의라고 하는 생소한 이념 속에 밀어 넣는 것은 결코 쉬운 일이 아니었다. 비상한 지혜와 노력이 필요했다. 스탈린은 그 어려운 일을 거의 혼자서 해냈다. 다양한 인종과 민족으로 구성된 노동자를 선동하여 하나의 깃발 아래 뭉치도록 하는 데 성공한 것이다. 무슬림 노동자는 비밀이 많은 대신 비밀을 잘 지켰다. 스탈린은 이러한 특성을 이용하여 무슬림 집단의 중심지에 볼셰비키의 비밀 인쇄소를 차렸다. 그 기간 동안 스탈린은 안 해본 일이 없을 정도로 다양한 경험을 쌓았다. 노동자 조직과 파업 선동은 물론이고 선전책자 인쇄와 배포, 자금 마련을 위한 은행 강도, 매음굴 운영, 납치, 고문, 암살 등 위험한 일에 앞장섰다.

스탈린은 공산주의 이론가 레닌을 스승으로 삼고 추종했다. 그는 반년 동안 레닌과 함께 해외여행을 하면서 레닌에 대해 거의 모든 것을 파악했다고 생각했다. 처음에는 레닌이 어딘가 비현실적인 면이 있는 사람이라고 생각했다. 그러나 얼마 지나지 않아 그 생각이 착각이었음을 깨닫게 된다. 당시 레닌의 나이는 50세가 채 되지 않았으나 판단력과 신념 그리고 균형 잡힌 인격은 놀라웠다. 스탈린은 레닌을 보며 감탄하지 않을 수 없었다. 그러나 스탈린이 내내 이해할 수 없는 점이 한 가지 있었다. 그것은 레닌이 거의 1년간이나 혁명을 놓아둔 채 대영박물관과 프랑스 도서관에 틀어 박혀 이론 공부에만 몰두한 사실이다. 스탈린이 이 사실을 이해하지 못한 것은 그가 철두철미한 실천가이기 때문이었다. 그는 마르크스주의라고 하는 새로운 기계를 운용하는 기술자였지만 레닌은 입장이 달랐다. 레닌은 이론가이자 실천가이며 동시에 당의 지도자이기도 했다. 따라서 레닌은 기관사로서의 능력 외에 기계의 모든 면을 알아야 했고, 새로운 것을 발명하거나 개발하는 능력도 겸해야 했다. 마르크스주의라는 복잡한 이론을 연구 분석해서 전술적 측면에서도 쉽게 활용할 수 있도록 체계화할 필요가 있었다. 이것은 레닌만이 할 수 있는 임무이다. 레닌은 누구하고 논쟁을 해도 절대 지지 않을 만큼 사전 준비가 필요했다. 이 때문에 그는 장시간 도서관에 틀어박혀 있어야 했던 것이다.[65]

볼셰비키 혁명의 성공

스탈린과 레닌의 관계는 부침을 거듭하게 된다. 레닌은 코카서스에서 노동자 조직과 선동에 성공하고 시베리아로 유형을 떠난 스탈린을 높이 평가했다. 체포와 탈출을 거듭하던 끝에 1917년 마지막 유형지로부터 페트로그라드(현재의 상트페테르부르크)로 돌아온 스탈린은 10월 혁명에 가담한다. 그러나 혁명 당시 레닌으로부터 호된 비판을 당하자 몸조심을 하지 않을 수 없었다. 스탈린은 그가 막 창간한 『프라우다』지에 대한 레닌의 혹평을 겸손하게 받아들여야 했다. 천신만고 끝에 유형지에서 살아 돌아온 사람에 대한 대접이 겨우 이것이냐는 생각이 들기도 했다. 당 지도자로서의 역할을 시작하자마자 공개적으로 비판을 받은 것에 굴욕감도 치밀어 올랐다. 그러나 스탈린은 레닌의 비판을 모두 감수해야만 했다. 사실 스탈린이 그의 스승 레닌으로부터 굴욕을 당한 것이 이번이 처음은 아니다. 그러나 스탈린은 비판을 당하면서도 레닌이 경솔하다거나 독단적이라고는 생각지 않았다. 레닌은 병아리에 불과한 그가 아직 넘지 못할 높은 벽이었다. 스탈린은 실무자였으나 레닌은 폭넓은 정치적 상상력을 지닌 철학자였고 혁명을 총괄하는 지휘자였다. 스탈린은 레닌이 주장하는 것의 시시비비를 따질 입장이 아니었다. 레닌이 주장하는 것이면 무조건 옳은 것으로 받아들이고 실천해야 할 입장에 있었다. 스탈린은 그 역할에 충실했다. 또 그런 자세가 그에게 기회를 안겨주었다.

러시아 10월 혁명(볼셰비키 혁명). 당시 상트페테르부르크 넵스키 대로에서 정부군이 군중을 향해 발포하고 있다.

10월 혁명 당시 스탈린은 선전과 책략의 명수다운 면모를 보인다. 그는 치열한 전투 끝에 수많은 동지들의 희생을 발판으로 혁명이 성공할 수 있었다고 대대적으로 선전했다. 그러나 그것은 날조된 것이었다. 볼셰비키는 직접 전투에 나서지 않았다. 볼셰비키 지도부는 가만히 앉아서 전화로 지시하는 일만 했다. 10월 혁명 당시 케렌스키 Aleksandr Fyodorovich Kerenskii의 임시정부는 적극적으로 저항하지도 않았다. 볼셰비키는 거의 총격전도 없이 정부의 각 부서를 점령했다. 스탈린과 트로츠키가 파견한 부대는 소풍 나온 사람들 같이 경쾌하게 우체국, 교량, 역, 국립은행 등 정부기관을 손에 넣었다. 점령군은 단 한 발의 총알도 맞지 않고 콧노래를 부르면서 문을 열고 들어가 건물 주인을 쫓아낸 것이다. 케렌스키 정부의 각료들은 수백 명의 부인부대와 사관후보생의 호위를 받으며 동궁으로 모였다. 스탈린은 수백 명의 친위대를 동궁으로 파견했다. 이것으로 혁명은 끝이었다.

10월 혁명 당시 스탈린이 이룬 업적이 눈에 띌 정도로 찬란한 것은 아니다. 그러나 그는 자신의 임무에 충실했고 맡은 역할을 충분히 해냈다. 레닌의 손발이 되어 가장 믿을만한 볼셰비키라고 불릴 만큼 적극적으로 활동했다. 스탈린은 어려운 일이 닥칠 때에도 서두르지 않았다. 결정이 어려울 때는 언제나 사태가 좀 더 진전되기를 기다리거나 아니면 주위의 의견에 귀를 기울였다. 그러다가 확신이 서면 그 순간부터의 행동은 단호하고 과감했다. 결정적 순간에는 거의 예외 없이 레닌 편에 서서 적극적으로 행동했다. 그의 성격은 트로츠키처럼 표면적이 아니고 이면적이어서 남의 눈에 잘 띄지는 않았다. 따라서 때로는 손해를 보기도 했으나 어쨌든 가장 충실하고 정력적인 레닌의 심복이었다는 사실에 대해서는 이의가 없었다.[66]

10월 혁명으로 소비에트 정권이 탄생하기는 했으나 그 전도는 미지수였다. 러시아 내에서 이 정권이 오래 갈 것으로 믿는 사람은 거의 없었다. 공산주의는 아직 생소했고 유럽 본토도 아닌 변방 러시아에서 일어난 새로운 시도가 성공할 것으로 보기는 어려웠다. 레닌 자신도 혁명을 시작하기는 쉬우나 완성은 극히 어려운 일이라고 시인했다. 오랫동안 차르 통치에 익숙해 있던 러시아 국민이 과연 공산주의를 받아들일 수 있을 것인지 그것이 문제였다. 소비에트 정권이 당면한 문제는 공산주의 이념이나 제도를 정착시키는 일이 아니라 농민에게 토지를 나누어주고 노동자에게 빵을 주는 일이었다. 전쟁과 로마노프 왕조의 학정으로 피폐한 러시아는 먹고 사는 일이 가장 시급했다. 정권을 차지한 볼셰비키에게도 공산주의를 받아들여야 하는 국민에게도 순탄치 않은 앞날이 놓여있었다. 러시아 문학의 걸작이라고 하는 톨스토이의 『고뇌 속으로 가다』나 숄로호프의 『고요한 돈』에는 그 시절 소비에트 러시아가 체험한 고난이 생생하게 그려져 있다.[67]

영국의 유명한 정치학자이자 런던대학 교수였던 헤럴드 라스키는 저서 『현대 혁명의 고찰』에서 그 당시 스탈린의 활약을 '소방수'에 비유하고 있다. 혁명은 성공했으나 아무런 조직도 밑바탕도 없는 볼셰비키 정부에서 스탈린이 동분서주하면서 즉석에서 문제를 해결했다는 것이다. 정부 기구를 만드는 일은 레닌, 군은 트로츠키 그리고 기아에 대처하기 위한 식량 수송은 스탈린이 주로 담당했는데 스탈린은 자신의 임무 외에도 많은 어려운 일을 도맡아 해냈다. 중앙위원회는 문제가 생긴 곳에 스탈린을 파견했고 그는 그곳의 사정에 맞는 방법으로 문제를 해결했다. 혼란에 빠져있는 전선에 그가 나타나면 비상위원회를 창설하여 스파이, 배반자, 사보타지 등 어려운 문제를 삽시간에 해결하고 강력한 철의 규율을 확립하는 천재적인 조직 활동을 전개했다고 한다. 이로써 조직의 명수 스탈린의 빼어난 능력이 점차 두각을 나타내게 된다.

내부 암투에서의 승리

스탈린은 레닌을 만난 후 줄곧 그에게 절대적인 존경을 표해 왔고 레닌이 가장 신뢰하는 심복 중 하나가 되었다. 그러다 둘의 관계는 트로츠키가 등장하면서부터 금이 가기 시작했다. 레닌은 과거 10여 년간 반대노선을 걷다가 뒤늦게야 그의 휘하로 들어온 트로츠키를 중용하는 모습을 보였다. 객관적인 면에서는 트로츠키가 스탈린 보다 우위에 있는 것이 사실이지만 오랫동안 정성스럽게 모셨던 레닌이 트로츠키를 더 챙기자 기분이 상했다. 차르 정부를 상대로 한 혁명이 끝나고 이제 백군과의 내전에 접어들자 군사위원회 의장인 트로츠키의 비중은 더 커지고 활약이 점점 더 돋보였다. 트로츠키의 명성이 높아질수록 스탈린의 질투심도 더 커졌다. 두 사람이 비슷한 연배인 점도 경쟁에 더 불을 지폈다. 레닌은 군사 부문에서 스탈린이 트로츠키 밑으로 들어가기를 원했으나 스탈린은 이를 거절했다. 그가 어디 경쟁자 밑

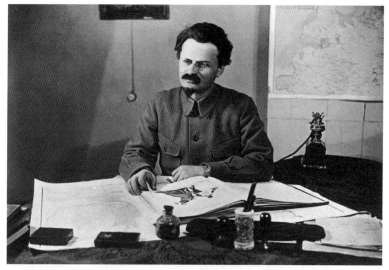

트로츠키(Leon Trotsky. 상트페테르부르크 소비에트 의장을 역임했다. 1929년 국외로 추방되어 반정부 활동을 하다 멕시코까지 갔으나 1940년 스탈린이 보낸 요원에 의해 살해되었다.

으로 들어갈 사람인가? 레닌은 스탈린과 트로츠키의 마찰을 우려했다. 둘 다 그에게는 꼭 필요한 사람들이었기 때문이다. 레닌은 군사적 권한 문제에 있어 트로츠키의 양보를 얻어 가까스로 두 사람을 무마할 수 있었다. 그러나 이후 스탈린과 트로츠키의 반목은 오히려 본격화되었다. 볼셰비키 혁명 후 레닌 다음으로 각광을 받은 인물이 트로츠키이다. 그는 멘셰비키 시절 레닌과 오랫동안 대립했으나 나중에는 동료가 되었다. 트로츠키는 적군(赤軍)을 창설했을 뿐 아니라 창설한 군대를 이끌고 백군을 격파했으며 1919년 코민테른Comintern 선언문을 작성하는 등 왕성하게 활동했다. 외향적이고 대중지향적인 성격

니콜라이 부하린Nikolai Ivanovich Bukharin, 소련의 철학자, 경제학자이자 정치가

을 지닌 트로츠키는 이론이나 실제에 있어서 늘 표면에 나섰으며 사람들과 어울리는 것을 좋아했다. 이러한 성격으로 그는 대중의 폭 넓은 지지를 받았다.

　그루지야 시골에서 농노의 피를 이어받은 스탈린은 정반대였다. 나서는 것을 좋아하지 않았고 대중과 어울리지도 않았다. 스탈린은 늘 그늘 속에서 생각하고, 계획하고, 행동하는 인간이었다. 그러한 성격은 고리 시에서의 초등학교시절이나 티플리스에서의 종교학교 시절에 이미 형성된 것으로 보인다. 스탈린은 행동파지만 매우 실리적인 사람이다. 그는 문제가 생기면 일단 이를 해결하는 것이 어떤 실리를 가져올 것인가 먼저 분석했다. 실리적 측면에서 도전할 가치가 있다고 판단하면 문제 해결에 착수했으며 결과가 있을 때까지 끝까지 밀고 나갔다. 스탈린은 보기 드문 용기와 끈기를 갖추고 있었다. 그러나 트로츠키와는 달리 표면에 드러나는 것은 좋아하지 않았다. 밖에 나가 대중을 상대하는 대신 안에서 조직을 만들고 운영하는 일에만 전념했다. 이 때문에 그는 지지 세력을 확보했지만 적도 많았다. 그러나 적도 조직 앞에서는 맥을 못 췄다. 스탈린은 이러한 상황을 잘 파악하고 있었다.[68]

소비에트 공산당에서 가장 파워풀한 자리는 정치국Politburo위원이다. 정치국은 러시아 공산 정권에서 권력의 메카였다. 정치국은 처음에 5인체제로 운영되었다. 레닌이 정부와 당의 최고 지도자이고, 카메네프는 레닌의 대리, 트로츠키가 군사와 외교, 부하린이 선전과 공보, 그리고 스탈린이 일반 행정을 맡았다. 형식적으로는 정치국 위에 중앙위원회가 있어 최고 의사결정 기구 역할을 했지만 실제적인 권한은 정치국이 쥐고 있었다. 중앙위원회에는 조직국이 있고 조직국은 인사문제를 담당하는 상임 연락책을 두었다. '인사가 만사'라는 것을 익히 알고 있는 스탈린은 잽싸게 상임 연락책을 자기 밑에 두었다. 그렇게 해서 스탈린은 사실상 인사의 실권까지 장악하게 되었다.

스탈린은 정치국원으로 임명되었을 뿐 아니라 민족인민위원 직도 맡았다. 러시아와 같이 크고 복잡한 나라에서 민족인민위원은 중요하지만 매우 어려운 자리이다. 이 어려운 자리에 앉아 코카서스 출신의 스탈린은 기대 이상의 역할을 해냈다. 60여개 이상의 민족과 잡다한 인종으로 구성된 지구 최고의 거대국가에서 서로의 이익을 조정하여 다툼이 일어나지 않도록 하는 일이 어디 쉽겠는가. 스탈린은 인종과 민족문제를 잘 다룸으로써 능력을 인정받는다. 이를 발판으로 최고 권좌에 올라가는 길이 열린 셈이다. 그리고 권력의 사다리를 올라가는 과정에서 스탈린의 숨겨진 능력과 특성이 모두 드러난다. 그의 야만성과 교활함 그리고 권모술수가 얼마나 대단한 것이었는지 알게 되는 것이다. 레닌은 한 때 편지에서 스탈린을 '놀라운 그루지야인'이라고 표현했는데 그 놀라움의 감정이 긍정에서 부정으로 바뀌게 된다. 병석에 누워있던 레닌은 스탈린이 야수와 같은 인물이라는 사실을 나중에야 깨달았지만 이미 늦었다. 자책할 수밖에 없었으리라.

스탈린이 정치국 내의 정적을 모두 제거하고 권력의 정상으로 올라간 과정은 그야말로 공작정치의 모습을 고스란히 보여주고 있다. 전략적인 합종연횡, 토사구팽, 배신과 음모 등 모든 권모술수가 총동원되었다. 선두주자였던 트로츠키를 제거하기 위해 지노비예프와 카메네프라는 강력한 두 정치국원과 먼저 동맹을 맺었다. 트로츠키가 제

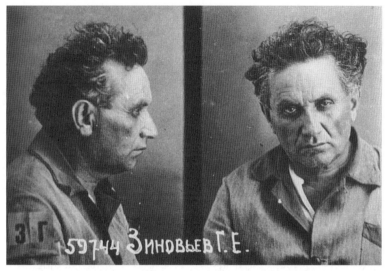

지노비예프Grigori Zinoviev. 당내 최고의 이론가이며 공산주의 인터내셔널 의장을 지냈다. 1934년 키로프 암살
사건으로 체포되어 1936년 처형당했다.

거되자 이번에는 지노비예프와 카메네프를 제거하기 위해 부하린과
손을 잡았다. 두 사람이 제거된 후에는 부하린을 제거할 계책을 꾸몄
다. 이런 식으로 하나씩 하나씩 정적을 모두 제거했다. 모든 정적들은
레닌이 죽은 후 5년도 되지 않아 권력의 장막 밖으로 사라져버렸다.

최고의 정적이었던 트로츠키는 그나마 운이 좋은 편이었다.[69] 그의
높은 명성으로 인해 해외로 나갈 수 있었고 당분간은 생명을 부지할
수 있었기 때문이다. 지노비예프와 카메네프가 스탈린을 지지한 것은
물론 존경심이나 우정에 의한 것이 아니다. 그들은 스탈린을 필요로
했다. 당 최고 지도자 자리를 놓고 트로츠키와 어려운 싸움을 벌여야

하는 이들에게 스탈린은 매우 유익한 지원군이었다. 그러나 그들은 결정적인 실수를 저질렀다. 스탈린을 단순한 조력자로만 과소평가했기 때문이다. 스탈린은 최초에는 지노비예프, 카메네프 등과 3인 동맹을 맺어 그들에게 대항하는 반대파를 공격했으나 스탈린 자신이 스스로 이 동맹을 깬 후에는 4인의 정치국원에 새로이 부하린, 루이코프, 톰스키 등 3인을 더해 7명으로 동맹을 확대했다. 당시 스탈린을 포함한 이 4인조를 우파라고 부르고 트로츠키, 카메네프, 지노비예프를 좌파라고 불렀다.

살얼음과 같은 권력투쟁에서는 처음에 높은 지위나 유리한 자리에 있었다고 꼭 승리하는 것이 아니다. 약세에 있던 사람Underdog이 최종 승자가 되는 경우도 얼마든지 있다. 3인 동맹을 맺을 당시 당사자들은 동상이몽을 꾸고 있었다. 모두 자신이 승리자가 될 것으로 믿었다. 따라서 동맹은 이들에게 한시적 도구에 불과했다. 중요한 점은 지노비예프와 카메네프가 스탈린을 너무 얕잡아 봤다는 사실이다. 이들은 트로츠키에 대해서는 잔뜩 긴장하면서도 그루지야 촌놈인 스탈린에 대해서는 전혀 경계심을 품지 않았다. 공산주의 인터내셔널 의장이었던 지노비예프는 3인조 가운데 연장자로서 인망이 가장 높았다. 카메네프는 좀 오만한 성격이었던 것 같다. 자신이 지적(知的)으로 가장 우월한 사람이라고 생각하면서 다른 사람들을 깔보고 있었다. 여하튼 두 사람 다 스탈린을 조역으로만 여겼다. 가끔 스탈린의 근성이나 비뚤어진 성격이 보일 때에는 좀 불안감을 느끼기는 했지만 그에게 레닌의 후계자가 되려는 야심이 있다고는 꿈에도 생각지 않았다. 출신, 학벌, 인품, 실력 등 모든 측면에서 스탈린은 역량이 부족했기 때문이다. 그러나 주목받을 만한 소재가 없다는 것이 스탈린의 강점일 줄이야. 동료들은 스탈린 앞에서는 안심하고 무장을 해제했다. 개인적인 집착이나 야망이 거의 없어 보이는 스탈린의 성격이 공산당의 이념과 잘 맞는다고 생각했던 것 같다. 자신을 감쪽같이 속인 스탈린은 공명심이 없는 겸허한 사람으로만 보였다.

레닌은 트로츠키의 재능과 리더십은 높이 평가하면서도 그의 성격에 대해서는 비판적이었다. 한 때는 멘셰비키(Mensheviki: 소수파를 의미하며 볼셰비키와 대립되는 러시아 사회민주당의 한 파)로 자신에 대해 도전적이었던 트로츠키를 받아들였으나 옛날의 감정을 모두 잊지는 않았을 것이다. 트로츠키가 각광을 받는 것을 지켜보면서 그의 자신감이 지나치다는 평가를 내렸다. 레닌은 또한 트로츠키가 당 중앙위원회에 대항하는 고약한 성향을 가지고 있다는 점을 지적했다. 그것은 자칫하면 레닌에게 항명하는 것으로 간주될 수도 있었다. 그러나 레닌은 트로츠키를 직선적으로 비난하지는 않았다. 어디까지나 트로츠키는 그의 후계자로 1순위에 올라있는 사람이었다. 조용하고 순종적이며 맡은 일을 꼬박꼬박 잘 해내는 스탈린에 대한 레닌의 초기 평가는 아주 긍정적이었다. 그러나 그러한 평가는 스탈린의 숨은 성격이 드러나면서 점차 비판적으로 바뀌게 된다. 그러나 권력 투쟁의 와중에서도 레닌은 끝까지 신중했고 두 사람 중 한편의 손을 결정적으로 들어주지는 않았다.

 레닌의 동맥경화증이 악화되어 언어 장애와 수족 마비가 일어났다. 레닌은 1922년 5월과 12월 두 번에 걸쳐 발작을 일으켰다. 스탈린은 레닌의 병세에 관한 사항은 일체 비밀로 했다. 두 번째 발작 후 레닌이 운신을 못하게 되자 스탈린이 행동을 취했다. 때가 왔다고 본 것일까. 스탈린은 카메네프, 지노비예프와 함께 3인 동맹을 구성하고 자신이 레닌의 대리인 역할을 맡았다. 반대파도 가만히 있지 않았다. 이들은 스탈린으로부터 권력을 빼앗기 위한 준비를 시작했다. 그리고 그 시기를 노리고 있었다. 이제 모스크바 정계에는 전운이 감돌았다. 스탈린의 준비가 더 철저했다. 그는 체코인 기술자 카르리크를 시켜 정치국과 중앙위원회 사이에 직통전화를 가설했으며 반대파를 감시하기 위해 비서 메프리스로 하여금 도청장치를 설치케 했다.[70]

 레닌은 죽기 얼마 전에야 스탈린의 정체를 완전히 파악했던 것 같다. 그는 비밀유서에서 스탈린이 서기장 직에서 물러나야 한다고 구술했다. 레닌의 유언장에는 여러 명의 지도자들에 대한 견해가 적혀 있었다. 스탈린에 대해서는 난폭하고 예의를 모르며, 자신이 가지고 있는 권력을 개인적으로 남용할 우려가 있다고 평가했다. 따라서 레닌은 스탈린의 서기장 직을 리더십이 있고 관용을 베풀 줄 아는 다른 지도자에게 넘겨야 한다고 구술했다. 물론 레닌의 비밀유서는 공표되지 않았고 정치국원 간의 비밀사항으로 남았다. 스탈린이 서기장 직에 있는데 이러한 문서가 공개되겠는가. 레닌은 비밀유서를 쓴 후에도 1년 동안이나 생존해 있었으므로 이 시기에 어떻게 해서든 스탈린을 축출시키려고 노력했으나 실패했던 것 같다. 레닌은 보통은 조용하고 침착하지만 때때로 야수와 같이 폭발하는 스탈린의 성격에 대해 큰 우려를 나타냈다. 특히 스탈린과 아내 나데즈다 크루프스카야 Nadezhda Konstantinovna Krupskaya 간에 말다툼이 있은 후 우려는 더욱 커졌다. 그러나 레닌은 살아 있는 동안 공개적으로 스탈린 배척 운동을 진행하지는 않았다.

1924년 1월 21일 레닌이 죽었을 때 트로츠키는 마침 휴양 차 카프카스에 여행 중이었다. 티플리스에서 레닌의 서거 소식을 들은 트로츠키는 즉시 크렘린에 전화를 걸었으나 그에게 돌아온 지시는 장례식에 올 필요는 없고 휴양을 계속하라는 것이다. 이는 물론 트로츠키가 장례식장에 나타나는 것을 막으려는 스탈린의 음모이다. 스탈린은 이 기회에 트로츠키를 아예 레닌 후계자의 명부에서 삭제하려는 생각이었다. 운이 따르지 않았던지 모스크바에 없었던 트로츠키는 후계자 경쟁의 첫 번째 단계에서 이미 큰 상처를 입은 셈이 되었다. 스탈린은 권력투쟁의 핵심인 서기장 직 쟁탈전에서 승리했으나 여기에서 그치지 않았다. 트로츠키의 약점을 잡아내 아예 그를 무대에서 퇴장시키려 했다. 이를 위해서는 트로츠키가 레닌주의자가 아니라는 점을 증명하여 그의 명성을 손상시키는 것이 효과적인 방법이다. 스탈린 일파는 트로츠키의 과거를 파헤쳐 들어가다가 1905년 그가 주장한 '영구혁명론'*을 발견했다. 좋은 공격의 미끼를 찾은 셈이다. 영구혁명론은 러시아에서 시작된 혁명이 유럽으로 전파된다는 이론인데 현실과 잘 들어맞지 않는 측면이 있었다. 3인 동맹은 트로츠키의 주장을 맹렬히 비난하는 논쟁을 시작했다. 스탈린이 일종의 대안인 일국사회주의론(一國社會主義論)**에 도달한 것은 이러한 논쟁의 과정을 통해서이다. 사실 일국사회주의론은 영구혁명론에 비해 논리적이나 경험적으로 설득력이 부족했다.

스탈린은 전 세계에 공산주의를 전파하기 위한 목적으로 레닌과 함께 폴란드까지 나아갔다가 실패한 경험이 있었다. 그때 스탈린은 세계 공산화라는 목표가 얼마나 어려운 것인지 절실히 깨달았다. 동시에 이제 막 출범하는 볼셰비키 러시아가 얼마나 취약한 존재인지도 깨달았다. 이상적인 목표도 좋지만 현실적으로 당면한 문제는 최초의 공산주의 국가인 소련을 키워 어떤 장벽이라도 뚫고 나갈 수 있는 내공을 길러야 한다는 점이었다. 이것이 스탈린이 경험으로써 깨달은

· · · · · · · · · ·

* 영구혁명론은 마르크스의 이론에 후진국인 러시아를 적용시켜 구성한 트로츠키의 독자적인 이론이다. 러시아에서의 부르주아 혁명은 중간계급의 형성이 미약하므로 오직 프롤레타리아에 의해서만 수행될 수 있으며, 일단 프롤레타리아가 권력을 장악하면 국내외에 사회주의가 건설될 때까지 권력을 유지하고 혁명을 영구히 지속한다는 것이다. 트로츠키는 또한 러시아 혁명이 서유럽의 사회주의 혁명을 유발할 것으로 보았다.

** 일국사회주의론; 1924년 스탈린에 의해 제기되었다. 종전에는 부르주아와 싸워 이기려면 반드시 모든 선진 국가 또는 다수의 선진 국가에서 프롤레타리아가 공동으로 혁명을 발동해야만 승리할 수 있는 것으로 생각했으나, 스탈린은 제국주의 내부에는 필연적으로 전쟁을 일으킬 모순이 잠재해있고 세계 각국의 혁명운동이 팽배하므로 개별국가 내에서 프롤레타리아의 승리가 가능할 뿐만 아니라 필연적인 것으로 보았다.

카메네프Lev Borisovich Kamenev. 볼셰비키 최초의 정치국 국원. 모스크바 소비에트 의장을 역임했다. 지노비예프와 같이 키로프 암살사건으로 스탈린에 의해 처형당했다.

일국사회주의론의 핵심이다.

그루지야 촌놈이라고만 여겼던 스탈린의 세력이 점점 커지자 적대세력의 숫자도 늘어났다. 정치국원을 비롯 공산당 고위간부들은 일부를 제외하고는 모두 반(反)스탈린으로 돌아섰다. 볼셰비키 혁명 전부터 공산당에 열성적이었던 골수 당원 6천여 명 중 약 80퍼센트가 스탈린이 후계자가 되는 것에 반대했다. 그러나 스탈린은 이 정도에 꿈쩍이라도 할 사람이 아니다. 스탈린은 우선 1925년 1월 숙적 트로츠키가 군사위원장 직에서 스스로 물러나게끔 압박을 가했다. 트로츠키는 처절하게 대항했으나 역부족이었다. 스탈린은 이미 트로츠키 혼자 힘으로 감당하기에는 너무 큰 거인으로 다가왔다. 트로츠키 숙청에 성공한 직후 지노비예프와 카메네프는 아예 그를 당에서 축출시키자고 주장했으나 스탈린은 이에는 동조하지 않았다. 조심스럽고 의심많은 성격 때문이다. 1929년 스탈린은 시베리아에 추방되어 있던 트로츠키를 해외로 내보내기로 결정했다. 비록 숙청은 당했으나 당시 분위기로 봐서 그를 총살시키거나 감옥으로 보내는 것은 불가능했다. 트로츠키는 터키와 노르웨이를 거쳐 멕시코까지 갔으나 결국 1940년 스탈린이 보낸 요원에 의해 살해되었다. 끈질기게 기회를 노리다가 드디어 눈에 가시 같은 트로츠키를 영구히 없애버린 것이다. 풍운아 트로츠키로서는 스탈린과 동시대(同時代)를 살았던 것이 가장 큰 불운이었던 셈이다.

피도 눈물도 없는 스탈린

스탈린은 티플리스 종교학교 시절 교회에서 성가를 독창하기도 했고 권력의 정점에 오른 후에도 시간 나는 대로 오페라를 보고 이를 전문적으로 평가할 정도로 예술적인 감각이 뛰어났다. 반면에 인정사정없이 수많은 사람을 처형하고도 눈 하나 깜짝하지 않을 정도로 무자비했다. 6백만 명의 유대인을 수용소에서 살해했으며 자신의 동족을 비롯한 수천만 명의 목숨을 앗아간 히틀러도 원래는 미술학도 출신이 아니었던가. 히틀러는 음악에도 심취하여 늘 자신이 흠모하는 바그너의 오페라를 감상했다. 예술가적인 기질과 잔인성 간에 무슨 연관이라도 있는 것인지 모르지만 히틀러와 스탈린에게는 예술로 이어지는 공통분모 같은 것이 있었다.

젊은 혁명가 시절 안 해본 것이 없는 스탈린은 자금 마련을 위해 유곽을 운영했다. 목적을 위해 수단과 방법을 가리지 않는 그의 특성이 잘 나타난 셈이다. 인간을 착취하는 것에 반대한다는 이 혁명가는 섹스를 이용한 착취에는 눈 하나 깜짝하지 않았다. 혁명을 위해서 또 당을 위해서는 무엇이든 수단과 방법을 가리지 않겠다는 공명심 때문이다. 맹목적적인 스탈린은 도덕심 따위는 깡그리 무시했다. 혁명을 위한 자금만 생각했다. 여자들은 몸을 팔아 번 돈의 10퍼센트를 받고, 동업자가 운영비, 배당금, 창부들의 식대 등으로 50퍼센트를 가져가고, 나머지 40퍼센트는 '코바'에게로 갔다. 코바는 스탈린의 익명이다. 코바 자신도 사실은 유곽의 단골손님이었다고 한다. 레닌이 비난하는 편지를 보내자 코바는 자신의 입장을 옹호했다. 한 마디로 오갈데 없는 불우한 여자들에게 안전한 환경을 제공해주고 먹고 살 수 있도록 해주었다는 것이다. 그러나 그 같은 일로 당이 큰 상처를 입게 될 것이라는 레닌의 말을 받아들여 사업을 접었다. 스탈린은 이후에 는 창부들을 위해 소위 '보호사업'을 벌였다. 보호자가 되겠다고 나선 전과자들을 골라 거리를 돌아다니며 창녀들의 수입 중 일부를 거둬오 게 했다. 스탈린은 수입의 일부를 당에 바쳤다.[71]

레닌이 병석에 누워있던 어느 날 스탈린은 레닌의 부인 크루프스카 야가 서명한 편지를 받았다. 스탈린은 옆에 비서가 있는 데도 아랑곳 하지 않고 즉시 전화를 걸어 그런 편지를 다시는 보내지 말라고 야단 쳤다. "이 편지는 레닌 동지의 것이 아니라 당신의 것입니다. 당신으 로부터 명령을 받을 이유는 없다고 봅니다." 몹시 화가 난 크루프스 카야는 "이 편지는 내가 썼으나 내용은 남편이 불러준 것입니다. 남 편의 병이 나으면 당신은 분명히 이 일을 후회할 것입니다." 그러나 스탈린은 냉소적으로 응답했다. "머리가 돈 부인으로부터 지시받아 야 할 이유는 전혀 없소." 며칠 후 레닌이 떨리는 손으로 직접 쓴 편 지가 스탈린에게 전달되었다. "크루프스카야에 대한 자네의 행동은 용서할 수 없다. 이것으로 우리의 우정은 끝났다"라는 내용이었다. 한때 그토록 총애하고 신임하던 스탈린으로부터 레닌이 완전히 돌아 선 이유는 무엇일까? 스탈린과 크루프스카야 간에 일어난 에피소드 가 어느 정도 역할을 했겠지만 물론 그것이 전부는 아니었다. 레닌은 자신의 운명을 예감하면서 그가 평생을 바쳐 이루어놓은 볼셰비키 정 권의 장래를 깊이 우려했다.

레닌도 권력투쟁을 피할 수 없다는 사실은 알았으나 누가 권력을 잡던지 정권이 안정되고 소비에트 러시아가 발전하기를 열망했다. 그는 트로츠키와 스탈린의 치열한 경쟁을 묵묵히 지켜보면서 누구의 손도 들어주지 않았다. 둘 다 후계자로서 적임자가 아니라고 생각했을 것이다. 그러나 시간이 지날수록 스탈린의 우위는 뚜렷해졌다. 그러면서 그동안 자기가 보지 못했던 스탈린의 야수와 같은 이면을 알게 되었다. 레닌은 스탈린이 당의 안정성을 깨뜨리는 방향으로 정권을 몰고 가는 것을 우려했다. 할 수만 있으면 스탈린을 제거하고 싶은 생각이 간절했을 것이다. 그러나 스탈린은 이미 레닌의 존재를 무시하고 있었다. 레닌의 생명이 얼마 남지 않았다는 사실을 알고 그의 존재 가치는 이미 끝났다는 결론을 내린 것이다. 이제 더 이상 레닌의 비위를 맞출 이유가 없었다. 그러나 스탈린은 끝까지 마음을 졸여야 했다. 그것은 레닌이 마지막 힘을 다해 자신을 밀어내고 트로츠키를 후계자로 세울지 모른다는 의구심 때문이다. 이 때문에 스탈린은 트로츠키의 정치적 생명을 자르기 위한 공세를 멈추지 않았다.

불운했던 가정사

젊은 혁명가 스탈린은 과격한 활동으로 체포되어 고향 고리에 투옥되어 있었다. 1907년 탈옥에 성공한 스탈린은 같은 마을 출신의 한 소박한 시골 처녀인 예카테리나 스바니제Ekaterina Svanidze와 결혼했다. 그녀의 아버지와 형제들이 모두 혁명가이기 때문에 결혼식은 공산당 집회를 방불케 했다. 결혼식 피로연은 잔치가 아니라 혁명가들이 모여 앞날을 논의하는 토의장과 같았다. 아름답고 순박한 이 시골 처녀는 정치에는 무관심했지만 신앙심은 깊었다. 그녀는 스탈린을 마치 신처럼 모셨다. 몇 년에 불과한 세월이었지만 어머니와 함께 성상 앞에 촛불을 밝히고 남편의 안전을 기원하며 밤을 지새웠다. 스바니제는 스탈린과의 사이에 야코프라는 아들 하나를 두고 젊은 나이에 티푸스로 세상을 떠나고 만다. 그녀의 장례식에서 감정이 북받친 스탈린은 이렇게 말했다고 한다. "아내의 죽음과 함께 내 모든 인간적인 감정도 사라져버렸다." 스탈린은 처남에게 어린 아들의 양육을 맡기고 고향을 떠났다. 그 후 오랫동안 오직 혁명에만 몰두했다. 그에게는 가정도 친구도 다른 어떤 생활도 존재하지 않았다.

첫 아내를 잃은 후 12년 동안 홀아비로 살아온 스탈린은 10월 혁명 중 레닌에게 은신처를 제공해 온 철도노동자의 딸 나데즈다 알릴루예바Nadezhda Alliluyeva와 1919년에 재혼했다. 알릴루예바는 스탈린보다 21세 연하인데 바쿠에서 태어난 그녀는 어린 시절을 코카서스에서 보냈다. 집시의 피가 섞인 그녀의 얼굴에는 동양적인 풍모가 있었다. 스탈린은 1911년 시베리아 감옥에서 탈옥한 후 철도노동자 세르게이 알릴루예프가 제공한 은신처에 있을 때 그의 딸을 처음 만났다. 알릴루예바는 혁명 후에는 레닌의 사무실에서 비밀문서를 다루는

야코프Yakov Dzhugashvili. 스탈린의 첫째 아들. 독일군의 포로가 되었다가 자살로 생을 마감했다.

비서로 일했다. 알릴루예바는 사치스러운 옷이나 화장품은 볼셰비키 정신에 맞지 않는다고 기피할 정도로 혁명의식이 투철한 여인이었다. 또 고등교육을 받았고 교양이 있는 여인이기도 했다. 혁명동지로 함께 일하다가 부부가 된 두 사람은 모범적 볼셰비키로서 매우 검소한 생활을 했다.

오래 갈 것 같았던 결혼생활은 8년을 넘기면서 파탄이 나고 말았다. 나이 차이도 있지만 성격이 맞지 않았으며 알릴루예바에게 조울증이 있는 것도 원인이었다. 마음이 떠난 스탈린은 술에 취해 알릴루예바 앞에서 추잡한 농담을 해댔으며 집에 여자를 데려와 동침하기도 했다. 알릴루예바는 공업기술학교에 다니면서 겨우 마음의 평정을 되찾을 수 있었다. 학생들을 통해 알게 된 러시아의 비참한 현실을 스탈린에게 전했으나 스탈린은 욕을 퍼붓고 학생들을 체포했다. 그녀는 결국 공업기술학교를 그만 두어야 했다. 알릴루예바는 1932년 한 파티에서 다른 여자를 희롱하는 스탈린과 싸운 후 권총으로 자살했다. 알릴루예바는 내성적이고 자존심이 셌다. 자신의 고민을 남에게 이야기하지 않았고 자신의 이야기가 대화의 소재로 떠오르는 것을 극도로 싫어했다. 딸 스베틀라나는 어머니가 살아있어도 상황이 나아지지는 않았을 것이라고 회고한다. 알릴루예바의 성격상 부하린, 예누키제, 레덴스, 스바니제 부부 등 가까운 사람들이 숙청되는 것을 보고만 있지는 않았을 것이므로, 스탈린과의 갈등이 더 깊어졌을 것이라는 이야기이다.[72] 스탈린과 알릴루예바는 서로 다른 이념 차이로 심한 갈

등을 빚었던 것 같다. 두 부부는 이기적이고 냉정하며 불같은 성정을 가졌다는 점에서 비슷했다. 이미 유서를 작성한 알릴루예바가 그 속에서 스탈린을 혹독하게 비판했다는 설도 있다. 스탈린은 알릴루예바의 가족을 대부분 숙청했고 그들 부부와 친분을 맺었던 사람들도 제거했다. 스탈린은 마치 알릴루예바와의 인연을 지워버리려는 것처럼 행동했다.

스탈린은 아들과 딸에 대해서도 냉혹했다. 첫째 부인에게서 얻은 아들 야코프와 사이가 좋지 않았다. 야코프가 행동이 느리다는 이유로 그를 경멸했다. 18세 때 성직자의 딸과 사랑에 빠진 야코프는 아버지의 허락을 얻지 못하자 권총자살을 시도했으나 실패했다. 스탈린은 이를 보고 "권총도 제대로 쏘지 못하는 놈"이라고 비웃었다고 한다. 제2차 세계대전에 참전한 야코프는 독일군의 포로가 되었다. 아들과 포로 교환을 하자는 독일의 제의를 스탈린이 거부하자 야코프는 적진에서 자살로 생을 마감했다.

알릴루예바와의 사이에서 태어난 아들 바실리는 공군조종사가 되어 나중에 장군까지 진급했으나, 어렸을 적 아버지로 인한 심리적 트라우마 때문에 제 구실을 못했다. 바실리는 알코올 중독자가 되어 비참한 말년을 보내야 했다. 스탈린이 유일하게 사랑했으며 어렸을 적에는 무릎 위에 앉혀놓고 귀여워했던 외동딸 스베틀라나와도 그녀가 장성하자 사이가 틀어졌다. 스탈린은 그녀가 하는 일을 못마땅해 했고 그녀가 사귀는 사람들을 싫어했다. 스베틀라나와 첫 번째 남자 친구 유대인 카프렐 간의 사랑은 파탄으로 끝났다. 스탈린이 관계를 허락하지 않았기 때문이다. 카프렐은 영국 간첩 혐의를 받고 10년 동안 유배생활을 하다가 1953년 7월에야 자유의 몸이 되었다. 스베틀라나는 1944년 봄에 결혼했다. 그녀의 남편은 오래 전부터 절친한 사이로 같은 대학에 다녔다. 스탈린은 신랑감이 유대인인 점을 못마땅하게 여겼다. 그러나 반대는 하지 않았다. 또 다시 복잡한 일이 생기는 것을 원치 않았기 때문이다. 그렇다고 해서 스탈린이 진정 그를 사위로 받아들인 것은 아니다. 스탈린은 사위가 자기 집에 찾아오는 것을 허용치 않았고 아버지로서의 축복과 애정을 베풀지 않았다. 이후 스탈린은 스베틀라나가 남편과 헤어지자 만족해했다. 그러나 이미 애정이 식어버린 딸을 예전처럼 대하는 법은 결코 없었다.

광기 어린 개혁정책

권력을 장악한 스탈린은 자신의 생각대로 나라를 개조해 나갔다. 1928년 시작한 제1차 5개년 계획은 전통적인 농업국가 소련을 산업국가로 탈바꿈시키기 위한 첫 걸음이었다. 스탈린의 개혁정책은 과감하고 급진적이었다. 1928년 당시 러시아의 말 보유수는 3,400만 필에 달했다고 한다. 그것이 1933년에는 1,660만 필로 줄어들었다. 소와 양도 수천만 마리가 떼죽음을 당해 급격히 숫자가 줄었다. 비옥했던 경작지가 황량한 평야로 내버려졌으며 농민의 일손과 가축 대신 기계가 필수적인 수단으로 등장했다. 이제 농업의 기계화는 농업과 농촌의 사활이 걸린 문제가 되었다. 문제는 현실이다. 농촌 개량을 위해 최소 25만대의 트랙터와 많은 수량의 다른 농기구들이 시급히 필요했으나 당시 러시아에는 트랙터가 7천여 대에 불과했던 것이다.[73] 농업의 강제집단화로 인해 쿨라크(kulak:부농)를 비롯한 농민의 결사적인 반대에 부딪쳤으나 스탈린은 꿈쩍도 하지 않았다. 스탈린은 반항하는 농민을 수단과 방법을 가리지 않고 탄압했다. 그들은 시베리아로 추방되고 집과 농기구는 몰수되었다. 농민은 마침내 이성을 잃었다. 자포자기한 농민들은 가축을 죽이고 농기구를 부수고 농작물을 불살라버렸다. 스탈린이 강제로 밀어붙인 집단농장 정책은 사상 유례가 없는 것이다. 농민들의 삶의 질은 바닥으로 떨어졌으며 저항하는 농민 2만 명 이상이 처형되었다.

　스탈린은 농민에게 일체 자비를 베풀지 않았다. 심각한 기근이 들자 그는 도시인을 먹여 살릴 식량을 강탈하기 위해 당 노동자들을 시골로 보냈다. 만일 농민이 자발적으로 곡물을 포기하지 않을 경우 어떻게 빼앗아야 하는지 그들은 잘 알고 있었다. 도시인과 농민 모두가 먹고 살 만큼 식량이 충분하지 않을 때에는 누군가 희생되어야 하는데 스탈린의 선택은 농민이었다. 당원들이 스탈린을 비판하자 그는 쁘띠부르주아 지식인과의 관계를 단절하고 그들을 당과 혁명으로부터 축출해버려야 한다고 공격했다. 국가의 급속한 산업화 기간 동안

인민들은 식량을 줄이고 심지어 성관계조차 자제토록 강요되었다. "우리는 모든 에너지를 중공업 육성과 생산 증진에 쏟아부어야한 다." 스탈린은 입이 아프도록 열심히 떠들었고 인민은 묵묵히 들어야 했다.[74]

끈질기고 집요한 스탈린은 급격한 공산화에 따른 많은 문제점에도 불구하고 한 치도 물러서지 않았다. 그는 레닌으로부터 배운 1보 전진을 위한 2보 후퇴 전술을 실전에 응용했다. 스탈린은 급격한 혁명의 소용돌이 속에서 평생을 살아온 사람이다. 급류를 헤쳐 나가다보면 반드시 잔잔한 물길을 만난다고 믿었다. 급류 속에서 성장해 온 그는 밀어붙여야 할 때라고 판단하면 앞뒤를 가리지 않았다. 농촌의 강제적 집단 농장화나 도시의 산업화 같은 것이 대표적인 예이다. 스탈린은 러시아가 선진국에 비해 50년 내지 100년이나 뒤져 있다고 하면서 공업과 농업의 현대화를 밀어붙였다. 모든 국민을 노예로 만들면서도 자신을 진정한 해방자로 생각했다. 모든 논리와 경제 원칙을 무시하고 미치광이처럼 국민을 광풍 속으로 몰아넣었다.

공포의 숙청

1930년대 중반이 되면 스탈린의 인생에서 가장 어두운 시대가 찾아온다. 그 시기에 스탈린은 인민재판을 통해 구 볼셰비키 세력 전체를 숙청했다. 프랑스 혁명 시 자코뱅이 기요틴으로 반혁명주의자들을 처형했던 공포시대와 종종 비교된다. 두 사건은 미친 듯이 날뛰는 자들에 의해 피의 광풍이 불었다는 점에서 유사성이 있다. 그러나 피해의 규모에 있어서 프랑스는 소련과 비교가 되지 않는다. 로베스피에르 Maximilien de Robespierre의 '공포정치'와 마찬가지로 스탈린의 '공포정치'도 상식을 무시하고 이성에서 어긋난 참혹한 처벌의 도가니였다. 누가 누구를 고발하는지, 누가 누구를 죽이는지도 알 수 없는 신화적인 공포감이 그 어둠의 세월을 지배했다.

비밀경찰은 호시절을 누렸다. '인민의 적'으로 찍힌 사람은 영장 없이 체포되어 고문당했다. 약식 기소가 일반화되어 24시간 내에 사형이 선고되는 경우가 비일비재했다. 스탈린이 직접 고용한 바실리 블로킨Vasili Mikhailovich Blokhin은 이 시절 '도살자'로 악명을 날렸다. 이 기록적인 살인마는 혼자서 1만 명 이상을 죽였다. 심문자나 사형집행인은 알코올에 의존함으로써 신경쇠약과 성기능 불능에 빠져 그들을 위한 특별 요양소까지 설치될 정도였다. 잔학 행위가 계속되면서 자책감에 아예 미쳐버리는 사람들도 생겼다. 스탈린과 밀류틴을 제외하고 레닌 정부의 첫 번째 각료였던 사람들은 모두 처형되었다. NKVD(내무인민위원회)는 외국인도 사냥감으로 삼았다. 폴란드인, 독일인, 고려인 등 35만 명이 체포되었으며 이중 25만 명이 처형되었다. 대공황 시절에 미국을 떠나 소련으로 이민 온 미국인들도 체포되어 처형되었다. 겨우 살아남은 사람들은 모두 감옥이나 굴라그(수용소)로 보내졌다.

1932년 스탈린은 지노비예프와 카메네프를 시베리아로 추방했다. 이어 콜차크 반란의 영웅 스미르노프, 당의 선전부장 류친, 모스크바 지구당 서기 우그라노프 등을 체포했다. 1935~1936년 1년 동안 추방되거나 체포된 사람의 숫자만 해도 수십만 명에 달했다. 대규모 숙청으로 인력이 부족하자 오랜 동지들 중 일부를 사면하여 다시 모스크바로 데려왔으나 젊은 세대와의 갈등은 피할 수 없었다. 그러던 중 1934년 12월 1일 키로프 암살사건이 일어난다. 키로프는 원래 지노비예프 파를 제거하기 위해 스탈린이 레닌그라드 당 책임자로 파견한 그의 직계 인물이다. 키로프 사건을 조사하는 과정에서 스탈린에 대한 암살 음모가 있었다는 사실이 드러났다. 이는 전무후무한 피의 숙청이 시작되는 발단이 되었다. 스탈린은 몇 건의 재판사건을 신속하게 처리한 후 관련자 대부분을 총살시켰다. 옛 동지를 죽이지 말라고 강력히 경고하는 오랜 친구 세르고 오르조니키제와 죽마고우인 아벨 예누키제도 냉혹하게 죽였다. 숙청의 집행은 내무인민위원이 맡았다. 첫 번째 내무인민위원은 야고다였고 다음에는 예조프였는데 둘 다 숙청되었고 마지막으로 동향인 라브렌티 베리아Lavrenti Pavlovich Beria가 등장했다.

베리아는 스탈린과 같은 그루지야 빈농 출신으로 공업학교를 나왔으나 비밀경찰에 들어가 때마침 밀어닥친 숙청의 물결을 타고 초고속으로 승진했다. 흐루쇼프(후르시초프)에 의하면 베리아는 스탈린에게

베리아(Lavrenti Beria, 스탈린의 딸 스베틀라나를 안고 있다. 베리아는 스탈린과 같은 그루지아인으로 스베틀라나가 어릴적부터 '작은 삼촌'이라 부르며 따랐다. 뒤편에 파이프를 물고 있는 스탈린의 모습이 보인다.

의심을 부추기는 능력을 가지고 있었다. 베리아는 이를 교묘하게 이용하여 스탈린의 신임을 받았으며 자신의 앞날에 방해가 되는 동료들을 차례로 처치해 나갔다고 한다. 말하자면 그는 타고난 음모꾼이었다.[75] 말년이 되면 스탈린과 베리아는 서로를 경멸했으나 보이지 않는 옛 범죄의 끈으로 함께 연결되어 있었으며, 서로 반목하면서도 상호 보완 관계에 있었다. 스탈린은 여전히 외교정책을 베리아와 함께 논의했으며 그로 하여금 중립적인 통일 독일에 관한 보고서를 제출토록 지시하기도 했다. 베리아는 스탈린을 자기 뜻대로 조종하고 있었으나 그것은 위험한 게임이었다. 베리아의 아내 니나는 "당신은 호랑이와 함께 놀고 있다"고 경고하곤 했다.

스베틀라나는 어릴 때 베리아를 '작은 삼촌'이라고 부르면서 따랐으나 커서 정체를 알게 된 후에는 괴물과 같은 인간으로 평하고 있다. 베리아는 스탈린의 두 번째 부인인 알릴루예바가 죽은 후 외롭고 거친 스탈린의 마음속에 파고들어 그를 조종했다고 한다. 다음은 스베틀라나의 고백이다. "베리아는 매우 교활하고 음흉하며 집념과 끈기가 강한 인물이다. 아버지는 베리아와 같은 모사꾼을 당해낼 도리가 없다. 베리아는 허무, 고독, 손상된 자존심 등 아버지의 약점을 이용하는 방법을 잘 알고 있었다. 그가 누군가를 점찍어 모함하면 그것으로 그 사람의 운명은 결정되었다. 어머니는 정말로 그를 싫어했지만 그를 아버지로부터 떼어놓는 데는 실패했다. 그 결과 어머니와 가까운 친구들인 스바니제 부부, 스바니제의 여동생 마리코(아벨 예누키제의 비서), 그리고 예누키제 자신도 베리아의 음모로 숙청되었다. 아버지와 베리아는 어느 순간부터인가 하나의 존재로 움직였으며 정신적 공동체를 형성했다. 검은 악마의 아버지에 대한 영향력은 너무 강했으며 언제나 효과적이었다."[76]

독·소 전쟁에서의 승리

독·소 전쟁이 시작된 지 일주일이 지나도록 그 어디에서도 스탈린의
모습은 보이지 않았고 목소리도 들리지 않았다. 전혀 예상치 못한 전
쟁 발발 소식에 너무 충격이 컸기 때문이다. 스탈린은 외무장관 몰로
토프에게 대국민 담화를 발표하라고 지시해놓고 자신은 모스크바 인
근의 한 별장으로 물러나 의기소침한 상태로 있었다. 그의 재가를 얻
지 않고 국가구출위원회가 구성되었다. 스탈린의 지시가 없는데 국가
위원회가 구성된다는 것은 전례가 없는 일이었다. 위원회의 대표단이
별장으로 스탈린을 찾아 왔다. 그의 조언과 지침을 구하기 위한 것이
다. 그러나 스탈린 본인은 정작 자신을 체포하기 위해 온 것으로 생각
했다. 아마 이제는 끝장이라고 생각했을 것이다. 그러나 이는 완전한
착각이었다. 이들은 스탈린에게 절대 복종하는 사냥개와 같았다. 주
인이 너무 혹독하게 훈련시켜놓았기 때문에 주인을 배반하는 것과 같
은 일은 생각할 수도 없는 그러한 수하들이었다. 스탈린은 이들에게
공포의 대상이었고 생사여탈권을 가진 지도자였다. 스탈린이 중요한
시기에 국정을 팽개치고 며칠 동안 잠적한 정도는 문제도 아니다. 아
마 그들은 스탈린이 군대 총동원을 거부하고 히틀러에게 나라를 송두
리째 넘겨준다고 해도 아무런 이의를 달지 않았을 것이다. 하여튼 국
가위원회 대표단의 방문을 시발로 스탈린의 반격이 시작된다.

스탈린은 몸과 마음을 가다듬고 크렘린으로 복귀했다. 그 후로는

절대로 뒷걸음질 치지 않았다. 스탈린은 우선 모스크바 사수를 선언했다. 자신의 결의를 보여주는 중요한 결정이다. 국민은 스탈린의 결의를 믿고 전력으로 지원했다. 스탈린은 스스로 대원수가 되어 전쟁을 총지휘했다. 공포의 숙청 시절 거의 거덜이 날 정도로 군 지휘관들을 숙청했던 그였지만 여전히 군의 충성심을 믿었다. 국가에 대한 충성심과 스탈린에 대한 공포심을 함께 가진 군부는 스탈린의 명령에 이의 없이 따랐다. 스탈린은 냉철하고 유능한 전략가가 되어 인재를 적재적소에 배치했다. 신임하는 게오르기 주코프 장군에게 전황을 숨김없이 보고해주도록 요청한 후 그를 중용했다. 이 때문에 레닌그라드, 모스크바, 스탈린그라드 전투에서 큰 공을 세운 주코프는 전쟁영웅이 되었다. 하지만 거기까지였다. 주코프는 전쟁 후에는 모든 영광을 독차지하려는 스탈린에 의해 한직으로 밀려나고 만다. 스탈린은 전쟁 중 밤낮없이 일에 몰두했다. 불과 몇 년 사이에 나이보다 20년은 더 늙어 보이는 모습으로 변했다. 전쟁이 끝난 후 그와 만난 사람들이 충격을 받을 정도였다. 스탈린이 유능해서였는지 아니면 운이 좋아서였는지 여하튼 소련은 위기에서 벗어나 생존했다. 그러나 이 과정에서 치른 희생이 어느 정도였는지 확실하게 아는 사람은 아무도 없다. 아마 스탈린 자신도 정확히 몰랐을 것이다. 소련 측의 통계자료는 비밀에 붙여졌다.

영국 역사가 몬테피오레Simon Sebag Montefiore는 비교적 상세하게 러시아 측의 피해를 밝히고 있다. 그에 의하면 2천 6백만 명 이상의 사상자가 났고 같은 숫자의 국민이 집을 잃었다고 한다. 5천만 명이상이 피해를 입은 셈이다. 전쟁 중 발생한 기근, 코카서스에서의 반란, 우크라이나 민족주의자에 의한 내란 그리고 일부 러시아인 사이에서 유행한 자유주의는 모두 볼셰비키의 전매특허인 테러 방식으로 무자비하게 진압되었다. 이러한 사태로 인한 희생자들도 물론 전쟁 피해자의 일부이다.

피차 동상이몽이기는 했지만 독·소 불가침조약은 확실히 스탈린 외교의 승리였다. 스탈린의 목표는 명확했다. 그는 유럽국가들 간의 전쟁에는 관심이 없었다. 소련이 유럽전쟁에 휘말려 들어가지 않는 것이 유일한 목표였다. 영국의 입장은 물론 스탈린과는 정반대이다. 영국은 전쟁을 막을 수 없다면 이념적으로 철천지원수인 히틀러와 스탈린이 한 판 붙기를 원했다. 그러나 제2차 세계대전은 영국 수상 네빌 챔벌레인Neville Chamberlain이 기대한대로는 굴러가지 않았다. 미처 예상치 못한 독·소 불가침조약이 체결된 직후 양국이 합동으로 폴란드를 침공한 것이다. 이후에는 독·불 전쟁이 유일한 볼거리였지만 프랑스가 맥없이 무너지고 말았다. 원하지는 않았지만 결국 영국이 마지막 보루가 되어야 했다.

히틀러의 전격작전으로 유럽이 죽음의 고투를 겪고 있는 동안에도 스탈린은 한가하게 제3차 경제개발 5개년 계획을 추진할 수 있었다. 스탈린은 유럽이 전쟁을 하고 있는 동안에도 후진적인 소련의 우선순위는 경제발전이 되어야 한다고 생각했다. 유럽이 전쟁을 하고 있는 때가 오히려 따라잡을 수 있는 좋은 기회라고 생각했을 것이다. 스탈린은 경제를 발전시켜 놓으면 군사적으로도 강국이 될 것으로 믿었다. 실제로 전쟁에 말려들지 않은 소련은 경제적으로 상당히 발전하고 있었다. 그러나 스탈린이 착각한 것이 있었다. 불가침조약 체결 후 2년 동안 소련이 발전했으나 독일은 더 발전했다는 사실이다. 만일 히틀러의 의도를 제대로 읽어 그가 필시 전쟁을 일으킬 것으로 예측했더라면 불가침조약에 만족할 것이 아니라 2년 전에 전쟁을 시작하는 것이 더 나을 뻔했던 것이다. 그 당시 정치적, 군사적 상황이 스탈린에게 보다 유리했기 때문이다.

히틀러가 불가침조약을 파기하고 침공할 것이라는 징후는 여러 번 있었고 입수된 첩보도 많았다. 그러나 스탈린은 이를 무시했다. 이러한 정세 오판으로 인해 스탈린은 혹독한 세월을 보내야 했다. 자칫하면 체포되어 반역 행위로 처형되었을 수도 있었다. 그러나 역설적이지만, 그의 공포정치가 목숨을 살려주었다. 누구도 감히 반역할 엄두를 내지 못했던 것이다. 한 차례 위기를 넘긴 후 그가 보인 단호한 행동, 즉 모스크바를 떠나지 않고 앞장서서 손수 전쟁을 총지휘하는 모습이 그의 정치적 생명을 이어주었다. 러시아의 혹독한 기후, 험한 도로 상태, 히틀러의 어리석은 작전 지휘, 소수민족의 감정을 이용할 생각을 하지 않은 히틀러의 외골수적인 감각, 이러한 것들이 스탈린을 살려준 요인들이다. 또한 전쟁 초반과 중반 레닌그라드와 스탈린그라드에서의 결사 항전이 전세를 반전시킨 결정적인 계기가 되었다. 스탈린은 혁명을 성공으로 이끈 후 공포정치를 통해 내부 체제를 장악했고 이제는 국가를 구출한 전쟁 영웅으로 등장하게 되었다. 그의 행운은 끝이 없었다.

의심 많고 용의주도한 스탈린이 독일의 공격을 예상하지 못했던 이유는 무엇인가? 히틀러는 이미 1년 전부터 전쟁 준비를 시작했으며 이를 탐지한 미국 대통령 루스벨트는 1941년 1월 스탈린에게 이 사실을 알려주었다고 한다. 처칠도 비슷한 정보를 두 번이나 보냈다. 그러나 스탈린은 이를 믿지 않았고 오히려 그 배경을 의심했다. 그는 독일이 절대 2개 전선에서 동시에 싸우지는 않을 것이라고 확신했다. 책사가 오히려 술책에 빠진다는 이야기가 있다. 자신의 통찰력을 과신한 스탈린이 올바른 정보를 순순히 받아들이는 대신 독·소를 싸우게 하려는 미·영의 술책으로 오판했다는 것이 정설이다. 자신의 엄청난 오판으로 꼼짝없이 당하게 될 상황에 놓인 스탈린은 어찌할 바를 모르고 있었다. 이러한 스탈린에게 용기를 주고 그를 별장에서 끌어내 국민 앞에 서도록 만든 것은 정치국원들이 급조한 구국위원회가 아니다. 그것은 일반 국민이었다. 오랜 세월에 걸쳐 수많은 전쟁과 내란, 이민족의 지배 등을 겪어온 러시아 민족은 위기가 닥치자 다시 단합했다.

전쟁을 총괄해야 할 지도부가 완전히 마비되었음에도 불구하고 소련 각지에서는 자발적인 참전운동이 일어나고 애국적인 투쟁을 외치는 목소리가 쟁쟁했다. 그러한 국민의 애국심이 없었더라면 스탈린이

용기를 내어 전면에 나서기는 힘들었을 것이다. 국민 덕분에 겨우 자신감을 회복한 스탈린은 1941년 7월 2일 모스크바에 돌아와 다음날인 3일 오후 6시 30분 라디오를 통해 전 국민에게 보내는 첫 번째 메시지를 내보냈다. 이 후 스탈린은 필요할 때마다 방송을 통해 애국심을 고취시켰다. 준비가 전혀 없었던 스탈린의 군대는 날로 패전을 거듭했으나 엄청난 사상자를 내면서도 서서히 전열을 갖추어 나갔다.

스탈린은 독일군의 편제에 맞춰 전선을 3등분하여 남부군 사령관에 브르조뉘 원수, 중부군 사령관에 티모쉔코 장군, 북부군 사령관에는 보로쉴로프 장군을 각각 임명했다. 스탈린 자신은 대원수로서 최고사령관이 되었다. 비상시에 대처한 행정조직 개편이 있었다. 국가방위위원회를 설치하여 스탈린과 정치국원들이 위원을 맡았다. 외교에 몰로토프, 내정에 베리아, 군·민 연락책에 보로쉴로프, 그리고 말렌코프를 내각서기로 임명함으로써 전시 행정체제를 완비했다. 조직은 완비되었으나 전력이 형편없는 상황에서 독일군과 힘으로 맞붙는 것은 자살행위나 같았다. 스탈린은 세계에서 가장 넓은 국가의 이점을 충분히 살려 지구전을 구사하는 한편 욱일승천하던 나폴레옹을 패퇴시킨 시베리아의 동장군을 기다리기로 했다. 장기전을 계획한 스탈린은 후일에 대비해서 서부 러시아와 우크라이나에 산재한 1만 3,600개의 산업시설을 볼가와 우랄 및 시베리아로 옮기고 수백 만 명의 노동자와 가족들도 이곳으로 이주시켰다. 군기를 바로 잡는 것도 급선무였다. 스탈린은 패전과 퇴각을 거듭하는 북부사령관 보로쉴로프를

파면하고 후임에 주코프를 임명했으며, 남부사령관 브르조뉘도 콤스키 장군으로 대체했다.[77]

전쟁 초기 베를린의 제국 선전부는 "러시아는 끝났다"고 선언했다. 독일군이 모스크바를 점령하지 못한 데에는 주코프의 영웅적인 항전이 있었지만 한 가지 간과할 수 없는 사실은 러시아 동방군의 역할이다. 당시 극동 러시아에는 일본군과 대치하고 있는 70만 명의 병력이 있었다. 스탈린은 각종 첩보 분석에 입각하여 이 병력이 이동하더라도 일본이 극동 러시아를 공격하지는 않을 것이라는 결론을 내렸다. 이 분석은 옳았다. 일본은 극동을 공격하지 않고 대신 인도차이나와 진주만을 공격했기 때문이다. 수송장관 카가노비치는 쉬지 않고 병력과 장비를 서쪽으로 운송할 열차를 마련했다. 이 열차로 40만 정예군과 1천대의 탱크 그리고 1천대의 항공기가 독일과의 전선으로 운송되었다. 이 보충병으로 인해 러시아는 시간을 벌 수 있었고 이는 향후 전쟁의 향배에 중요한 영향을 미쳤다.

모스크바 점령에 실패한 채로 겨울이 닥치자 히틀러는 모든 군대에게 작전 중지를 명했다. 그러자 지금까지 근근이 버티기만 하던 스탈린이 기다렸다는 듯이 반격을 개시했다. 이제 때가 온 것일까. 우연의 일치이겠지만 스탈린의 총반격 명령은 러시아가 나폴레옹을 격파한 1812년의 겨울날과 일치하는 1941년 12월 8일에 내려졌다. 히틀러는 겨울이 오기 전에 모스크바를 점령할 것으로 확신했기 때문에 당시 독일군은 추위를 피할 수 있는 참호는 물론 변변한 방한복조차

(위) 소련군 보병의 소총공격. (아래) 독일군의 수류탄 공격. 스탈린그라드 전투. 소련의 승리로 끝났다.

도 없었다. 소련군은 전쟁 후 최초로 승리를 맛보았다. 스탈린으로서는 눈물이 나올법한 순간이다. 전쟁의 분수령은 스탈린그라드(현 볼고그라드)에서 일어났다. 독일군이 스탈린그라드의 전략적 가치를 중요하게 여긴 때문이다. 볼가 강이 중앙에 흐르고 있고 서쪽에는 돈 강이 흐르고 있는 스탈린그라드는 소련의 공업지대인 볼가 강 연안의 주요 도시였고, 카프카스 유전지대로 향하는 독일군의 안전을 확보할 수 있는 요충지였다. 스탈린은 자신의 이름을 딴 이 도시를 사수하기로 결심했다. 스탈린그라드가 자신의 상징이 된 셈이다.

공방전은 1942년 7월에서 이듬해 초까지 벌어졌다. 스탈린은 참모총장 바실레프스키와 말렌코프를 그곳에 파견했다. "한 발짝도 물러서지 말라" 이것이 스탈린의 엄명이었다. 스탈린의 전략은 독일 남부 집단군의 정예부대를 스탈린그라드에 가두어놓고 소모전을 벌여 그들이 꼼짝하지 못하도록 만드는 것이었다. 소련군은 시베리아 등 동쪽으로부터 데려온 병력을 볼가 강을 건너 스탈린그라드로 투입시키려다 엄청난 피해를 당했다. 계속 당하기만 하던 스탈린은 90만 명의 병력을 한꺼번에 투입하는 천왕성 작전을 전개한다. 스탈린은 대병력을 북, 서북 및 남동 등 셋으로 나누어 독일군을 3면에서 포위 공격했다. 양측 모두 엄청난 피해가 발생했으나 스탈린은 계속 병력을 공급하며 끝까지 독일군을 공격했다. 남동 방면을 맡은 엘레멘코 장군은 다리 부상에도 불구하고 영웅적인 활약을 했다. 히틀러는 스탈린그라드를 맡은 제6군 사령관 파울루스를 원수로 특진시키면서까지 절대

항복하지 말도록 명령했으나 소용없었다. 파울루스는 패전 직전 자신을 포위한 러시아 제64군 사령관 슈미로프와 잠깐 만났다. 그는 보드카 병을 들어 부하들의 잔에 따르며 "우리를 이긴 러시아군을 위해 건배하자"고 제의했다. 스탈린그라드의 전투는 1943년 2월 2일 끝났다. 독일군 32개 사단과 3개 여단이 완전히 붕괴되었으며 더 큰 손실은 그들이 두고 간 중장비였다. 독일군의 전사자, 부상자, 행방불명자의 총수는 40만 명 이상으로 추산되었다. 병기 손실은 탱크와 돌격포를 합해 약 3,500문, 그리고 비행기는 3,000대에 달했다.[78] 양측 모두 합쳐 200만 명 이상의 희생자를 낸 기록적인 이 전투에서 소련이 승리함으로써 전쟁의 흐름은 완전히 바뀌게 된다.

스탈린그라드 전투에서 승리한 스탈린은 1943년 3월 제25회 혁명 기념일을 맞아 장교의 군복과 견장을 부활시켰다. 장교의 특권을 인정하고 364명의 지휘관을 장군으로 승진시켰으며 자신은 대원수로 취임했다. 로마노프 왕조의 차르 시대를 연상케 할 만큼 군사 우선주의로 돌아선 듯 했다. 스탈린그라드에서 스탈린의 판단은 옳았다. 자신의 이름을 지킴으로써 스탈린은 자신감을 회복했고 총사령관으로서의 권위도 확고해졌다. 이제 전쟁을 해볼만하다고 생각할 정도로 여유도 회복했다. 그러나 현실은 여전히 만만치 않았다. 병력은 독일군보다 많았지만 무기나 장비에 있어서는 여전히 독일군의 상대가 되지 않았다. 그는 군사력을 강화하고 군대의 사기를 올릴 필요가 있음을 절실히 느끼고 있었다.

독·소전에서도 스탈린과 히틀러의 상반된 성격은 여실히 드러났다. 히틀러가 전격전을 앞세워 파상적인 공격과 신속한 점령으로 적의 얼을 빼놓은 데 반해 스탈린은 지구전으로 맞섰다. 전격작전이나 기습 공격은 스탈린의 사전에는 없었다. 스탈린은 늘 전후좌우를 잘 살피고 충분히 계산을 한 후에 작전을 전개했다. 어떤 곳을 점령하더라도 바쁘다는 핑계로 그 곳을 그대로 놔두는 법이 없었다. 점령지가 완전히 통치권으로 들어오도록 세뇌교육을 시키고 정치적 학습을 병행했다. 시간이 걸리더라도 모든 일을 단단히 하는 것, 이것이 스탈린의 방식이다. 스탈린 특유의 신중함은 전쟁에서도 여실히 드러났다. 훗날 스탈린의 후계자가 되는 흐루쇼프는 남서부전선에서 독일군에게 대패함으로써 하마터면 총살당할 뻔 했다. 단순한 흐루쇼프는 스탈린의 성격으로 보아 틀림없이 총살당할 것으로 생각했다. 그러나 흐루쇼프는 스탈린이 마음속으로 매우 좋아하는 인물이었다. 이것이 그의 생명을 유지시켜 주었다. 스탈린은 흐루쇼프의 머리 위에 파이프담배의 재를 털었다. 그리고 "로마인은 장군이 전투에서 질 때 머리에 재를 뿌렸다. 이것은 로마식 전통이다"라고 말하면서 그를 용서해 주었다. 이로부터 20년 후 발생하는 쿠바 미사일 위기와 함께 이 사건은 흐루쇼프의 일생에서 가장 큰 고비였다.

1943년 11월 스탈린, 루스벨트, 처칠 세 거두가 테헤란에서 모였다. 제2차 세계대전 후의 세계 질서 재편을 논의하기 위해서이다. 연합군 측은 원래 카이로에서 회담을 제의했지만 스탈린의 반대로 테헤

흐루쇼프Nikita Khrushchyov. 흐루쇼프는 정권을 잡은 뒤 스탈린의 좌상을 낱낱이 고발하며 그의 격하운동에 나선다.

란에서 열렸다. 스탈린은 장거리 여행도 전용 기차로 다닐 정도로 비행기를 싫어했다. 아마 고소공포증이 있었던 것 같다. 고향 고리에 있는 스탈린 박물관에는 대원수 시절 타고 다녔던 전용 기차가 전시되어 있다. 테헤란 회담은 전혀 다른 배경을 가진 지도자들의 모임이었다. 영국의 대표적 귀족 가문 출신인 처칠과 그루지야 하층민의 자손인 스탈린이 대표로 참석했기 때문이다. 처칠은 빅토리아 왕조의 품격 있는 분위기에서 살아왔으나 스탈린은 정반대되는 세월을 살았다. 그는 차르와 볼셰비키로 상징되는 험난한 세월의 경험으로 가득차 있었다. 처칠은 40여 년 동안 의회정치를 경험해온 사람이고 스탈린은 비밀과 음모로 가득 찬 볼셰비키 권력투쟁에서 살아남은 사람이다. 처칠은 토론을 좋아하고 웅변을 즐기는 사람이나 스탈린은 토론을 불신할 뿐 아니라 위트도 없는 사람이었다. 이와 같이 두 사람은 출신 배경부터 시작해서 성장과정, 성격, 이념 등이 모두 다른 물과 기름 같은 관계인 것이다.

루스벨트는 두 사람과는 달랐으나 처칠에 더 가까웠다. 그러나 루스벨트는 회담에서 스탈린에게 더 가까이 접근했다. 미국의 이익을 위해서는 스탈린과 거래할 것이 더 많았기 때문이다.[79] 스탈린의 볼셰비키 식 전략은 테헤란 회담에서도 통했다. 그는 처칠과 대립을 예상하고 있었으므로 루스벨트를 잡으려는 전략을 폈다. 스탈린은 우선 루스벨트의 숙소를 테헤란 주재 소련 대사관으로 정함으로써 처칠과의 접근을 차단했다. 마침내 갈등이 시작되었다. 처칠은 미·영 연합군이 지중해 연안에 상륙하여 발칸을 거쳐 독일로 진군하는 안을 내놓았다. 발칸을 자신의 뒤뜰로 생각하고 있는 스탈린이 이에 동조할리 만무했다. 스탈린은 연합군이 프랑스에 상륙하는 안을 대안으로 내놓았으며 집요하게 이를 주장했다. 마침내 미국이 스탈린의 손을 들어주었다. 끈질긴 스탈린의 승리로 돌아간 것이다. 사실 루스벨트

얄타회담Yalta Conference(1945년 2월 4일~11일). 왼쪽부터 처칠Winston Churchill, 루스벨트 Franklin Roosevelt, 스탈린.

가 스탈린에게 동의했던 다른 이유는 극동에서 소련의 대일전 참전을 유도하기 위한 것이었다.

독일의 항복이 눈앞에 닥치자 조급해진 서방지도자들이 크림 반도의 휴양지 얄타를 찾았다. 스탈린에게 협조를 요청할 일이 많아서이다. 이로써 1945년 2월 전후 처리 문제를 협의하기 위한 얄타회담이 벌어졌다. 그 당시 소련은 이미 동구국가 대부분을 지배하고 있었다. 이 회담에서 본심이 드러난 스탈린에게 처칠은 "세계 제패를 노리는 무서운 나라가 이 지구상에 있구나"라고 중얼거려 스탈린의 신경을 건드렸다고 한다.

얄타회담의 수혜자는 소련이었다. 스탈린은 많은 것을 얻어냈으며 그 대가로 전후 창설될 UN 가입, 독일 항복 후 일본에 대한 선전포고 등을 약속했다. 회담장에서 스탈린은 제정러시아 시대 차르들이 하던 것과 같은 국수주의적 태도를 보였다. 오직 영토와 영향력을 확대하는 데만 신경을 곤두세웠다. 노골적으로 미국의 일본 점령을 인정하는 대신 옛 차르 시대에 양도했던 영토를 되찾으려 했다. 이념에도 충실하지 못했다. 마오쩌둥이 이끄는 중국공산당을 지지하는 대신 장제스(蔣介石)의 중국과 동맹 및 우호협력조약을 체결하는데 합의했다. 공산주의 기본 노선인 세계혁명 노선과 반대되는 길을 걸음으로써 레닌의 후계자다운 모습을 보여주지 못한 것이다.[80] 전쟁에서 이긴 스탈린은 그 영광을 독차지 했다. 그는 다른 사람과 영광을 나눌 사람이 결코 아니다. 주코프와 같은 전쟁 영웅들은 전쟁이 끝난 후 용도가 폐기되어 공개석상에 나타나지 못하고 조용히 사라져야 했다. 총사령관의 제복을 입고 전쟁에서 승리한 스탈린은 이를 기리기 위해 죽을 때까지 그 옷을 벗지 않았다.

철의 장막과 우상정책

식민 제국주의 시대가 끝나고 프랑스와 영국의 국위가 바닥으로 떨어지면서 소련과 미국이 새로운 초강대국으로 떠올랐다. 미국은 전쟁으로 인한 손실을 거의 입지 않았다. 반면 소련은 군인과 일반인을 합쳐약 2천만 명의 인명 피해뿐 아니라 막대한 물질적 손실을 입었다. 소련 영토에서 쫓겨나던 독일군이 분풀이라도 하듯 보이는 것은 모두파괴해 버렸던 것이다. 소련은 국가 자산의 4분의 1을 잃었으며 무주택자가 2천 6백만 명에 달했다. 전후 재건에도 스탈린 식 방식은 계속되었다. 냉혹, 무자비 운운하는 여론 따위는 그의 귀에 들려오지도않았다. 누가 뭐라고 하든 그는 다시 한 번 집단주의, 전체주의적인방식으로 일말의 자비심도 없이 피정복 국가로부터 배상금을 받아 내고 공장을 탈취하고 노동력을 긁어모았다. 모든 전쟁 포로들은 강제노동에 시달렸다. 봉건시대로 돌아간 것과 흡사했다. 발칸은 원래 소련의 영향력이 크고 역사적으로 인연이 깊은 곳이나 대전 초에는 모두 스탈린에 반기를 든 적대 국가들이었다. 이들을 예속시켜 소련의 재건에 이바지하게 해야 한다는 것이 스탈린의 착상이다. 스탈린은 이를 실현하기 위해 위로부터의 지시와 강요된 혁명으로 발칸 제국을 하루아침에 소비에트 러시아의 위성국가로 만드는 데 성공했다.[81]

처칠의 표현대로 스탈린이 발트 해로부터 아드리아 해에 이르기까지 '철의 장막'을 친 이유는 열등감 때문이었다. 사회주의 국가들이 서방에 비해 너무 뒤져있다는 사실을 감추고 싶었기 때문이다. 제2차 세계대전 전에도 소련과 서방의 격차는 컸다. 서방이 고도로 발달한 곳이라면 소련은 개도국에 불과했다. 그 차이는 6년간의 전쟁을 치르면서 보다 크고 깊어졌다. 전쟁으로 인해 모든 물자를 수탈당한 소련 국민은 이제 기본적인 의식주도 제대로 해결하지 못해 허덕이고 있었다. 이에 반해 같은 전쟁을 치렀어도 서방에는 필요한 물품이 넘쳤다. 미 국무장관 조지 마셜George Catlett Marshall은 전쟁으로 피폐한 유럽을 부흥시키기 위해 천문학적인 지원을 약속했고 그 덕분에 유럽은 빠른 속도로 과거의 풍요를 되찾을 수 있었다. 소련에게는 미국과 같은 구세주가 없었다. 모든 일을 자력으로 해결해야 했다. 설사 자존심을 팽개치고 미국에게 원조를 요청한다고 해도 1억 5천만 명에 달하는 국민을 만족시킬 수는 없었다. 잘하면 국민의 일부가 혜택을 볼지 모르나 후폭풍을 생각할 때 얻지 않는 것보다 못한 결과를 초래할 수도 있다. 차라리 함께 굶주리는 것이 더 나았다. 사실 모두 가난하다면 별로 불평이 나올 일도 없다. 부러워할 대상이 없기 때문이다. 스탈린은 서방에게 원조를 요청하지 않았고 함께 고난의 길을 택

했다. 대신 서방의 풍요로운 모습을 보여주지 않기 위해 철의 장막을
쳤다. 러시아의 젊은 세대는 외부세계에 대해 전혀 몰랐다. 만일 멀지
않은 곳에 별 세계가 있다는 사실을 알면 폭동이 일어날지도 몰랐다.
국민, 특히 젊은 층이 정부에 순종하기를 원한다면 불편한 진실은 알
려주지 않는 것이 최선이다. 알게 되면 이념에 대한 불신은 물론이고
지도자에 대한 불신으로 이어질 가능성이 높았다. 그 같은 이유로 인
해 유사 이래 처음 보는 철저한 폐쇄정책이 시행되었고 이어 스탈린
에 대한 광신적인 숭배 정책이 펼쳐졌다.

전쟁 중 스탈린의 초상은 이반 대제 및 표트르 대제의 초상과 나란
히 걸려 있었다. 그러나 전쟁이 끝나자 제왕들의 초상은 사라지고 스
탈린의 초상만이 남았다. 표트르, 쿠도조프, 알렉산드르 등 과거 러시
아 영웅들은 이제 흘러간 옛사람에 불과했다. 전쟁 중 애국심을 동원
하기 위해 외치던 조국이나 슬라브족 같은 단어도 들리지 않았다. 대
신 볼셰비키가 다시 솟아나오고 공산주의가 부각되었다. 그러나 레닌
의 후계자로 재등장하는 것은 이야기가 달랐다. 시간이 지났어도 레
닌의 거대한 이미지는 조금도 변하지 않고 있었다.[82] 눈치 빠른 스탈
린은 한때 자신의 스승이었던 레닌을 잘 이용하면 통치가 수월해질
것으로 판단했다. 스탈린은 레닌 숭배를 부활시켜 서방 자본주의에
대항코자 했다. 레닌주의는 내부의 모순을 극복하고 이질적인 요소를
융합시키는 데도 활용되었다. 또 하나의 과제는 군사 우선주의를 완
화하는 것이다. 전쟁에서 승리하고 돌아온 군인들은 자부심이 대단

했다. 그들의 전승 의식을 고취시킬 경우 폭력으로 변할 가능성이 있었다. 그래서 스탈린은 전시(戰時) 중 재미를 보았던 군사 우선주의를 재빨리 사회주의로 교체시켰다.

말년의 스탈린

딸 스베틀라나에 의하면 스탈린은 70세가 넘자 여러 번 공직에서 물러나려고 했다고 한다. 그러나 스탈린이 자신의 후계자를 발표한 적은 없다. 스탈린이 점찍은 후계자는 누구였을까? 사람들은 아마 게오르기 말렌코프Georgy Malenkov였을 것이라고 한다. 그만큼 스탈린이 신임하는 사람이었기 때문이다. 그러나 말렌코프의 천하는 너무나 단명했다. 말렌코프와 함께 오랜 측근으로 몰로토프가 있었으나 스탈린은 만년에 와서 몰로토프를 좋아하지 않았다. 그리고 늘 스탈린 곁에 있었던 야심가 베리아는 스탈린 사후 쿠데타 음모로 총살되었다. 스탈린은 시기심이 많은 인간이다. 그가 권력의 정점을 향해 올라가는 과정을 보면 그러한 성격이 여실히 드러난다. 누구든지 그보다 뛰어나고 잘 나가는 사람은 제물이 되었다. 스탈린은 또한 전 국민으로부터 추앙받는 인물이 되고 싶어 했다. '아버지, 스승, 지도자' 국민들이 그를 이러한 이름으로 불러주기 원한 것이다. 무엇보다도 스탈린은 무척 의심이 많은 인물이다. 의심이 가는 사람은 반드시 숙청했다.

그의 이 같은 성격으로 인해 수백만 명의 사람들이 이유도 잘 모른 채 죽거나 강제수용소로 끌려가야 했다.

말년이 되자 스탈린의 체력과 정신력이 눈에 띄게 쇠퇴했다. 스탈린의 노쇠와 함께 정부의 기능은 점차 마비되어 갔다. 그는 대낮까지 누워 잤고 오후와 저녁에 주로 일을 봤다. 언행이 거칠어졌고 자주 화를 냈다. 스탈린은 스스로를 '무례한 늙은이'라고 불렀다. 측근들은 여전히 그와 행동을 같이 했다. 그들은 대열에서 이탈하지 않기 위해 모든 노력을 다했다. 모든 사람은 스탈린이 하는 말에 극도로 주의를 기울였다. 왜냐하면 그가 지시한 일은 다음날 즉시 실행되어야 했기 때문이다.[83] 스베틀라나에 의하면 저녁 식사 때는 모든 측근이 별장에 몰려들어 매일 똑같은 이야기를 되풀이하면서 스탈린의 비위를 맞추기 위해 안간 힘을 썼다고 한다. 이들은 밤늦게까지 별장에 남아 스탈린의 이야기를 들어주거나 영화를 함께 보아야 했다. 말년의 스탈린은 완전히 올빼미 형 인간이었다. "스탈린은 베를린으로부터 쿠릴열도에 이르는 엄청나게 넓은 공간을 만찬 테이블과 영화관에 앉아서 통치했다"라고 해도 과언이 아니다. 스탈린의 측근들은 생활 패턴을 스탈린에 맞추어야 했기 때문에 모두 피곤한 생활을 했다. 그러나 따르지 않을 수 없었다. 스탈린에게 의심을 사는 일만은 피해야 했기 때문이다. 말년에 와서 스탈린은 몰로토프와 주코프의 인기를 질투했고, 베리아의 권력을 경계했으며, 다른 측근들의 점잔빼는 모습을 혐오했다.

절대 권력자인 스탈린도 미로와 같이 얽힌 권력 구조 때문에 실제 행정이 어떻게 돌아가는지는 잘 몰랐던 것 같다. 스베틀라나는 스탈린이 돈에 대해 어두웠다고 증언한다. "아버지의 봉급은 늘 봉투 채 테이블 위에 놓여 있었다. 아버지는 직접 돈을 쓰는 일이 없었다. 사실 쓸 곳도 없었다. 아버지가 생활하는데 필요한 모든 비용은 국고에서 지불되었기 때문이다. 아버지를 위해 국가보안부 내에 특별한 부서가 설치되어 있었고 모든 필요한 예산은 그곳에서 집행되었다." 예산이 어떻게 집행되는지 궁금한 스탈린은 어느 날 스스로 감사를 하려고 했는데 회계장부에 적당히 맞춘 숫자만 확인했을 뿐 실상을 파악하는 데는 실패했다고 한다.[84] 스탈린이 구축한 소비에트의 시스템은 너무 방대하고 복잡했다. 설계자인 그마저도 알 수 없는 미로처럼 진화했다. 절대 권력자인 스탈린마저도 시스템에 대한 통제는 이미 가능한 선을 넘고 있었다. 노인이 된 스탈린은 구중궁궐과도 같은 관저에서 살았다. 관저의 담장은 두 겹으로 처져있었다. 높은 바깥 담장 주변에는 정복을 입은 경비병들이 24시간 순찰을 돌았다. 바깥 담장 안에는 또 하나의 담장이 있었고 그 사이에는 기관총으로 무장하고 군견을 거느린 경호부대가 주둔했다. 이들 말고도 사복을 입은 비밀경찰들이 늘 관저 주변을 감시했다.

스탈린은 평생 동안 유대인을 상대하며 살았다. 처음에는 유대인에 대해 약간의 편견을 갖고 있는 정도였으나 점차 발전하여 나중에는 편집증까지 갖게 되었다. 이것은 그의 아들과 딸이 둘 다 유대인과 결혼한 것에도 원인이 있을 것이다. 볼셰비키 혁명에 참가한 핵심인사들 중 꽤 많은 사람이 유대인 혈통이었다. 카메네프, 지노비예프, 카가노비치, 리트비노프 등 혁명 초기에 이름을 날린 인물 중 유대인이 많다. 또 정치국원 중 꽤 많은 사람이 유대인 여성과 결혼했다. 외무인민위원 몰로토프, 문화인민위원 즈다노프, 국방인민위원 보로쉴로프 등이 그 예이다. 주변에 너무 많은 유대인이 있었던 것이 그의 신경을 자극한 것일까. 드디어 스탈린의 편집증이 시작되었다. 레닌은 반유대주의에 강하게 반대했기 때문에 그가 살아있는 동안에는 그러한 징후가 보이지 않았다. 그러다가 1924년 1월 레닌이 사망한 후부터 반유대적인 성향이 점차 드러나기 시작했다.

1953년 1월 '의사들의 음모Doctors' Plot' 사건이 발생한 후 스탈린은 노골적으로 유대인에게 등을 돌렸다. 유대인 출신 의사들이 공산당 지도층 인사들을 독살하려 했다는 사실이 밝혀진 것이다. 스탈린은 이 사건을 시온주의자들과 미국의 음모로 돌렸다. 스탈린은 유대인 전체를 시베리아로 추방하려는 계획도 세웠다. 그러나 그가 사망함으로써 이 계획은 시행되지 않았다. 그의 편집증이 시온주의자들에게 집중되기 훨씬 이전부터 이미 이러한 사태를 암시하는 징후들이 있었다. 이스라엘 총리를 지낸 골다 메이어Golda Meir는 모스크바 주재 초대 이스라엘 대사였다. 1948년 몰로토프의 아내 폴리나가 메이어 대사와 히브리어로 대화를 나누는 장면을 목격한 스탈린은 곧바로 폴리나를 시베리아의 수용소로 추방했다. 이유는 물론 간첩 혐의

이다. 그녀는 5년을 시베리아에서 보내야 했다.[85]

스탈린은 1953년 3월 쿤체보 별장에서 중풍으로 세상을 떠났다. 그의 나이 74세 때이다. 그가 죽자 그동안 철저히 숨겨졌던 만행이 곧 드러났다. 스탈린이 마음대로 휘둘렀던 절대 권력이 행한 처형과 숙청은 그 시대 최대의 비극이었다. 당은 모든 책임을 비밀경찰과 스탈린의 몇몇 측근에게로 돌렸으나 이는 손바닥으로 햇빛을 가리는 것이나 마찬가지였다. 결국 모든 음모와 지시는 스탈린의 손에 의해 이루어졌음이 밝혀졌다. 곧 스탈린 격하 운동이 전개되었다. 레닌 묘 옆에 있던 스탈린의 유해는 어디론가 이장되어 사라졌다. 그의 이름을 딴 제2차 세계대전의 영웅적인 항전지 스탈린그라드는 볼고그라드로 개명되었다. 소련 안팎에서 스탈린 비판은 그치지 않았다. 스탈린은 곧 악의 대명사가 되었다. 누구도 그를 긍정적으로 평가하지 않았다. 세상에서 그가 유일하게 진정으로 사랑했던 핏줄 스베틀라나 조차도 그를 그리워하고 두둔하기는 했지만 긍정적으로 평가하지는 않았다. 스탈린의 망혼은 완전한 고독에 빠지고 말았다.[86]

베리아가 총살된 후 새로운 지도자로 선출된 흐루쇼프는 곧 탈(脫)스탈린 정책으로 전환했다. 1956년 제20차 전당대회에서 흐루쇼프는 스탈린의 죄상을 낱낱이 고발하는 장시간의 연설을 했다. 그는 많은 희생자들의 결백을 인정했다. 물론 흐루쇼프의 연설 내용이 언론에 발표되지는 않았으나 꼬리에 꼬리를 물고 퍼져나갔다. 스탈린의 철권통치 기간 중 소련은 후진 농업국가에서 세계 2대 초강대국 중

스탈린 장례식.

하나인 강력한 산업 국가로 변모했다. 국가가 백척간두에 섰던 역사상 최대의 전쟁에서도 스탈린 대원수의 지휘 하에 막강한 독일군에게 승리를 거둘 수 있었다. 그러나 그가 이룬 모든 업적에도 불구하고 이에 따른 희생이 너무 컸다. 숙청과 억압과 전쟁으로 인한 인명 손실이 무려 2천만 명 이상에 달했다. 또한 문화를 선도해나가야 할 예술가, 작가, 철학자들의 입이 철저히 봉쇄됨으로써 소련 국민의 문화적 수준은 매우 낮은 단계에 머물렀다.

사담 후세인

Saddam Hussein al-Majid al-Awja 1937~2006, 이라크

어린 시절

사담 후세인은 1937년 4월 28일 티그리스 강에 인접한 티크리트Tikrit 부근의 알 아우자라는 마을의 가난한 양치기 가정에서 태어났다. 티크리트는 12세기 십자군 전쟁의 영웅 살라딘이 태어난 곳이다. 쿠르드 출신으로 기독교 세력으로부터 예루살렘을 탈환하여 반전의 계기를 만들었던 살라딘은 아랍에서 가장 추앙받는 인물 중 한 명이다. 19세기 번성했던 시절 티크리트는 동물의 가죽을 불려서 만든 뗏목인 칼라크의 산지로 유명했다. 그러나 이후 뗏목산업이 쇠퇴하면서 티크리트도 쇠락했다. 후세인이 태어날 당시 티크리트는 매우 가난한 마을이었다. 농사 외에 다른 생계수단은 거의 없었다. 낙후된 교통으

로 외부 세계와의 접촉도 어려웠다. 바그다드와 모술을 왕래하는 열차가 티크리트를 경유했으나 포장된 도로는 한 곳에 불과했다.[87] 후세인은 아버지 후세인 압드 알 마지드의 얼굴을 알지 못한다. 마지드는 후세인이 태어나기 6개월 전 돌연 사라져 버렸다. 마지드가 왜 가족을 버렸는지는 알려지지 않았다. 후세인이 태어난 지 얼마 후 13세된 그의 형이 암으로 죽었다. 가족이 풍비박산 난 것이다. 그 후 일자무식의 가난한 농사꾼인 어머니 수브하는 좀도둑 출신인 사촌 이브라힘 알 하산과 재혼한다. 수브하는 허약한 남편을 압도하는 강인한 성격의 여자였다고 한다. 이런 점에서 후세인과 스탈린은 유사하다. 스탈린도 비천한 신분이었지만 강인한 성격을 지닌 어머니를 존경했다. 두 사람 다 아버지로부터는 아무 것도 얻은 것이 없다. 의붓아버지 하산이 아이를 귀찮게 여기자 어머니는 8~10세쯤 된 후세인을 이웃 마을에 살고 있던 외삼촌 카이랄라 툴파Khairallah Tulpa에게 보냈다. 후세인은 외삼촌 집에서 컸다.

카이랄라는 후세인의 어린 시절에 가장 큰 영향을 준 사람이다. 후세인은 외삼촌을 본받아 장교나 교사가 되려고 생각했다. 육군 장교였던 카이랄라는 정치적인 사건으로 5년간 투옥되었다가 석방된 후 고향에서 아이들을 가르치고 있었다. 제2차 세계대전 중인 1941년 반 영국 성향의 장교들이 일으킨 폭동에 가담했다가 체포된 것이다. 장교 시절부터 열렬한 아랍 민족주의자였던 카이랄라는 서양의 환심을 사는 데만 급급한 이라크 왕정을 경멸했다. 후세인은 어릴 적 외삼촌 집에서 벌어지는 열띤 정치적 논쟁을 지켜보며 정치에 관심을 가지게 된 것으로 알려져 있다. 카이랄라는 그 시절 티크리트 출신 군 장교들을 주의 깊게 지켜보고 있었다. 특히 리더 격인 아메드 하산 알 바크르에게 유별난 관심을 보였다. 카이랄라의 외가 쪽 사촌인 바크르도 민족주의 진영에 속한 장교였다. 그는 1941년 사건 때 카이랄라의 불운을 어떻게든 막아보려고 노력했던 사람이다.[88]

카이랄라 집에서는 티크리트 출신 장교 모임이 주기적으로 열렸다. 그에게는 후세인 또래의 딸이 있었다. 거름으로 쓸 소똥을 주워 나르던 여자아이의 이름은 사지다. 카이랄라는 사촌끼리 혼인하는 아랍의 전통에 따라 두 아이를 미리 정혼시켰다. 1950년 카이랄라는 가족을 이끌고 바그다드 외곽의 가난한 마을 알 카르크로 이사했다. 그곳에는 티크리트에서 이주해온 가난한 농민, 퇴역 장교 그리고 상인들이 모여 살고 있었다. 비슷한 사고방식과 생활습관을 가진 그들은 강도와 도둑질을 일삼았고 때로는 함께 차를 마시며 정치를 논했다. 당시 십대였던 후세인은 외삼촌뿐만 아니라 친척, 친구, 현역 장교, 퇴역 장교들로부터 이라크 정치의 겉과 속을 낱낱이 배울 수 있었다. 이라크 정치에 대한 지식이 쌓여 가던 중 파이잘 2세의 죽음으로 후세인은 큰 충격을 받게 된다. 하세미트 왕조의 마지막 왕인 파이잘 2세는 카심 장군이 일으킨 7월 혁명의 제물이 되고 말았다. 당시 이라크에서 정치권력의 출발지는 군부였으며 권력을 잡으려는 자에게 물리적 힘보다 더 중요한 것은 없었다. 후세인은 젊은 시절에 일찍 이러한 사실을 터득했다.

군에 있던 후세인의 친척들은 그가 사관학교 입학시험에 떨어져 정식 군사교육을 받지 못했음에도 불구하고 그를 지원해주기로 했다. 특히 당시 육군 준장이던 친척 알 바크르가 후세인을 총애했다. 바크르는 훗날 후세인이 권력의 사다리를 올라가는데 결정적인 역할을 하게 된다. 친척들이 후세인에게 특별한 관심을 보인 것은 그가 유능한 때문이기도 했지만 무해한 인물이라고 생각했기 때문이다. 후세인이 사관학교를 나오지 않은 것은 매력적인 요소였다. 그들은 후세인을 키워 놓아도 한계가 있기 때문에 위협적인 인물은 될 수 없을 것으로 판단했다.[89]

가족 중심의 사회

아랍은 가족 중심의 사회이다. 이들에게 사촌은 친 형제와 같은 존재이다. 아랍에서는 '세상에 대항해 싸우는 나와 내 사촌'이라는 표현을 쓰는데 이는 신의와 배신이 엇갈리는 세상에서 믿을 수 있는 존재는 오직 혈육뿐이라는 아랍의 정서를 잘 반영하고 있다. 이러한 정서는 제1차 세계대전 전까지 온전한 국가를 이루지 못하고 오스만 투르크 제국의 변방에 불과했던 이라크 역사 속에 깊이 뿌리내려 있다. 부패한 오스만 관료들은 그들이 지배하던 쿠르드족과 아랍인으로부터 재물을 최대한 착취하는 일에만 힘을 쏟았다. 이를 위해 부족장을 활용했다. 부족장에게 부족에 대한 통치권을 주는 대신 그들을 통해 재물을 상납 받았다. 따라서 오스만 지배 400년 동안에는 국가 대신 부족장이 전체 부족을 보호하고 분쟁을 관리하며 집단을 하나의 정체성으로 묶었다. 그러나 혈연에 얽힌 원한이나 이슬람 내부의 갈등, 즉 종파분리주의를 부르짖는 시아파와 정통 수니파 간의 극심한 대립과 같은 문제는 부족장의 능력 밖이었다. 누구든 언제라도 위험에 처할 수 있었다. 따라서 그들에게는 친족이 무엇보다도 소중한 존재였던 것이다.[90]

이러한 아랍의 정서를 이해하면 이라크에서 가장 힘 있는 두 조직, 즉 정부와 비밀경찰이 모두 후세인의 일가와 연계되어 있다는 사실이 당연하게 여겨질 것이다. 가계가 복잡한 후세인에게 친가는 두 갈래이다. 얼굴도 모르는 친부 알 마지드 가문과 어머니가 개가함으로써 만들어진 또 하나의 가문 이브라힘 일가가 있다. 그리고 외가 쪽으로는 어린 시절 몸을 의탁했던 외삼촌 카이랄라 툴파 집안이 있다. 이러한 체제에서 권력이 제대로 작동하려면 권력을 분점하고 있는 일가친척 간의 단합이 가장 중요했다. 후세인의 권력 초기에는 별 문제가 없었으나 권력이 장기화하면서 친인척 내부의 균열과 갈등은 불가피했다. 절대적 권력은 절대적으로 부패한다는 말도 있지만. 후세인 스스로 갈등의 원인을 제공하기도 했다. 카이랄라 집안과의 갈등은 그가 자초한 것이다. 첫째 부인 사지다에 대한 사랑이 식으면서 후세인은 그녀를 소홀히 대했다. 사지다의 오빠인 국방장관 아드난은 거의 매일 여동생을 위로해줘야 했다. 후세인을 자식처럼 키웠던 카이랄라 툴파는 바그다드 시장을 지낼 정도로 영향력이 있었으나 오래가지는 못했다. 그는 일가친척 중에서도 서열이 가장 높은 중요한 구성원이다. 카이랄라는 자신의 딸을 등한시하는 사위를 매우 못마땅하게 생각했다. 당연히 후세인과 그의 외가 쪽 사람들 간의 사이는 점점 벌어질 수밖에 없었다.

포악한 우다이

후세인의 두 아들 우다이와 쿠사이는 2003년 미국의 이라크 침공 후 은신처에서 발각되어 사살되고 마는데 그들의 행적에 대한 이야기는 많다. 특히 장남 우다이는 포악한 성정을 가진 인물로 악명이 높다. 우다이는 아버지의 친구 카말 한나 게게오를 살해할 정도로 포악했는데 그 경위는 이렇다. 우다이와 그의 어머니는 게게오가 후세인에게 바람을 불어넣어 가정을 멀리하게 만들고 있다고 생각했다. 따라서 그들에게 게게오는 눈에 가시 같은 인물이었다. 우다이는 늘 아버지 곁에 붙어 다니는 게게오가 음모를 꾸며 자신이 아버지의 뒤를 잇지 못할까봐 걱정했다.

1988년 11월 우다이는 이집트의 영부인 수지 무바라크 여사를 위한 파티에서 게게오에 대한 응징을 결심했다. 파티를 주최한 이라크 부통령 타하 모이덴 마루푸는 사전에 이러한 계획을 알고 있었으나 망나니 우다이가 수하들과 함께 파티장에 나타나는 것을 막을 수 없었다. 우다이는 마루푸를 밀어제치고 굵직한 곤봉으로 게게오를 마구 내리쳤다. 사건을 전해들은 후세인의 격노한 모습에 겁이 난 어머니 사지다는 아들 우다이에게 해가 미치지 않도록 오빠 아드난에게 남편을 진정시켜 줄 것을 특별히 부탁해야 했다.[91] 그 후 게게오는 후세인에게 젊고 매력적인 안과의사 사미라를 소개해주었다. 후세인과 사미라의 관계는 일시적인 외도 차원을 넘어 지속되었으며 마침내 사미라는 남편과 이혼하고 후세인의 둘째 부인이 되었다.

우다이는 어머니 사지다와 함께 게게오에 대한 적개심으로 이를 갈고 있었다. 어느 날 이웃에 사는 게게오가 파티에서 흥에 겨워 총을 쏘아댐으로써 우다이의 심기를 자극했다. 우다이는 그만 멈추라는 전갈을 보냈으나 게게오는 이를 묵살했다. 이에 몹시 화가 난 우다이는 전기톱을 들고 집으로 쳐 들어가서 게게오에게 상처를 입힌 후 격투 끝에 끝내 그를 죽이고 만다. 이 소식을 듣고 머리끝까지 분노가 치밀어 오른 후세인은 우선 우다이가 수집한 외제 호화 승용차들을 모두 불태운 후 아들을 응징하려고 했다. 사지다가 요르단의 후세인 국왕에게 전화를 걸어 도움을 요청하지 않았더라면 아마 큰 일이 벌어졌을지도 모른다. 요르단 국왕의 설득으로 겨우 후세인의 분노가 진정되었다. 후세인은 우다이를 제네바로 쫓아 보냈다. 제네바에는 마침

후세인 가족사진. (왼쪽 시계방향으로) 첫째 사위 후세인 카말Hussein kamel, 둘째 사위 사담 카말Saddam Kamel, 차녀 라나 후세인Rana Hussein, 장남 우다이 후세인Udai Hussein, 장녀 라가드 후세인Raghad Hussein, 사하르 마헬Sahar Maher Abd al-Rashid(쿠사이 부인), 차남 쿠사이 후세인Qusay Hussein, 셋째 딸 헤라 후세인 Hera Hussin, 사담 후세인Saddam Hussein, 사지다 탈파Sajida Taltah(후세인 부인), 어린아이(알지 못함).

현지 대사로 있으면서 후세인의 해외재산을 관리하는 이복형 바르잔 이 있었기 때문이다.

영광과 오욕의 이라크 역사

이라크는 인류 역사에서 가장 오래된 메소포타미아 문명의 중심지이 다. 비옥한 초승달 지역에서 수메르, 아카드, 바빌로니아, 아시리아 등 고대국가들이 탄생하고 성장했다. 문명을 탄생시킨 원동력은 유프라테스 강과 티그리스 강이다. 두 강은 모두 터키에서 발원하는데 이라크 평원에서 비옥한 옥토를 만든 뒤 샤트 알 아랍 Shatt-al-Arab 강 근처에서 합쳐져 페르시아 만으로 흘러간다. 많은 문명과 민족이 거쳐 간 탓인지 이라크의 국경은 자연적인 것이 아니라 인위적이다. 이라크라는 이름의 현대적인 국가는 1916년 악명 높은 사이크스-피코 비밀협정에 따라 세워졌다. 양국 외교관이 잣대를 들고 선을 그은 국경에 따라 영국과 프랑스는 제1차 세계대전 종료 후 땅을 나누어 가지기로 합의한 것이다.

1918년 전쟁이 끝나자 영국은 합의한 대로 과거 오스만 영토였던 바그다드, 바스라 및 모술과 인근지역을 하나로 합쳐 이라크라는 새로운 국가를 만들었다. 이란과의 국경은 인위적이 아니다. 이 국경은 지난 250년 간 오스만제국과 페르시아 간의 국경으로 남아 있었다. 터키와의 국경은 과거 오스만제국의 행정구역에 따라 만들어졌다. 그래서 자연적인 것으로 보인다. 그러나 자세히 보면 그렇지도 않다. 오스만 시대와는 달리 선을 그어 쿠르드 족을 둘로 갈라놓았기 때문이다. 이로 인해 쿠르드는 터키, 이라크, 이란, 시리아 4개국으로 분산되어 살게 되었다.

인류 최초로 문명이 꽃 핀 땅을 장장 9천 년이 지나 사담 후세인이라는 독재자가 거머쥐게 된 것은 역사의 아이러니이다. BC 3천 년 경 유프라테스 강 하류의 우루크와 우르에 거주하던 수메르인은 세계최

(왼쪽) 마크 사이크스Mark Sykes, 영국
(오른쪽) 조르주 피코Georges Picot, 프랑스
사이크스-피코 협정Sykes-Picot Agreement(1916)의
두 주역.

초로 문자를 발명했고 도시문화와 관료체제를 꽃피웠다. 약 1천년 뒤
에는 두 개의 제국이 메소포타미아를 분할 통치했다. 남쪽 유프라테
스 강변에는 바빌론을 수도로 한 바빌로니아 제국이 수립되어 군사뿐
만 아니라 문화와 과학에서 뛰어난 업적을 남겼고, 북쪽 티그리스 강
변에는 니느웨(Nineveh:니네베)를 수도로 한 군국주의 국가 아시리아
가 자리 잡았다. 인류 최초의 군국주의 국가라고 할 수 있는 아시리아
는 호전적이고 정복욕이 강했다. 티글라트 필레세르 3세, 아슈르바니

팔 등 정복 군주들은 힘을 상징하기 위해 자신의 모습을 새긴 거대한 석조 부조물을 남겼다.[92] 후세인이 모델로 삼은 고대의 군주는 바빌론의 지배자 네부카드네자르 2세Nebuchadnezzar Ⅱ 이다. 그는 BC 586년 예루살렘을 점령한 뒤 유대인을 바빌론으로 끌고 갔던 '바빌론 유수'의 장본인이다.

BC 539년 메소포타미아의 고대문명은 종말을 맞이했다. 바빌론과 아시리아는 페르시아의 키루스(사이러스) 대왕에게 넘어갔다. 그 후 1,100년에 걸쳐 페르시아, 그리스 및 로마가 교대로 지배하던 메소포타미아는 7세기가 되면서 새로운 상황을 맞게 된다. 이슬람이라는 새로운 종교가 탄생했기 때문이다. 이때 비로소 아랍은 메소포타미아로부터 페르시아 세력을 몰아내게 된다. 사담 후세인은 악명 높은 이란·이라크 전쟁을 '카디시야트 후세인'으로 일컬으면서 칭송했다. '카디시야트'라는 단어는 위대한 승리를 뜻한다. 서기 636년 무슬림으로 개종한 아랍은 카디시야 평원에서 조로아스터 교도인 페르시아를 무찌르고 메소포타미아를 페르시아의 통치로부터 해방시켰다. 메소포타미아는 이때 새로운 종교를 받아들였고 아랍인의 지배체제도 확립되었다. 이라크라는 이름도 이때 처음 만들어진 것이다. 이라크는 수메르 도시였던 우루크Uruk로부터 유래한 것으로 알려져 있다.

그러나 이슬람 초기 1백여 년 동안 말썽이 끊이지 않았다. 가장 큰 사건은 수니파와 시아파의 분열이다. 정통칼리프 중 마지막인 4대 칼리프 알리는 전임 칼리프 우스만 암살자를 처벌하는 문제로 반대파와 심각한 갈등에 처했다. 전쟁을 피하기 위해 알리가 반대파의 수장인 무아위야Mu'awiyah*와 협상에 임하자 그의 광적인 지지자들은 그 자체를 불의와의 타협으로 간주해 알리를 살해했다. 그 결과 무아위야가 칼리프의 자리에 올라 이슬람 최초로 우마이야Umayyad왕조를 창건하고 본거지를 다마스쿠스로 옮겼다. 이후 알리의 둘째 아들 후세인이 칼리프의 권좌를 세습한 무아위야의 아들 야지드를 상대로 반란을 일으켰다. 후세인은 아버지 추종 세력이 강한 쿠파에서 병력을 모아 야지드를 응징할 계획이었다. 그러나 후세인의 예상과는 달리 이미 많은 사람들이 우마이야** 정권에 줄을 서고 있었다. 배신당한 후세인과 70여명의 추종자들은 인근 카르발라 평원에서 야지드가 파견한 군대에 의해 모두 살해되고 만다. 후세인의 순교로 태어난 지 얼마 되지도 않는 이슬람은 수니와 시아라는 양대 산맥으로 완전히 갈라지

. . . .

* 무아위야(Mu'awiyah)는 이슬람교 초기 4대 칼리프였던 알리(예언자 무함마드의 사촌이자 사위) 시절 다마스쿠스 총독으로 있다가 알리의 권위에 도전해 전쟁을 일으켰다. 이 전쟁에서는 알리가 승리했으나 나중에 알리가 암살당하자 무아위야는 스스로 칼리프 자리에 올라 우마이야(또는 옴미아드: Umayyad) 왕조를 창립했으며 661-680년 간 재위했다. 무아위야는 선출로 칼리프를 뽑는 전통을 무시하고 아들 야지드(Yazid)에게 칼리프 위를 세습했다. 이로써 칼리프 좌는 선출에 의해 지도자를 뽑던 관행으로부터 세습제로 전환되었다.

** 우마이야 왕조는 무함마드 사후 4명의 칼리프를 배출한 정통칼리프 시대에 이어 아랍-이슬람제국의 2번째 칼리프 왕조로서 무아위야에 의해 건립되었다. 이 왕조는 661-750년 간 존속하면서 서아시아, 북아프리카, 스페인 등을 지배했다. 8세기 초가 최고 전성기로써 중앙아시아, 북서 인도 및 스페인을 정복했으며 여세를 몰아 프랑스에 원정했으나 732년 투르(푸아티에) 전투에서 패했다. 이슬람의 법학과 신학 및 다른 학문들이 이 시기에 시작되었다. 우마이야는 아랍 부족들 간의 내분과 비 아랍계 이슬람교도의 불만이 원인이 되어 압바스 왕조에게 정권을 빼앗겼다.

게 되었다. 시아파에서는 시조 알리에 이어 그의 두 아들 하산과 후세인을 각각 제2대, 제3대 이맘으로 추앙한다.

이라크는 694년 우마이야 왕조가 임명한 알 하자드 총독이 정책을 무자비하게 밀어붙일 때까지 불안한 상태에 놓여 있었다. 알 하자드는 총독 취임식에서 쿠파 시민을 모아놓고 이라크 인을 호되게 몰아붙였다고 한다. 그들이 불화와 위선에 가득 차 있으며 선동에 잘 휩쓸리고 법을 지키지 않는다고 비난한 것이다. 알 하자드는 그러한 이라크 인을 용서치 않을 것이며 무자비하게 다룰 것이라고 엄포를 놓았다. 알 하자드는 잔인함으로 악명을 떨쳤지만 이라크에 평화를 가져오고 무역과 농업을 발전시킨 유능한 총독으로 평가받고 있다.[93]

이슬람은 압바스 칼리프 시대(Abbas Caliph750~1258년)에 이르러 전성기를 맞게 된다. 압바스 칼리프는 수도를 바그다드로 옮겼고 인재를 고루 등용했으며 학문과 문화를 발전시켰다. 압바스 왕조는 동서로는 인더스 강에서 알제리, 남북으로는 아라비아 반도의 사나에서 코카서스 산맥에 이르는 광대한 땅을 통치했다. 아랍, 페르시아, 그리스의 문화와 학문을 융합하여 수학, 화학, 천문학, 의학, 지리학, 문학 등 많은 분야에서 새로운 것을 만들어냈다. 특히 『천일야화』의 주인공이며 '문화군주'로 유명한 제5대 칼리프 하룬 알 라시드Hārūn al-Rashīd 시대에 와서 이슬람 문화는 정점에 도달했다.

한편 압바스 칼리프는 음침하고 어두운 모습도 함께 가지고 있다. 아랍이 페르시아의 통치 기술을 받아들이면서 폭력적인 절대군주제의 전통도 함께 받아들였기 때문이다. 잔인한 통치는 군국주의 국가였던 아시리아 시절부터 내려오는 전통이었다. 압바스 왕조는 시작부터 폭력적이었다.

초대 칼리프 알 사파는 권력을 잡자마자 우마이야 왕조의 잔당을 이 잡듯이 잡아 죽였다. 자신이 정권을 잡는 데 전적으로 협력했던 호라산 지역의 시아파에 대해서도 칼날을 겨누었다. 2대 칼리프 알 만수르는 자신에게 철저히 복종하지 않는 어떤 세력도 제거한다는 차원에서 정권을 잡는데 협력했던 시아파 지도자들을 무참히 살해했다. 압바스는 아랍의 역사에서 처음 보는 절대 왕조였다. 원래 아랍의 전통은 평등과 협의를 중시한다. 우마이야 왕조 때까지는 그런 전통이 어느 정도 유지되었으나 압바스 시절에 오면 여지없이 깨지고 만다. 칼리프는 고대 페르시아 왕국의 황제와 같이 전지전능한 인물로 승격되었다. 왕의 옆에는 큰 칼을 찬 사형집행인이 늘 배석하여 공포분위기를 조성했다. 모든 통치는 페르시아 식으로 이루어졌다. 오직 특권층만이 칼리프와 대화를 할 수 있었고 그를 만나기 위해서는 칼리프 발밑에 엎드려 입을 맞추어야 하는 등 굴욕적인 의식을 거쳐야 했다. 칼리프도 국민의 한 사람으로 간주하는 아랍 전통 및 정통 이슬람 교리와는 명백히 배치되는 것이다. 분노한 종교지도자와 신도들은 점차 칼리프 체제에 등을 돌렸다. 수니 정권 창출에 기여했으나 박해의 대상이 된 시아파는 정권 내내 간헐적으로 반란을 일으켰다.[94] 시아파는 결국 페르시아와 이라크에서 다수 세력을 이루게 되며 두 종파 간의 다툼은 세월이 갈수록 더 격화되었다.

1258년 몽골 침략 때 바그다드는 처참히 무너졌다. 이로써 5백년 역사는 마침표를 찍었다. 훌라구가 이끈 몽골군은 최소 10만 명을 살육한 것으로 추산된다. 바그다드는 약탈되었고 찬란했던 압바스 왕조의 문화와 학문이 모두 파괴되었다. 바그다드의 처참한 모습을 보며 겁을 집어 먹은 다마스쿠스는 성문을 열고 항복함으로써 학살을 비켜 갔다. 제국 전체가 유린될 뻔했던 이슬람 세계는 1260년 맘루크 출신의 장군 바이바르스가 북 팔레스타인의 아인 잘루트에서 몽골군을 격퇴시킴으로써 살아남았다. 몽골 침략 후 몇 백 년 간 이라크는 정치적 혼란과 함께 경제적, 사회적으로 피폐한 암울한 시기를 보내야 했다. 이라크는 외국 군대의 침략과 유목민의 공격에 속수무책이었다. 1534년 최초로 정부다운 정부가 들어섰다. 이라크 인이 세운 정부는 아니고 이슬람 세계의 패자로 등장한 오스만 투르크가 시아파 국가 사파비(이란)와 싸워서 이긴 결과이다. 그러나 이로써 게임이 끝나지는 않았다. 오스만과 사파비는 전쟁을 계속했고 약 2백 년에 걸쳐 바그다드의 주인이 여러 번 바뀌었다. 사파비가 바그다드를 점령하면 수니파에 대한 박해가 있었다. 반대로 오스만이 바그다드를 정복하면 시아파에 대한 복수가 횡행했다. 피비린내 나는 살육전은 1638년 오스만이 바그다드를 완전히 장악할 때까지 지속되었다. 그동안 이라크 내에서 종파 간의 갈등은 깊어질 대로 깊어졌다. 현대 이라크에 와서도 이러한 갈등은 지속되고 있다.

알리의 무덤이 있는 나자프와 그의 둘째 아들 후세인이 살해된 카르발라는 시아파의 성지이다. 시아의 성지를 안고 있는 이라크 남부는 자연스럽게 시아파의 중심지가 되었다. 그들은 지배자인 오스만이 함부로 다루지 못할 정도로 독립심이 강하고 과격한 성향을 가졌다. 아라비아와 메소포타미아는 역사적으로 인구 이동이 잦은 지역이다. 오스만 시절 아라비아 반도 중앙(나즈드 Najd)에 거주하던 아랍인이 보다 더 비옥하고 살기 좋은 곳을 찾아 이라크로 많이 넘어왔다. 이라크로 온 아랍인은 나자프와 카르발라의 영향권 내에 있었기 때문에 자연히 시아파가 되었고 이로써 시아의 세력이 점점 커졌다. 오스만은 이라크의 주요 도시들을 직접 통치했으나 지방에는 통치권이 미치지 못했다. 농촌지역을 지배하는 토호(셰이크)의 우두머리가 사실상 통치권을 행사했다. 술탄에게 충성하는 한 오스만 정권은 토호들이 하는 일에 간섭하지 않았다. 일반 국민은 오스만이 국가의 주인인지도 잘 모를 정도로 무감각하게 살았다. 그러다보니 국민 대부분은 현대 이라크가 급조되었을 때 중앙정부에 대한 친밀감이나 충성심을 전혀 느끼지 못했다. 이라크인은 국가라는 생소하고 인위적인 존재보다 부족이나 종파에 대한 충성심이 훨씬 강했기 때문이다.

당시의 원시적인 교통 및 통신 사정을 감안할 때 콘스탄티노플에서 바그다드를 직접 통치한다는 것은 거의 불가능했다. 이라크는 오스만 제국에서 가장 낙후한 지역 중 하나였기 때문이다. 당연히 본국 정부에서 그 먼 곳으로 파견되는 관리는 한물 간 인물이 대부분이었다. 본국에서 처치 곤란한 퇴물들이 거의 망명 형태로 이라크로 보내졌다. 이라크 사람들은 자신을 통치하고 있는 오스만이 어떤 나라인지도 잘 몰랐다. 오스만 군대가 유럽에서 승리했고, 동구의 여러 나라를 지배하게 되었다는 소식들은 한참 지나서야 이라크에 알려졌다. 오스만 제국이 이룩한 정치, 경제, 사회 분야에서의 발전도 마찬가지였다. 몇 년 후에야 소식이 들어왔고 그것도 본 모습과는 달리 변질되어 들어오기 일쑤였다. 유럽은 콘스탄티노플보다 훨씬 멀었다. 일부 유럽인이 오스만 영토의 일부인 지중해 연안에 정착했으나 바그다드까지 들어온 사람은 거의 없었다. 유럽과의 문물 교환이 거의 없다보니 이라크는 늘 뒤쳐지기 일쑤였다. 19세기 들어 유럽의 과학기술이 카이로와 다마스쿠스로 활발하게 전파되었지만 근처에 있는 바그다드는 이들보다 훨씬 늦게 신기술을 받아들였다.[95]

오스만의 이라크 통치는 1917년 9월 연합군에 항복하면서 끝이 났다. 전후 처리 방안은 사이크스-피코 비밀협정으로 이미 마련되어 있었다. 연합군은 1920년 이탈리아의 산레모에서 회동하여 전후 식민지 통치를 구체적으로 논의했고 이라크는 이미 약속한 대로 영국의 품으로 돌아갔다. 이라크가 영국의 지배를 받게 되었다는 소식에 이라크인은 대규모 폭동을 일으켰다. 그러나 이들에게는 무슨 전략이 없었다. 폭동을 일으키더라도 막후에서는 협상을 병행해야 자신의 이익을 지킬 수 있는 법인데 그러한 전략적인 마인드가 없었다. 특히 오랫동안 수니파 오스만의 박해를 견디며 살아온 시아파가 오스만이 무너지는 기회를 활용하지 못한 것은 치명적인 실수였다. 그들은 훗날 이를 두고두고 후회하게 된다. 시아파의 논리는 단순했다. 무슬림이 비 무슬림의 통치를 받을 수는 없다는 것이다. 따라서 영국과의 싸움을 주도하는 세력은 주로 이라크 남부의 시아파였다. 그러나 이들은 희생만 자초했을 뿐 아무런 성과도 거두지 못했다. 그렇게 싸웠지만 결과는 또 다른 수니파 지배체제로 나타났다. 바보 같은 시아파라고 해도 과언이 아니다.

이라크를 창건할 때 아랍인 통치자가 필요하다는 배경에서 파이잘 1세Faisal I가 초대 국왕으로 옹립되었다. 그러나 그는 메소포타미아에 뿌리가 있는 인물이 아니다. 메카와 메디나의 수호자 샤리프 후세인의 4남인 파이잘은 제1차 세계 대전 말 오스만을 겨냥해 일어났던 아랍 폭동 때 함께 했던 이라크 출신 장교들에게 전적으로 의존했다. 그들은 열성적인 아랍민족주의자들이면서도 영국의 위임통치를 기꺼이 수용했다. 오스만을 물리친 은인이 영국이라고 생각했기 때문이다. 아예 골수 친영파들도 있었다. 누리 알 사이드 Nuri Pasha al-Said같은 인물이 대표적이다. 영국을 등에 업고 누리 알 사이드는 무려 여덟 번이나 총리 직을 맡을 수 있었다. 파이잘의 측근은 수니파 일색이었다. 수니파 장교들은 이라크의 자주독립보다 아랍 민족주의를 더 중시했다. 수니파가 지배하는 이라크가 아랍 세계의 한 축을 차지해야 행세할 수 있다는 생각에서이다. 시아가 압도적으로 다수인 이라크에서 정치권력만은 수니가 잡아야 한다는 절실함이 근저에 깔

누리 알 사이드Nuri Pasha al-Said 이라크 총리. 영국의 지원으로 여덟 번이나 총리를 지냈다.

려있었다. 이러한 상황에서 신생 이라크 왕국은 처음부터 인종, 종파, 지역 등으로 갈라져 대립했다. 영국의 위임통치 시절 북부에서는 쿠르드족 그리고 남부에서는 시아파에 의한 무장봉기가 수시로 일어났다. 이라크는 영국에게 내내 골칫덩어리였다. 10년 간의 통치에도 불구하고 내전과 비슷한 사태가 지속되자 영국은 결국 손을 들었다. 위임통치를 중단키로 한 것이다. 이에 따라 1932년 아랍권에서는 최초로 자주독립국이 되어 국제연맹에 가입했다. 그러나 영국은 여전히 이라크의 전략적인 가치를 중시했다. 중동을 얻으려면 먼저 메소포타미아를 통제해야 한다는 것이 영국의 생각이었다. 사실 이라크의 독립은 군사기지 사용권 등 영국이 누리던 각종 특권을 대부분 인정하는 조건으로 이루어진 것이다.

파이잘 국왕의 사후 군부 영향력은 점점 더 커졌다. 그런 가운데 아시리아인의 반란을 진압하여 유명인사가 된 바크르 시드키 장군이 정치적 야망을 키워나갔다. 1936년 시드키는 이름 있는 개혁파 정치가였던 히크마트 술레이만과 손을 잡고 군대를 동원한 후 가지(파이잘 1세의 아들) 왕을 협박해 정부를 교체했다. 술레이만이 총리가 되고 시드키는 군 참모총장에 올랐다. 현대 아랍 역사상 첫 쿠데타였다. 이 사건을 계기로 이라크에서는 정치인과 군인이 결탁하여 정권을 장악하는 악습이 뿌리를 내렸다. 신생 이라크는 성숙하기도 전에 쿠데타가 정권을 결정하는 나라로 전락해버린 것이다.

제2차 세계대전이 발발하자 이라크 민족주의자들은 나치의 손을 들어주었다. 영국의 신탁통치에 신물이 난 때문이다. 친영파인 파이잘 왕 시절 그를 보좌하던 친영주의자들은 이미 사라지고 없었다. 민족주의자들이 행동을 개시했다. 1941년 4월 영국 총독과 골수 친영파인 누리 사이드 총리를 바그다드에서 쫓아낸 것이다. 민족주의자들이 친 나치 정권을 수립하기 위해 지원을 요청하자 히틀러는 꼭두각시 비시 정부가 관할하고 있던 시리아를 통해 몇 대의 항공기를 보내주었다. 영국이 격분할 것은 당연한 일. 영국은 요르단에 있는 병력을 급파하여 이라크를 점령하고 바그다드 총독과 누리 총리를 복귀시켰다.[96] 민족주의자들의 준동은 수포로 돌아갔으며 나치는 이라크 문제에 더 이상 개입하지 않았다.

종전과 함께 누리는 거의 영구적으로 집권했다. 그의 정책은 노골적으로 친서방적이었는데 대다수 국민은 이에 찬성했다. 1948년 이스라엘이 독립하자마자 발발한 제1차 아랍-이스라엘 전쟁에 이라크는 군대를 파견했다. 이 전쟁에서 이스라엘이 승리를 거두자 아랍 전역이 불만으로 가득 찼다. 물론 이라크인도 울분을 터뜨렸다. 이때의 패배로 1952년 이집트에서는 쿠데타가 일어나 아랍민족주의자 나세르가 집권하게 된다. 이라크인은 이스라엘에 패한 것은 이라크 지도층 인사들이 상부의 작전명령을 거부하는 등 배신행위를 저질렀기 때문이라고 믿었다. 이러한 부정적인 생각은 왕정에 대한 군의 충성심을 약화시키는 악재로 작용했다.

혼란과 폭력 속의 현대 이라크

1958년 7월 14일 압드 알 카림 카심Abd al-Karim Qasim 장군이 이

<u>77</u>는 아랍민족주의 장교 그룹이 쿠데타를 일으켰다. 흔히 '7.14 혁명'으로 불리는 이 쿠데타로 이라크 왕정은 37년 만에 무너졌다. 왕궁을 공격한 쿠데타 군은 몇 명 안 되는 숫자에 경무장한 상태였으나 압둘 일라 섭정은 중무장한 채 인근에 주둔하고 있는 2천 5백 명의 왕궁수비대에게 반격 명령을 내리지 않았다. 가지 왕의 사촌이자 처남인 압둘 일라 왕자는 어린 파이잘 2세의 섭정을 맡고 있었다. 유혈사태를 막기 위한 것이었다고 하지만, 이때 압둘 일라가 반격하지 않았던 이유는 잘 설명이 되지 않는다. 혁명군은 2시간 동안 생포되어 있던 압둘 일라와 국왕 파이잘 2세, 압둘 일라의 모친과 누이 및 여타 왕궁의 시종들을 벽에 세워놓고 기관총으로 사살했다. 파이잘 왕은 부상을 입고 병원으로 옮겨졌으나 곧 사망했다.

쿠데타가 진행되고 있는 동안 카심 장군의 동료인 압둘 살람 아리프 대령은 라디오를 통해 왕정 붕괴 사실을 선포했다. 곧 바그다드에는 엄청난 군중이 쏟아져 나와 길거리를 가득 메운 채 구호를 외쳐댔다. 그들은 시내를 누비며 영국대사관을 비롯한 주요 건물에 불을 질렀으며 호텔에 묵고 있던 몇몇 요르단 각료와 서방기업가들을 살해했다. 그 와중에도 70세의 교활한 여우 누리 총리는 궁을 빠져나갔다. 여덟 번이나 총리를 하며 수많은 쿠데타에서 죽을 고비를 여러 차례 넘긴 누리는 베일을 쓰고 여자로 위장하여 바그다드를 빠져나가려 했다. 그러나 행운의 여신이 이번에는 그를 외면했다. 한 과일장수가 그를 알아보고 소리를 지르는 통에 군중에게 붙잡혀 말뚝에 묶인 신세

가 되었다. 거리에서 처참하게 살해당한 그의 몸은 굶주린 개의 먹이
가 되었다.

이라크 군부는 그동안 1939년 가지 왕 암살 사건, 황금의 4인방 처
형(1941년 가지 왕의 정책을 승계한 4명의 대령을 처형한 사건), 팔레스타인
에서의 패전(1948년 팔레스타인에 이라크군을 파병했으나 이스라엘군에게 패
배) 등 세 가지 불명예에 시달려왔다. 쿠데타 지도자들은 거사의 이유
로 이 세 가지 사건을 앞세웠으며 국민들도 이에 수긍하는 분위기였
다. 그러나 왕정이 무너진 근본적인 이유는 왕들의 무능함에 있었다.
더 나아가서는 이라크에 뿌리가 없는 메카의 하세미트 가문이 왕조를
수립했던 것이 그와 같은 비극을 잉태한 이유였다.

쿠데타에서 흘린 피가 채 마르기도 전에 통일 아랍공화국 수립을
지지하는 친 나세르파와 개별 민족주의를 고수하려는 카심 간에 대립
이 생겼다. 나세르Gamal Abdel Nasser는 눈에 가시와 같던 누리가
제거된 것에 찬사를 보내고 신정부의 출범을 축하했으나 카심은 나세
르를 탐탁히 여기지 않았다. 나세르는 이라크의 혁명정부가 아랍공화
국연합Federation of Arab Republics에 참여하기 원했다. 아랍공화
국연합은 혁명 직전인 2월 이집트와 시리아가 공동으로 구성한 연합
체이다. 나세르는 이라크까지 중동의 핵심국가 3개국이 아랍연합에
참가할 경우 확실히 아랍세계의 통합이 가능할 것으로 보았던 것이
다. 그러나 카심은 전혀 생각이 달랐다. 카심의 아버지는 수니파 아랍
인이나 어머니는 시아파 쿠르드이다. 이러한 가정환경에서 자라난 카

카림 카심Abd al-Kasim Qasim　이라크 초대 대통령.

심은 이라크의 내부 통합에만 관심이 있었다. 범(汎)아랍주의 같은 것
은 먼 나라의 이야기였다. 카심이 범 아랍주의를 멀리 하자 나세르와
이라크 내 나세르 추종세력은 즉각 반기를 들었다. 반발 세력의 중심
은 카심과 함께 쿠데타 2인방이었던 그의 동료 아리프Abdul Salam

나세르 Gamal Abdel Nasser이집트 대통령(안경쓴 이)과 아리프Abdul Salam Arif 이라크 대통령

Arif 대령이었다. 혁명 이틀 뒤 주변국들의 지지를 얻기 위해 다마스
쿠스를 방문한 아리프는 나세르와 함께 공개석상에 나타났다. 아리
프는 나세르와 함께 손을 들어 올리면서 이라크는 아랍공화국연합의
일원이 될 것이라고 선언했다.[97] 대중의 인기는 아리프 쪽으로 쏠리

고 카심은 점점 고립되었다. 카심은 이라크 민족주의를 옹호하는 일부 군부 세력과 조직이 잘 정비되어 있는 공산당에 의지했다. 반면 아리프는 아랍 민족주의를 지지하는 다수의 장교들과 아랍세계의 통일을 모토로 설립된 바트당의 지지를 얻어 카심에게 맞섰다. 이라크에는 다시 전운이 감돌았다.

범 아랍주의 세력의 목소리가 점점 커지자 다급해진 카심은 다른 동맹을 찾아 나섰다. 그가 찾은 세력은 어머니와 같은 종족인 쿠르드이다. 카심은 모스크바에 망명중인 쿠르드 지도자 무스타파 바르자니의 귀국을 요청했다. 카심은 바르자니를 극진히 대접했다. 바르자니는 전 총리 누리 사이드가 살던 저택에 머물면서 온갖 환대를 받았고 최고급 승용차와 활동비까지 제공되었다. 문제는 바르자니의 복심(腹心)이었다. 바르자니가 원하는 것은 아리프 일당을 축출한 대가로 쿠르드의 자치를 보장받는 것이다. 그러나 카심은 이를 받아들일 생각이 없었다. 자치를 허용하면 다음 단계에는 독립을 요구할 것으로 우려한 것이다. 카심과 바르자니 간의 담판은 결국 결렬되고 말았다. 회담이 깨지자 양측 관계는 급격히 냉각되었고 급기야는 1961년 9월 내전으로까지 비화되었다. 병을 고치려다 오히려 더 큰 병을 얻은 셈이다. 쿠르드와의 전쟁은 카심 정권에게 막심한 타격을 입혔다.

정치는 생물이라더니, 공산당과 연대했던 카심은 그들의 세력이 커지자 통제를 가하기 시작했다. 그러나 통제가 지나쳤던지 공산당이 동맹에서 이탈해버렸다. 이로써 유일한 지지기반이 사라졌고 카심은

무스타파 바르자니Mustafa Barzani 이라크 쿠르드족의 지도자(가운데). 쿠르드족은 현재 술라이마니아와 아르빌, 도후크 등 북부 3개주의 자치권을 가지고 있다.

완전히 고립되었다. 기회를 노리던 바트당은 1959년 10월 카심에 대한 저격 음모를 꾸민다. 22세의 청년 사담 후세인도 이 음모에 가담했다. 저격으로 부상을 입은 카심은 한 달간 병원에 있었으나 생명에는 지장이 없었다. 쿠데타 이후에는 비폭력으로 일관했던 카심은 음모 세력을 처벌하지 않았다. 사담 후세인의 집권 시절 이라크의 선전 매체는 이 사건에서 후세인을 주역으로 선전하고 있다. 후세인은 '대담하고 영웅적인 인물'로 포장되어 있다. 후세인은 이때 크게 부상당한 것으로 알려져 있다. 피를 흘리면서도 마취 없이 다리에 박힌 총알을 빼내려고 하다 고통스러워 실신했다고 한다. 겨우 의식을 회복한 후 유목민으로 변장해 티그리스 강을 헤엄쳐 건넌 뒤 사막을 넘어 시리아로 피신했다는 것이 무용담의 줄거리이다. 그러나 이러한 이야기는 그를 미화시키기 위해 날조된 것이다. 목격자들은 후세인이 저격 사건에 가담했으나 주모자는 아니었고 가벼운 부상을 입었다고 한다. 당연히 상처 치료에 얽힌 무용담도 사실이 아닐 것이다. 바트당 지지자인 한 의사가 중상자를 치료하면서 경상을 입은 후세인도 함께 돌봐준 것에 불과했다.[98]

카심은 고상하고 비폭력적인 인물이었다. 원래 유혈 쿠데타를 통해 집권했으므로 이후 거추장스러운 인물들을 제거해버릴 수 있었으나 그러한 길을 택하지 않았다. 카심은 민생을 안정시키기 위한 정책에 주력했다. 서민 생활을 향상시키기 위한 정책을 적극 추진했고 빈민 구제를 위한 프로젝트를 추진했다. 매년 예산의 25% 가량이 공공 주택 건설에 투입됐다. 영국 소유인 이라크 석유회사로부터 몰수한 땅을 농부들에게 나누어주었다. 여성의 사회 참여를 보장하기 위해 헌법을 개정했다. 하지만 카심은 때때로 경박하고 엉뚱한 행태를 보여 신뢰를 잃었다. 농업 개혁을 추진한다고 하면서 정책방향을 잘못 잡아 갈팡질팡한 나머지 생산이 오히려 대폭 감소했다. 카심의 가장 큰 문제는 그의 단순함이었다. 심각하고 복잡한 문제에 대한 이해가 부족했으며 제대로 된 처방을 내놓지도 못했다. 그는 국가원수로서의 막중한 책무를 너무 가볍게 생각하는 경향이 있었다.

1963년 2월 8일 라마단 금식 기간 중 카심 정권은 마침내 전복되고 말았다. 1958년과 마찬가지로 아랍 민족주의자들과 손을 잡은 바트당 장교들이 반란을 일으켰고 주모자는 교도소에서 막 석방된 아리프였다. 바트당은 민간인에게 총을 나누어주면서 혁명에 참여시켰다. 사실 카심은 혁명을 무력으로 진압시킬 수 있었다. 그러나 그는 자신을 보호하기 위해 몰려온 수만 명의 공산주의자, 노동자, 농민들에게 무기를 들도록 선동하지 않았다. 혁명세력과 반혁명세력 간의 충돌로 이미 수백 명의 사망자가 발생했지만 카심의 평화적인 입장으로 더 이상의 살상은 막을 수 있었다. 그러나 본인이 쿠데타군에게 체포됨으로써 그의 정부가 무너졌다. 텔레비전 방송국내 음악실에 설치된 처형장에서 전 정부의 핵심인사들이 총살되었다. 처형대에 선 카심은 눈가리개를 거부한 채 "이라크 민중이여, 영원하라!"는 말을 남기고 군인답게 명예로운 최후를 맞았다. 쿠데타의 주역 아리프가 대통령이 되고 바트당 지도자 아메드 하산 알 바크르Ahmad Hassan al-Bakr가 총리에 올랐다. 가끔 엉뚱하고 비현실적인 면이 있기는 했지만 카심은 국민과 함께 한 지도자였다. 가난한 사람들을 위한 업적이나 검소한 생활 그리고 역사상 처음으로 쿠르드족에 대한 권리를 인정한 점에서 카심은 어떤 지도자보다 민중의 사랑을 받았던 인물이다.

카심의 몰락으로 드디어 후세인에게 기회가 왔다. 쿠데타의 주역은 아니었지만 가담한 공으로 아리프 옆에서 정무를 담당하게 된 것이다. 후세인을 추천한 사람은 물론 알 바크르이다. 후세인은 권력의 냄새를 맡는 능력이 있었다. 보안 조직의 중요성을 깨달은 것이다. 이라크와 같은 나라에서 권력을 잡기 위해서는 군 출신이거나 아니면 보안 조직을 장악하는 것이 첩경이다. 후세인은 보안요원들의 신임을 얻기 위해 그들의 고문과 살인 행위를 묵인했다. 스스로 요원이 되어 '카스르 알니하이야'(최후의 궁전)에서 심문과 고문을 담당하기도 했다. '최후의 궁전'은 1958년 국왕 파이잘 2세와 그의 가족들이 총살당한 곳이다. 바트당 정권에서 비밀장소로 사용된 알니하이야 지하실은 고문의 온상이었다. 쇠꼬챙이, 신체를 절단하는 도구, 전기고문에 쓰이는 도구 등이 주로 사용되었다. 많은 사람들이 이곳에서 잔인한 고문을 당한 후 불구가 되어 나갔고 평생 트라우마에 시달려야 했다.

이 시절 후세인은 "사람이 있는 곳에는 언제나 문제가 있고, 사람이 없으면 문제가 없다"는 스탈린의 말을 신조로 삼았다. 후세인은 스탈린에게 매료되어 있었다. 그는 테러가 위대한 사회로 가는 길이라고 주장한 스탈린의 말에 따라 바트당을 소련식으로 키워나가려 했다. 바트당에 반대하는 세력을 폭력으로 억눌러 국가의 유일 당으로 키워나가는 방식이다. 스탈린에게서 국민을 공포로 몰아넣는 기술과 방법을 배운 후세인은 이를 그대로 이라크에 적용했다. 후세인이 처음부터 그렇게 잔인하지는 않았을 것이다. 후세인에게는 인간적인 측면도 있었다. 그러나 그는 권력에 대한 가능성이 자신에게 다가오자 인간적인 면을 포기하고 스탈린의 족적만 충실히 따랐다. 개인적으로는 카이로에서 시작했던 일을 마무리 지은 후 어릴 적 약혼녀 사지다와 결혼했다.

혁명이 일어난 지 5년이 지난 1963년 바그다드 TV는 괴상한 장면을 방영했다. 죽은 카심의 잘린 머리를 확대해서 보여준 것이다. 쿠데타에 참여한 한 군인이 머리를 손에 들고 얼굴에 침을 뱉는 장면이 화면에 나왔다. 이 끔찍한 광경을 TV에서 공개적으로 방영한 이유는 소문 때문이었다. 당시 바그다드에는 혁명 때 카심이 죽은 것이 아니고 무사히 탈출했는데 이제 재기를 노리고 있다는 소문이 걷잡을 수 없이 퍼졌다. 군과 합작으로 혁명에는 성공했으나 당시 바트당은 매우 취약했다. 조그만 풍문에도 견디지 못할 정도로 기반이 약했다. 바트당은 안간 힘을 쓰며 정권을 유지시키려 했으나 오래가지 못해 권력에서 밀려났다.

바트당과 후세인

1940년에 다마스쿠스 출신의 한 시리아 기독교인과 수니파 아랍인이 '아랍바트당'이라는 이름의 비밀결사체를 창설했다. 이것이 한때 아랍세계를 뒤흔들었던 바트당의 시초이다. 바트당은 1947년 4월 7일 다마스쿠스에서 전당대회를 열고 정식 정당으로 출범했다. 바트당은 아랍사회주의 내지 아랍민족주의를 모토로 삼았다. 기독교와 이슬람교의 합작은 아랍에서는 드문 일이다. '바트'는 환생 또는 부활을 의미하는 아랍어이다. 당시 바트당원은 서양의 제국주의 앞에서 맥을 못 추는 이라크의 나약한 정치현실을 개탄하는 사람들이었다. 민족주의자인 후세인의 외삼촌 카이랄라는 즉시 바트당에 가입했고 열성적인 당원이 되었다. 당시 이라크 내 바트당원은 300명 정도에 불과했으나 당원들의 의지는 뜨거웠다. 그들은 비록 현재 상황은 암울하지만 '아랍은 위대한 국가를 건설할 운명을 지닌 민족'이라는 믿음에 충실했다. 당시 십대였던 후세인은 세뇌되어 바트당의 지시라면 무조건 따르는 열성파가 되었다. 바트당은 후세인에게 사회운동을 펼칠 시위대를 조직하는 임무를 맡겼다. 바트당은 레닌주의자의 방식을 따라 철저히 은밀한 단체로 조직되었다. 기본단위는 리더 1명과 4명의 구성원으로 이루어진 세포이다. 세포가 모여 민족 지휘부, 그리고 그 민족 지휘부가 모여 지역지휘부를 구성했다. 지역지휘부가 사령탑인 셈이다. 어떤 나라에서 바트당이 권력을 장악하면 모든 민족 지휘부는 즉시 집권한 지역지휘부 밑으로 들어갔다.[99]

1959년 카심 암살 기도에 실패한 후세인은 운명론자가 되었다. 이 사건으로 궐석재판에서 사형을 언도 받은 후세인은 남은 세월을 신이 준 선물로 받아들였다고 한다. 한 번 죽었다고 생각한 후세인은 그 후

미첼 아플라크Michel Aflaq. 시리아 아랍민족주의 지도자. 아랍국가들을 사회주의로 통합한다는 정치적 신념으로
1947년 바트당을 창당하였다.

두려움을 모르는 사람처럼 지냈다. 암살 미수 후 다마스쿠스로 피신한 후세인은 시리아 바트당 요원들과 어울려 지내다 바트당 창설자인 미첼 아플라크Michel Aflaq를 만나게 된다. 신비주의적인 성향을 띠고 있는 아플라크는 후세인을 높이 평가하여 그를 정식 당원으로 받아들였고 수년 동안 든든한 후원자가 되어 주었다. 학력이 없는 후세인은 아플라크의 도움으로 카이로에 가서 고등학교를 졸업했으며 법률 공부를 위해 카이로대학에 등록했으나 정치적 관심이 앞서 중퇴했다.

바트당의 득세

이라크의 사회학자 알 와르디에 의하면 이라크인은 높은 이상을 품고 있으나 실천력은 약한 편이라고 한다. 그는 이라크인의 이중성에 주목하고 있다. "이라크인은 이슬람교에 대한 신앙심은 깊은 편이 아니나 종파에 대한 충성심은 매우 강하다. 이 때문에 이라크는 늘 분열되어 있다. 이라크인이 흔히 도달하기 어려운 목표를 지향하는 것은 이상주의와 종파주의 영향 때문이다." 당시 바트당에 속해 있던 이라크인은 이러한 어려운 목표를 지향했던 사람들이었다. 행운이 따랐을까? 이들은 용케 그 목표를 이루었다.

1963년 첫 쿠데타에서 엄청난 폭력과 유혈사태 끝에 정권을 움켜

쥐었던 바트당은 불과 9개월 후 권좌에서 내려오게 된다. 바트당의 집권이 단명한 것은 반대파에 대한 숙청의 강도가 약했던 때문이 아니다. 원인은 내부에 있었다. 당내 분열과 파벌 싸움에서 지도력이 흔들렸기 때문이다. 쿠데타의 주역 아리프Abdul Salam Arif와 바트당은 잠시 동안 밀월기간을 거친 후 이내 권력투쟁에 빠져들었다. 군 출신인 아리프는 무력을 동원해 전권을 장악했고 바크르는 부통령에 잠시 기용되었으나 해임된 후 가택 연금되었다. 바크르 계인 후세인에게는 체포영장이 발부되었다. 당시 후세인은 다마스쿠스에서 열린 바트당 전체회의에 참석 중이었는데 비밀리에 귀국하여 지하로 숨어들었다.

1964년 7월 아리프는 이라크 산업의 일부를 국유화했지만 곧 자신의 결정을 후회하게 된다. 전통적인 지도층과 경제계의 강한 반발에 부딪쳤기 때문이다. 그 정도 국유화로는 나세르 추종세력도 만족시킬 수 없었다. 민족주의자들은 보다 강력한 국유화와 개혁을 요구했다. 아리프와 사이가 벌어진 나세르 추종 세력은 급기야 이집트의 후원을 얻어 1965년 쿠데타를 일으켰다. 그러나 실패함으로써 이라크 내 나세르주의자의 입지는 매우 줄어들게 된다. 아리프는 정국 전환을 모색하기 위해 왕정이 전복된 후 처음으로 민간출신인 압둘 라만 알 바자즈를 총리로 임명하여 신자유주의적 정책으로 전환했다. 그러다가 아리프는 1966년 4월 불가사의한 헬기 추락사고로 사망했다. 이라크 사막에서 가끔 일어나는 이러한 사고는 대부분 갑자기 몰아치는 모래

폭풍 때문이다. 취임한 지 얼마 되지도 않은 대통령이 갑자기 죽자 그의 형 압둘 라만 아리프가 권력을 승계했고 총리직에는 알 바자즈가 계속 유임되었다. 쿠데타에서는 성공했을지 몰라도 형제는 용감하지 못했다. 아리프 형제는 이라크 정치사에서 무능한 인물로 기록되고 있다. 압둘 라만은 동생보다도 훨씬 못했다. 그는 나약하고 정책에 대한 감이 전혀 없는 인물이었다. 뚜렷한 목표의식도 없이 우왕좌왕 하면서 현 상태를 유지하려고만 했다.

아리프가 숙청한 바트 당원들은 지하에 숨어 지냈다. 그러다가 후세인은 추적자에게 발각되어 열두 시간에 걸친 총격전 끝에 붙잡혔다. 후세인은 동료들과 함께 2년을 감옥에 있다가 탈출했다. 그 후 후세인은 바트당이 정권을 탈환할 날만을 손꼽아 기다리며 도피생활을 계속해야 했다. 그러던 중 마침내 기회가 왔다. 1967년 아랍·이스라엘 전쟁에서 이스라엘이 승리하자 이라크 군중은 대규모 폭동을 일으켰다. 바트당원이 아닌 장교들까지도 나약하고 우유부단한 정권에 불만을 표출했다. 1967년 말과 1968년 초에 걸쳐 바그다드에서 정부의 부패와 무능을 규탄하는 대규모 시위가 열리자 바트당은 이 기회를 활용했다. 전략은 데모를 부추기는 것이 아니라 오히려 잠재우는 것이다. 일반 시민의 신뢰를 얻기 위해 데모를 진압하는 방안을 택했다.

후세인은 주로 바그다드 대학에서 열린 데모를 진정시키는 임무를 맡았다. 후세인은 나치의 황색셔츠단과 비슷한 폭력 패거리인 사다민 Saddameen을 늘 거느리고 다녔는데 그들이 데모대를 해산시키는 주체이다. "후세인은 데모대 앞에 나타나 공중에 권총을 쏘면서 학생들을 협박했다"라고 그 당시 목격자들은 증언하고 있다. 이런 상황 속에서 1968년 일어난 바트당의 제2 쿠데타는 유혈사태 없이 순조롭게 진행되었다. 바트당은 전처럼 아랍 민족주의 장교들과 손을 잡았는데 이번에는 공화국수비대가 앞에 나섰다. 야심만만하면서도 단순한 군사정보부 차장 압드 알 라자크 알 나이프 대령이 쿠데타 제휴 세력으로 바트당을 택한 것이다. 라만 아리프 대통령은 무기력했다. 그는 쿠데타에 반격하지 않은 대가로 병든 아내와 함께 조용히 런던으로 떠날 수 있었다. 새로운 내각과 혁명평의회 구성 때 후세인은 포함되지 않았다. 당시 후세인은 바트당 사무부총장이었으나 혁명에 참가한 사람들 중에서 바트당원이 아닌 사람을 먼저 배려했기 때문이다.

알 바크르가 대통령에 취임했고 혁명 주체인 나이프 대령이 총리를 맡았으며 측근 다우드가 국방장관이 되었다. 아무 직책도 맡지 않은 후세인은 뒤에서 조용히 음모를 꾸몄다. 쿠데타 발생 13일 후인 7월 30일 바크르는 나이프를 대통령궁 오찬에 초청했다. 아무 의심도 없이 오찬장에 나타난 나이프에게 후세인과 그의 동료들이 총을 들고 나타나 '갈보의 자식'이라는 둥 욕을 퍼붓기 시작했다. 겁에 질린 나이프는 목숨만 살려달라고 애원했다. 이 사건 직후 바크르는 나이프를 해임하고 본인이 총리와 국방장관을 겸임했다. 모로코로 추방된 나이프는 10년 뒤 런던에서 후세인이 보낸 요원에 의해 암살되었다. 다우드는 사우디에서 망명생활을 계속했다.[100]

나이프 일당을 정리한 후 바크르는 후세인에게 새 정부의 보안 조직을 맡겼다. 오래 전부터 외삼촌을 통해 인연을 맺어온 바크르가 대통령이 된 것은 후세인에게 날개를 달아준 것과 같았다. 바크르는 바트당 설립 초기부터 열성 당원으로 활약한 비중 있는 인물이며 당내에서 가장 존경받는 군지도자 중 한 사람이니 후세인에게 얼마나 큰 힘이 되겠는가. 부인 사지다는 두 사람을 보다 단단히 묶어 놓기 위해 혼인 공략을 펼쳤다. 바크르의 아들은 자신의 여동생, 그리고 바크르의 두 딸은 남동생 두 명과 결혼시킨 것이다. 이로써 3중으로 혼인관계가 이루어졌다. 바크르 정권의 반대파 숙청은 계속되었다. 새 정권은 1968년 10월 유대민족주의자 간첩망을 일망타진했다고 발표했는데 이는 반대세력을 타도하기 위한 함정이었다. 바자즈 전 총리를 포함한 다수의 구정권 인사들이 체포되었다. 바자즈는 감옥에서 얻은 고문 후유증으로 1973년 사망했다. 이 사건으로 유대계 이라크 인이 희생양이 되었다. 교수형에 처해진 14명 가운데 11명이 유대인 출신이다.[101]

바트당 정권의 표적은 겉으로는 시오니스트 그리고 서양 제국주의와 연관된 사람들인 것처럼 보였다. 특히 이라크 내 유대인이 공격 목표로 보였다. 그러나 바트당의 진정한 표적은 신생정권의 잠재적 적대세력인 이라크의 엘리트층이다. 성동격서(聲東擊西) 식으로 정권의 안정과는 무관한 유대인을 표적으로 삼았으나 바보가 아닌 한 시오니스트들이 목표가 아니라는 사실은 누구나 알 수 있었다. 정치 엘리트

하산 알 바크르Ahmad Hassan al- Bakr 이라크 대통령.

들은 자신들이 위기에 처한 것을 눈치챘다. 그들은 최대한 몸을 낮추거나 아니면 해외로 피신하여 화를 모면하려 했다. 사실 혁명세력이 노린 것은 바로 이것이었다. 피를 보기 전에 스스로 사라지는 것.

1969년 1월 첫 번째 스파이 처형을 필두로 2월, 4월, 5월, 8월, 9월, 11월 등 계속해서 해방광장에서는 처형이 진행되었다. 처형이 너무 자주 일어났기 때문에 바그다드 시민은 해방광장을 '교수자의 광장'이라고 불렀다. 혐의자들은 혁명법정에서 죄를 자백한 뒤 바로 처형되었다. 민간인은 교수형 그리고 군인은 총살형에 처해졌다. 혐의자가 법정에서 끝내 자백을 거부할 것으로 예상되는 경우에는 미리 하수인을 시켜 살해했다. 전임 외무장관이었던 나세르 알 하니 암살이 그와 같은 경우이다. 후세인이 하는 수법은 스탈린과 전혀 다를 바 없었다. 하나 다른 점이 있다면 스탈린이 대규모 정치범 수용소를 운영한 데 반해 후세인은 그러한 수용소를 짓지 않았다는 사실이다.

후세인은 부유층을 길들이기 위한 방법으로 테러를 기획했다. 스탈린으로부터 배운 수법이다. 1970년대 초 정체를 알 수 없는 괴한들이 바그다드 시내 부자동네의 가정집에 침입하여 흉기로 전 가족을 살해하는 사건이 빈발했다. 공포에 사로잡힌 부유층은 바트당에 전적인 협력을 약속했다. 바트당은 그들의 권위가 무소불위임을 보여주기 위해 명망가들을 모욕하는 방법도 동원했다. 명망 높은 나자프의 시아파 지도자 세이드 무신 알 하킴은 1969년 9월 바그다드를 방문했다가 봉변을 당하게 된다. 한 사내가 텔레비전에서 하킴의 아들이며 국회의원인 세이드 마디를 간첩으로 몰았기 때문이다. 하킴은 바트당으로부터 즉시 수행원과 함께 나자프로 돌아가라는 명령을 받았다. 이 사건 후 아들 마디는 지하로 잠적했고 궐석재판에서 사형을 선고받았다. 그는 1988년 카르툼에 있는 힐튼호텔 로비에서 살해당했다.[102]

권력의 정점에 오른 후세인

부통령이자 혁명평의회 부의장인 후세인은 바트당에서 2인자가 되었지만 당내에는 자기보다 나이가 많고 군부의 지지를 얻고 있는 막강한 경쟁자들이 있었다. 사관학교 출신이 아니라는 약점에도 불구하고 후세인은 군을 장악키로 결심했다. 군부는 그에게 그만큼 매력적인 조직이었다. 후세인은 하르단 알 티크리트 장군, 살레 마디 아마쉬 장군 등 장애가 되는 인물들을 하나씩 제거해나갔다. 군 고위인사들이 바크르 대통령에게 후세인의 행동에 대해 이의를 제기했으나 그는 침묵으로 일관했다. 바크르는 후세인을 양아들로 삼을 정도로 총애했으며 후세인 뒤에는 막강한 조력자인 외삼촌 카이랄라가 있었다. 국민들은 바크르의 학식을 높이 평가하여 아버지 같은 존재로 여겼으나 사실 그는 별로 지적인 인물은 아니었다. 또 일반적인 생각과 달리 비폭력주의자도 아니었다. 바크르는 권력의 독점을 원하는 후세인과 함께 자신들이 한 가족임을 확인하는 데에만 몰두했다. 카이랄라와 후세인 등 최측근은 물론 비서, 회계사, 경호인, 운전기사, 요리사, 현관지기, 하인에 이르기까지 주변의 인물은 모두 고향 티크리트 출신 일색이었다.[103]

바크르의 경쟁자들 중에서 남은 사람들은 1973년 6월 불발로 끝난 나딤 카자르 장군의 쿠데타 과정에서 모두 제거되었다. 1973년 이후에는 바로 5년 전만 해도 그렇게 기세등등하던 바트당 내 이른바 군부 세력의 씨가 말랐다. 군부 세력 중 주요한 직책에 남아있는 인물은 바크르 뿐이었고 그의 오른팔 후세인은 이제 바트당 정권에서 누구도 건드릴 수 없는 강자로 부상했다. 바크르는 나이가 들고 건강이 나빠지면서 거의 전적으로 후세인에게 의존했다. 마치 1930년대 히틀러가 절대 권력을 장악하는 계기를 만들어주었던 늙은 장군 힌덴부르크를 연상케 했다. 바크르는 모든 통치행위를 후세인에게 일임하다시피 했다. 그는 책상에 올라오는 문서에 서명하는 꼭두각시에 불과했다. 군부는 점차 후세인에게 복종하는 나긋나긋한 조직이 되어 갔다. 후세인은 군을 통제하는 일을 처남 아드난 카이랄라에게 맡겼다. 아드난은 바크르의 사위이기도 하다.

1979년 7월 후세인은 오랫동안 감추었던 발톱을 드러냈다. 정권 장악에 나선 것이다. 후세인은 제2인자로 때를 기다리는 동안 바크르에게 충성하면서 비밀 보안 조직을 양성하는데 심혈을 기울였다. 1979년 1월 이란의 호메이니가 팔레비 왕정을 무너뜨리자 이라크 인구의 60퍼센트를 차지하는 시아파가 동요하기 시작했다. 그러자 민심을

1975년 부통령 시절의 후세인. (왼쪽부터) 팔레비|Mohammad Reza Shah Pahlevi 이란 국왕, 우아리 부메디엔 Houari Boumediene 알제리 대통령.

수습하기 위한 방안으로 같은 바트당 정권인 이라크와 시리아를 통합하는 방안이 제기되었다. 이 방안은 후세인에게는 독약이었다. 시리아-이라크 연방이 결성될 경우 바크르가 대통령, 부통령은 하페즈 아사드(시리아 대통령) 그리고 후세인은 잘해야 제3인자로 전락할 것이 확실했다. 후세인의 적들은 그를 분쇄하기 위한 호기로 생각하고 시리아와의 신속한 통합을 촉구했다. 위기를 느낀 티크리트 출신들은 후세인에게 정치적 결단을 촉구했다. 강제로 정권을 접수하라는 것이다. 잘못하면 지금까지 누려온 특권을 한 순간에 잃을지 모른다는 공포감이 엄습했다. 후세인은 행동에 나서기로 결심했다. 카이랄라 툴파가 총대를 멨다. 파벌의 이익을 위해 바크르에게 사임을 촉구한 것이다. 물론 뒤에는 아들 아드난과 후세인이 버티고 있었다.

　7월 16일 표면적으로는 건강상의 이유로 바크르의 사임이 발표되었다. 대통령 자리에 앉은 후세인은 바트당 사무총장, 군 최고사령관, 혁명평의회 의장 등 요직을 겸했다. 후세인은 권력을 잡은 것만으로 만족할 인물이 아니다. 후환을 없애기 위한 숙청이 곧바로 진행되었다. 혁명평의회 위원 모하메드 무조브, 노조위원장 모하메드 아에시, 부위원장 비덴 파델, 혁명평의회 위원으로 한때 후세인의 측근이었던 가님 압둘 자릴, 요르단 출신 타리브 알 수웰레 등이 우선 처형되었다. 이들은 모두 후세인이 배신자로 점찍은 인물들이다. 그들에 앞서 살해된 사람도 있었다. 후세인의 정적으로 간주되었던 인물들이다. 군부 내 반 후세인 세력의 핵심이었던 왈리드 마무드 시라트 장군은 고문당한 뒤 몸이 찢겨 죽었다. 공무 출장으로 시리아를 방문했던 부총리 아드난 함다니는 귀국하자마자 공항에서 체포된 후 살해되었다. 함다니는 후세인이 젊은 혁명가이던 시절 자금에 어려움을 겪지 않도록 도와준 인물이다. 후세인은 자신보다 나이가 많고 지적으로 뛰어난 사람들도 위험 요인이 있다고 판단하면 서슴지 않고 죽였다. 은인인 함다니도 사이가 조금 벌어지자 제거해버린 것이다.[104] 후세인의 잔인함은 스탈린과 비슷했다. 후세인으로서는 축제라도 벌여야 할 권력 이양 시기에 5백 명 이상의 정적들이 무참히 살해되었다. 피의 잔치였다.

후세인은 원하던 권력을 쥐었으나 결코 나세르 같은 인물이 되지는 못했다. 그러나 그는 나세르에게서 배운 것을 응용하는 데에는 소질이 있었다. 불같은 성격에 설득력이 뛰어났던 이집트 제2대 대통령 나세르는 군중을 선동하는 데에는 일가견이 있었다. 그는 합리적인 판단이나 논리를 뛰어넘어 자신을 월등히 우월한 존재로 여기도록 하는 신비스러운 마력을 가진 사람이다. 후세인은 설득력이나 마력을 가지고 있지 않았지만 군중이 그를 따르도록 만드는 나세르의 능력을 귀감으로 삼았다. 군중의 반응을 주의 깊게 지켜본 후 미래를 담보로 현실을 받아들이게 만들거나 오늘의 실패를 내일의 승리로 여기게 만드는 나세르의 능력을 응용했던 것이다. 이라크의 최고 권력자 후세인은 이제 나세르가 했던 것처럼 일당 독재가 겉으로는 잘 드러나지 않도록 의회를 이용했다. 후세인은 또한 나세르처럼 권력의 수호를 위해서는 서슴지 않고 원칙을 포기할 수도 있게 되었다.

1920년부터 1979년까지 이라크에는 무려 열세 번이나 쿠데타가 있었다. 쿠데타 왕국인 셈이다. 권력을 장악한 후세인은 이제 더 이상의 쿠데타는 허용하지 않기로 결심했다. 후세인의 이라크는 비밀경찰

공화국이었다. 바그다드에 주재했던 한 유럽외교관은 『뉴욕타임스』 기자에게 "최소한 3백만 명의 이라크 인이 나머지 1천 1백만 명을 감시하고 있는 느낌"이라고 말했다. 이는 과장이 아니다. 이라크의 23개 정부 부처 가운데 경찰을 관장하는 내무부가 최대조직을 갖고 있었다. 경찰과 민병대의 규모는 정규군보다 훨씬 컸다. 팔레비 치하의 이란에 비해 두 배에 달했다. 이라크 인구가 이란의 3분의 1 정도였으니 경찰 숫자가 어느 정도였는지 짐작할 수 있다. 또 그 중에 비밀경찰은 얼마나 많았겠는가. 이라크는 점점 이웃이 이웃을 감시하는 무시무시한 경찰국가가 되어갔다.[105]

　이라크의 보안기관은 수가 많고 조직도 복잡했다. 각 조직은 일반인을 감시하는 것만큼 서로 감시토록 되어 있었다. 바트당의 비밀 경찰조직으로부터 출발한 종합정보부(무카바라트), 국내 보안활동을 총괄하는 국내보안국(암알암), 군을 감시하고 외국군 관련 정보를 수집하는 군사정보부(이스티크바라트), 바트 당원 사찰을 전담하는 당 보안국(암할히즈브), 이밖에도 국경수비대, 경찰기동타격대, 종합이민부, 종합경찰부 등이 있었다. 후세인은 일찍이 보안기관과 정보기관의 필요성을 깨닫고 이 기관들을 자신의 손아귀에 두는데 전력을 다했다. 후세인의 권력은 보안기관과 정보기관으로부터 나왔다. 권력을 유지하는데 필요한 돈을 마련하는 것이 관건이었다. 후세인은 돈을 쓸어 담을 수 있다고 판단하면 수단과 방법을 가리지 않았다. 원래 이슬람 국가에서 도박은 금지되었으나 왕정 시절 한때 경마가 성행했다. 카

심 장군은 혁명 후 경마를 금지시켰는데 후세인이 이를 부활시킨 것
이다. 경마는 그에게 황금알을 낳는 거위가 되었다. 물론 가장 중요한
수입원은 석유이다. 1973년 석유파동 후 유가가 네 배로 뛰자 후세인
의 금고에는 자금이 넘쳐 흘렀다. 후세인은 당과 정보기관의 활동자
금으로 엄청난 금액을 챙겨 종종 해외구좌에 입금시켰다. 물론 그의
개인자금은 별도로 관리되었다. 후세인이 만든 해외 비밀구좌들은 이
라크의 쿠웨이트 침공 때 국제제재에 걸려 모두 동결되었다. 후세인
은 당내 기반을 확충하기 위해 기민하게 움직였다. 정보기관이 운영
하는 비밀훈련학교는 후세인에게 충성하는 요원을 연간 수백 명씩 배
출했는데 그중에는 후세인의 이복형제 바라잔, 사바위, 와트반 등이
포함되어 있었다. 이란-이라크 전쟁 때 쿠르드족을 대량 학살했고 쿠
웨이트 침공을 진두지휘함으로써 악명을 떨친 후세인의 사촌 알리 하
산 알 마지드Ali Hassan al-Majid도 정보학교 출신이다.[106]

군은 후세인에게 아킬레스건이었다. 아랍세계의 패자가 되기를 원
하는 후세인은 강력한 군대를 필요로 했다. 군을 강화하기 위해 막대
한 예산을 투입했다. 신무기를 사들이고 강병 육성에 주력했다. 그러
나 군이 비대해질수록 반기를 들 가능성도 높아졌다. 더군다나 이라
크는 아랍세계에서 가장 빈번한 쿠데타로 시달린 나라가 아닌가. 후
세인은 군에 대한 통제를 강화하기 위해 과거 정보기관을 장악할 때
썼던 수법과 유사한 방법을 동원했다. 우선 충성심에 문제가 없는 골
수 바트 당원들을 군 내부에 심었다. 그들은 속성으로 군사훈련을 받

은 후 장교로 임관되었고 군 요로에 흩어져 후세인의 정보원 노릇을 했다. 조직 개편도 병행했다. 장교 그룹을 감독하기 위한 정치위원 제도가 도입되었고 당 군사위원회가 정치위원을 통제했다. 진급 시 가장 중요한 요소는 충성도이다. 그러나 후세인은 군의 충성을 확신할 수 없기 때문에 늘 불안감을 가졌다. 사관학교 출신이 아니고 군 내부에 기반이 없다는 점이 늘 약점으로 작용했다. 군에 대한 신뢰가 부족한 후세인은 군 내부에서 스타가 떠오르는 것을 원치 않았다. 누군가 잘 나간다 싶으면 제거되기 일쑤였다. 장교들은 계속 순환근무를 해야 했고 요주의 인물로 지목된 장교들은 수시로 시야에서 사라져버렸다.

후세인은 제2인자로 있으면서 이라크를 장악하기 위한 체제를 완비했다. 이 체제의 핵심은 그의 측근들을 요직에 배치한 것이다. 정규군의 책임자로는 사촌이자 처남 아드난 카이랄라가 임명되었다. 이복형제 바라잔은 정보부 무카바라트를 맡았고 보안부 암알암의 책임자로는 사촌 사도운 샤커가 임명되었다. 다른 이복형제 와트반은 전설적인 이슬람 전사였던 살라딘을 기리기 위해 살라헤딘으로 개명한 티크리트 주의 초대 지사가 되었다. 막내 이복동생 사바위는 이라크 경찰의 제2인자가 되었고, 인민군에 대한 지휘권은 충성파이며 혁명평의회 제2인자인 이자트 도우리가 맡았다. 당원과 지지자는 이제 1백만 명을 넘어섰다. 후세인의 본거지인 티크리트의 친척과 소수의 온건한 추종자들은 바트당을 전진기지로 삼아 활동했다. 바트당은 후세인의 친척과 전문 당료들이 뒤섞인 복잡한 기관이 되었다. 후세인은 당을 통해 국가를 통치하는 방식을 선호했다.[107]

부패 정치

민족주의를 내세운 바트당은 겉으로는 금욕주의와 부패 척결을 표방했으나 후세인과 그의 심복들은 돈을 흥청망청 쓰는 것으로 유명했다. 후세인과 그의 골수 측근들은 마피아와 비슷한 존재였다. 그들의 파벌주의와 탐욕 그리고 잔인성에 관한 이야기는 이라크 내에 널리 퍼져 있다. 그러나 외부로는 잘 알려지지 않았다. 몇 가지 예를 살펴보자. 후세인이 두 번째 부인을 받아들인 이유는 사지다와의 사이가 벌어진 때문만이 아니라 가문이나 혈통 또는 미모 등과 같은 전통적인 요소를 강화하고 싶었기 때문이다. 큰 키에 금발 미인인 사미라 샤반다르가 후세인을 처음 만났을 때 그녀는 유부녀였다. 잘못된 만남이었지만 두 사람의 관계는 지속되었다. 사지다는 사미라를 견제하기 위해 금발로 머리를 염색할 정도로 공을 들였으나 소용없었다. 후세인은 그녀에게 깊이 빠져들었고 결혼을 원했다. 사미라의 남편 누레딘 알 사피는 이라크 항공사 직원이었다. 상황을 파악한 누레딘은 슬그머니 옆으로 비켜섰다. 이로써 사미라는 공식적으로 후세인의 두 번째 부인이 되었다. 후세인 측으로 봐서 현명한 행동을 한 누레딘은 이라크에서 계속 살 수 있었다. 누레딘은 곧 이라크 항공사의 이사로 승진했다.

후세인을 키워주는데 가장 공이 큰 외삼촌 카이랄라 툴파는 집권 후 가장 부패한 고위층 인사로 돌변했다. 바그다드 시장으로 취임한 카이랄라는 무상으로 값비싼 대지를 갈취하여 엄청난 부를 축적했다. 돈에 맛을 들인 카이랄라의 탐욕은 끝이 없었다. 시장 직책을 최대한 이용해 최대한으로 긁어모은 그의 부정축재는 너무 악명이 높았기 때문에 후세인은 그를 해임해야 했다. 시장에서 물러난 뒤에도 카이랄라는 여전히 이라크의 감귤류 생산과 판매를 독점하여 재벌로 행세했다. 카이랄라의 아들 아드난은 국방장관으로 임명되어 제2인자로 행세했고 딸 사지다는 세상에서 가장 부유한 여자들 중 하나가 되어 한없는 사치와 탐욕을 드러냈다. 어릴 적에 후세인을 키워준 공으로 카이랄라의 집안은 이라크에서 최고 명문으로 부상했다.

모든 권력과 부의 정점은 후세인이었다. 이라크라는 나라는 마치 후세인의 큰 사위 영지와 비슷하게 운영되었다. 후세인이 왕이고 그의 가족과 측근들은 영주인 셈이다. 후세인은 그들에게 땅을 나누어 주고 발생하는 이권을 분할하는 등 이라크의 부를 한 손에 쥐고 흔들었다. 후세인의 사위 후세인 카말 알 마지드는 무기 구입으로 한 몫을 챙겼다. 아랍 소식통에 의하면 후세인 카말은 1987년 중국제 스커드 미사일을 구입할 때 6천만 달러의 개인 커미션을 챙긴 것으로 알려져 있다. 카이랄라는 땅으로 축재했고 사지다는 무역으로 돈을 챙겼다.

장남 우다이는 각종 사업을 마음대로 조종하면서 거대한 상업제국을 구축했다. 우다이는 식품가공체인점을 차려 국내 닭 유통시장을 독점하면서 치즈, 달걀, 쇠고기 등을 생산하는 '슈퍼치킨'을 소유했다.[108]

이란–이라크 전쟁

정권이 안정되어가던 때 이란에서 이슬람 혁명이 일어났다. 호메이니는 후세인과는 이념적으로 맞지 않는 사람이다. 후세인은 늘 호메이니를 경계했다. 그가 선동할 경우 이라크 시아파가 반란을 일으킬지 모른다고 생각한 것이다. 1979년 11월 4일 테헤란에서 호메이니의 지지를 얻은 급진분자들이 미국대사관을 점령하고 대사관 직원들을 인질로 삼았다. 이 사건으로 미국과 이란의 관계가 단절되었고 서방은 이슬람 원리주의의 위험을 피부로 느끼게 되었다. 서방 뿐 아니라 페르시아 만 연안의 모든 아랍 국가들도 같은 위험을 느꼈다. 늘 패권에 목말라했던 후세인은 이 기회를 이용하여 이라크를 다른 아랍국가보다 우위에 두려고 했다. 이라크가 인근 아랍 국가들의 보호자 역할을 하겠다고 자청한 것이다. 그러나 페르시아 만 국가들은 후세인을 신뢰하지 않았고 그의 제의를 탐탁하게 여기지도 않았다. 이란을 견제하고 페르시아 만에서 주도권을 잡으려는 그의 야심으로 인해 오히려 후세인은 미국과 경쟁관계에 서야 했다.

샤트 알 아랍 강(江) 수로 문제를 둘러싸고 이란과 이라크 사이가 점점 나빠졌다. 이라크가 석유 생산을 확대하기 위해 이란의 쿠지스탄 지역을 노리고 있다는 소문도 돌았다. 이란 내에서는 호메이니의 혁명정부가 점점 더 세력을 얻어가면서 호전적으로 되어갔다. 그러나 이란은 이라크와의 전쟁을 원하지는 않았다. 1980년 2월 바니사드르 Abul al-Hassan Bani-Sadr가 이란 공화국 최초의 대통령으로 선출된 후 4월에는 외무장관이 페르시아 만 국가를 순방했다. 그러나 첫 번째 방문국인 쿠웨이트에서 이라크 공작원이 그를 암살하려고 했다. 후세인은 빌미를 만들어 이란과 전쟁을 치르려고 이미 결심했던 것이다. 후세인은 국내외 정세를 주시하면서 주판을 두들기고 있었다. 이란과 전쟁을 벌일 경우 승자는 자신일 것으로 믿었다. 호메이니의 혁명으로 이란을 탈출한 팔레비 정권의 장군과 정치인들 중에는 바그다드에서 거주하고 있는 사람들이 많았다. 밥값을 하려고 했는지 이들은 지나치게 과장된 정보를 후세인에게 제공했다. 그들에 의하면, 이란 공군조종사들 가운데는 기회만 있으면 이라크로 넘어올 사람이 많다는 것, 비행 허가가 떨어지기만 하면 즉시 비행기를 몰고 이라크로 넘어올 사람이 수두룩하다는 것이고 또한 이란의 장갑부대가 매우 허약하며 특히 이라크가 목표로 삼고 있는 쿠지스탄의 장갑부대는 완전히 군기가 빠져 있다고 주장했다. 최근 구성된 민병대인 혁명수비대에 대한 정규군의 불만이 극에 달했다고도 했다. 혁명수비대가 일종의 정치경찰과 같은 역할을 하면서 정규군의 기능과 장비를 뺏어가려

한다는 것이다. 속히 전쟁을 벌이고 싶은 후세인에게 이러한 정보는 청량제와 같았다. 후세인은 이들의 진술을 액면 그대로 받아들였다. 후세인은 특히 테헤란 과격파의 미국대사관 침입 후 급속도로 악화한 국제사회의 여론으로 한층 더 고무되었다. 마치 모든 국제사회가 그를 지지할 것으로 믿는 듯했다.

후세인이 이란과의 전쟁에서 노리는 목표는 세 가지였다. 첫째는 말썽 많은 샤트 알 아랍 수로의 동안(東岸)을 탈환하여 이라크에 귀속시키는 것이고, 둘째는 아랍계 주민이 다수를 차지하고 있는 쿠지스탄 주가 이란으로부터 떨어져 나오도록 유도하는 것이다. 쿠지스탄 주가 분리될 경우 이란은 현저히 약화될 것이 분명했다. 뿐만 아니라 쿠지스탄의 분리로 다른 주에서도 비(非) 페르시아 계 민족의 집단 이탈을 기대할 수 있었다. 후세인이 노리는 마지막 목표는 호메이니 정부를 붕괴시키는 것이다. 호메이니는 그의 경쟁자이자 이라크를 불안정에 빠뜨릴 수 있는 최대의 적이다. 오랜 역사를 지닌 두 나라는 수많은 사연을 안고 있었다. 전쟁과 갈등을 통해 잉태된 양국의 적대감은 수세기 동안 지속되었다. 많은 이웃국가들이 그렇듯 양국 간에는 영토분쟁이 있었고 페르시아 만의 주도권을 놓고 서로 경쟁했다. 문화적, 종교적 적대감은 정치적 갈등보다도 더 심각했다.

양국을 절대적으로 지배하는 두 지도자는 성격이 다를 뿐 아니라 상반된 역사의식을 갖고 있었다. 불행한 것은 이 두 사람이 나라의 모든 것을 좌지우지하는 입장에 있었다는 사실이다. 후세인은 이슬람 혁명을 통해 집권한 호메이니가 그 촉수를 이라크에 미칠까 두려워했다. 반면 호메이니는 후세인을 경멸하고 싫어했다. 후세인이라는 존재 자체가 그에게는 종교적 신념에 대한 모독이었다.

1980년 9월 15일 후세인은 텔레비전 방송에 등장해 이라크가 샤트 알 아랍 수로의 절반을 이란에 양도했던 1975년 알제리 협정의 폐기를 선언했다. 그 후 일주일 뒤 이란을 침공했다. 군사적 경험이 전무(全無)한 후세인이 전쟁을 직접 지휘했다. 이에 비하면 제2차 세계대전 중 독일군의 지휘봉을 잡은 히틀러는 그나마 나았다. 그는 제1차 세계대전 참전 경험이라도 있지 않은가. 후세인은 공격 시기와 목표를 스스로 결정했으며 직접 전선에 나가 전방본부에서 작전을 지휘했다. 독·소 전쟁 당시 히틀러를 능가하는 모습이었다.

후세인은 1967년 6일 전쟁에서 이스라엘이 구사한 것과 같은 극적인 초전박살 작전으로 순식간에 이란을 무너뜨리려 했다. 양국의 국경은 험준한 산악지역이므로 대규모 지상군 투입이 어려웠다. 후세인은 개전 첫 날 이란 내 비행장 열 곳을 동시에 공습하는 것으로 전쟁의 막을 올렸다. 기세는 좋았으나 공습은 별 성과를 거두지 못했다. 이라크의 공격력은 약했고 상대적으로 이란의 수비는 강했다. 거의 피해를 입지 않은 이란 공군은 곧 반격에 나섰다. 이라크의 대공방어 체제가 허약하여 피해가 속출했으므로 이라크는 서둘러 프랑스로부터 신무기를 구입해야 했다. 헛된 정보에 의존한 후세인은 적을 잘 모른 채 전세를 오판하고 있었다. 이란 공군은 생각보다 훨씬 강했다.

이란의 F-4와 F-5 전투기는 이라크의 기종보다 우수했고 조종사의 능력도 뛰어났다. 공중전은 전술적인 전투가 아니라 일대일로 벌어지는 난타전 같았다. 아바단Abadan을 비롯한 이란 내 여러 정유시설에 대한 이라크 공군의 공습은 어느 정도 성공했지만 지상군과의 적절한 협력을 이끌어내지 못했다. 초반에 기습공격을 당해 불리한 입장에 몰렸던 호메이니의 태도는 초지일관 냉철했다. 그는 어떠한 외교적 제안도 모두 물리치면서 한 치도 물러서지 않겠다는 입장을 고수했다.

전쟁이 지구전으로 치달으면서 후세인은 이라크보다 4배나 넓은 땅에 3배의 인구를 가진 상대국을 점령한다는 것이 얼마나 어려운 일인지 절실히 깨닫기 시작했다. 이라크 공군은 인근 쿠지스탄을 제외한 다른 지역의 주요 목표물을 타격하기 위해 최소한 수백 킬로미터를 비행해야 했다. 이와는 반대로 이란 공군은 160킬로미터 미만의 비행으로 모든 목표물을 타격할 수 있었다. "지리적 여건은 우리의 적이다." 이것은 전쟁을 시작한 지 6개월도 안돼 후세인이 내뱉은 말이다. 지리적 여건은 계속 이라크에게 불리하게 작용했다. 이란은 페르시아 만과 인도양을 낀 수천 킬로미터의 해안선을 갖고 있지만, 전쟁이 발발함과 동시에 대양으로 나가는 출구를 봉쇄당한 이라크는 육지에 갇히고 말았다. 페르시아 만으로 이르는 샤트 알 아랍 수로가 봉쇄되자 이라크의 유일한 상업항구 바스라는 완전히 마비되고 말았다.

후세인은 이 전쟁을 636년 카디시아Qadissiya전쟁에 이은 '두 번째

이란-이라크 전쟁. 1980년 이라크의 선전포고로 시작된 이 전쟁은 승자가 없는 가운데 1988년에 끝났다.

카디시야 전쟁'으로 명명했다. 카디시야 전쟁은 이슬람교도인 아랍이 조로아스터교도인 페르시아를 물리친 기념비적인 전쟁이다. 이 전쟁에서의 승리로 아랍은 중동의 패권을 잡게 된다. 후세인은 자신을 카디시야 전의 영웅 사드 이븐 아비 와카스Saʿd Ibn Abī Waqqāṣ 장군보다 뛰어난 인물로 묘사했다. 그는 전쟁 영웅 와카스 장군의 업적을 문화적 영주 하룬 알 라쉬드Harun al-Rashid 의 업적과 결부시켜 아랍인의 위대성을 과시했다. 그가 이 역사적인 아랍인들의 이미지를 아시리아 왕 사르곤이나 바빌론 왕 함무라비 및 네부카드네자르보다 더 우위에 두었음은 말할 필요도 없다. 그리고 언제나 모든 사람들 위에 한 사람을 더 앉혔다. 그것은 바로 후세인 자신이다.

바다로 나가는 통로가 막히자 모든 물자는 육로를 통해 운송되어야 했다. 이웃국가들인 요르단, 쿠웨이트, 터키가 이라크로 향하는 상품의 중계자 역할을 맡았다. 문제는 수송망이다. 사막을 가로 질러 물자를 수송할 수천 대의 트럭과 정비시설 그리고 주요소가 건설되어야 했다. 후세인은 전시 운송수요를 감당하기 위해 4개의 고속도로를 최우선적으로 건설할 것을 지시했다. 그렇게 해서 쿠웨이트와 요르단에 이르는 고속도로가 건설되었다. 1981년 가을 이란은 반격에 나선다. 대규모 추계 공세를 펴서 이라크군을 국경지역으로 몰아낸 것이다. 9월에 쿠지스탄에서 시작한 대공세로 큰 성과를 올린 이란은 11월 공세에서는 인해전술(人海戰術)을 구사했다. 본격적인 군사훈련도 받지 않고 중무장도 하지 않은 젊은이들이 대규모로 전투에 참가한 것이다. 혁명수비대에서 전장에 나가기를 자원한 수만 명의 젊은이로 구성된 병력은 종교적 열기로 충만한 지하드 세력이었다. 물라Mulla를 앞세우고 전장에 나온 이들은 죽음을 두려워하지 않았다. 지하드 병력의 개입으로 이 전쟁은 무슬림 상호간의 성전 비슷한 양상으로까지 발전했다.

이란은 1982년 5월 전쟁 개시 후 가장 큰 성과를 올렸다. 이란군은 한 달 간의 치열한 공방 끝에 이란 내로 진입한 이라크군을 모두 밖으로 몰아냈다. 이란은 호람샤르를 재탈환했으며 2만 2천 명의 이라크군을 포로로 잡았다. 궁지에 몰린 후세인은 돌파구가 필요했다. 후세인은 패전의 책임을 군부 내 고위 장성들에게 돌렸다. 살레 카디 장군, 자와드 아사드 장군 등을 포함한 여러 명이 이 사건으로 처형되었다. 군의 숙청만으로 문제가 해결되지는 않았다. 국지전에서 패배가 거듭되자 후세인은 전격적으로 정전을 선언했다. 6월 10일 일방적인 정전과 함께 후세인은 이란군이 현재 점령하고 있는 이라크 영토로부터 철수할 것을 요구했다. 동시에 후세인은 이라크와 이란이 합동으로 4일 전 레바논에 침공한 이스라엘군을 물리칠 것을 제의했다. 물론 호메이니는 후세인의 일방적인 정전 선언과 모든 제의를 거부했다. 궁지에 몰린 후세인의 지연전술로 판단한 때문이다.

7월 14일 이란은 전쟁 개시 후 처음으로 이라크 영토에 본격적으로 침투하는 대규모 공세를 전개했다. 전쟁이 시작된 지 약 2년 만에 공격수와 수비수가 바뀐 것이다. 이제 이라크의 운명에 국제사회의 관

심이 쏠렸다. 위기에 처한 것처럼 보였던 이라크는 그러나 이란의 대
공세를 아주 효과적으로 막아냈다. 이란 내에서는 맥을 못 추던 이라
크군이 자기 영토를 지키는 데는 뛰어난 능력이 있음을 보여준 것이
다. 이란·이라크 전은 점점 더 예측하기 어려운 전쟁으로 되어갔다.
반전에 반전을 거듭하는 것이 이 전쟁의 특징으로 굳혀졌다. 전쟁이
언제 끝날지 누구도 짐작할 수 없었다.

후세인은 전쟁 중 시아파를 이란으로 추방했다. 이들을 잠재적인
적으로 여긴 것이다. 해가 지날수록 추방자의 숫자가 커지더니 1985
년 쯤 되면 절정에 이르렀다. 결국 30만 명 이상이 강제로 추방되었
다. 강제 추방되는 사람들의 처지는 참담했다. 시간적 여유가 전혀 없
이 일방적인 통보를 받은 후 바로 추방되었다. 재산은 물론 가재도구
도 제대로 챙길 시간이 없었다. 이라크 당국자는 전투가 벌어지고 있
는 중에도 사람들이 국경을 넘어가도록 강제했다. 사실 이라크 시아
파는 경직된 종파주의에도 불구하고 이라크를 떠날 생각은 없는 사
람들이었다. 이들은 대대로 이라크에서 살아왔고 자식들이 이라크에
서 학교에 다니고 있었다. 이들은 시아파이기는 해도 호메이니 정권
과 같은 이슬람 원리주의 체제에서 살 생각은 없었다. 후세인을 미워
하기에 앞서 호메이니가 전쟁을 계속하는 것이 보다 더 원망스러운
그런 사람들이었다. 뿐만 아니라 가난한 시아파 젊은이들은 무작위로
징병되어 이라크 보병의 다수를 이루고 있었다. 이들은 전투가 벌어
지면 바로 포탄의 밥이 되는 병사들이다. 이란의 막강한 인해전술에

맞서 싸우는 병사들도 바로 그들이었다. 그러나 후세인은 시아파가 자신에게 헌신하고 있는 여러 측면에는 눈길도 돌리지 않았다.

1983년에 들어서면서 이란·이라크 전쟁은 지지부진한 상태로 진행된다. 어느 쪽도 승세를 잡지 못한 채 전쟁은 장기화되어 갔다. 이란은 해마다 겨울이나 봄에 한 차례씩 대공세를 벌였다. 겨울과 봄은 우기이기 때문에 보병을 위주로 하는 이란에게는 전술적으로 유리한 시기이다. 이라크는 이란의 대공세를 잘 견뎌내면서 전투기와 미사일로 반격했다. 후세인은 프랑스제 엑조세 미사일Exocet Missile로 이란의 석유 생산 시설을 폭격하여 협상 테이블로 나오도록 하는 전술을 구사했다. 엑조세 미사일 공격은 효과적이었으나 전쟁에 결정적인 영향은 미치지 못했다. 이란은 미사일 공격에 대한 보복으로 1983년 10월 전쟁 개시 후 가장 큰 규모의 공세를 취했다. 시간이 지날수록 양측에 많은 사상자가 발생했다. 이란은 큰 희생이 따르는 인해전술을 앞세웠기 때문에 이라크보다 상대적으로 사상자 수가 더 많았다. 이라크는 단순한 숫자만을 내세우며 전쟁에서 자신의 우위를 주장했다. 이라크 정권은 인명 피해에 꽤 민감한 편이었다. 처음에는 사상자 숫자를 정기적으로 발표하다가 피해 규모가 커지자 1982년 이후부터는 발표를 중단했다. 이란에게는 그러한 관행이 처음부터 없었다. 이란은 전쟁 중 한 번도 피해 상황을 발표한 적이 없다.

1983년 가을 후세인은 이라크가 한 가지 비밀무기를 가지고 있다고 경고했다. 이 경고의 의미는 몇 개월 후 분명해졌다. 이듬해 2월 이란은 평소처럼 인해전술을 앞세워 이라크 남부 늪지대에서 공세를 펼쳤다. 파상적인 공세에 위기를 느낀 이라크는 이때 화학무기를 최초로 사용했다. 화학무기는 1985년 3월에도 또 한 번 사용되었다. 이번에도 상대는 남부 늪지대를 공격해온 이란군이었다. 이라크는 점점 더 화학무기 사용에 맛을 들이기 시작했다. 1987년 3월 후세인은 그의 사촌 중 가장 연장자인 알리 하산 알 마지드 장군을 북부 주둔군 사령관으로 임명했다. 사령관에 취임한 지 1개월도 되지 않아 마지드는 쿠르드 진압 당시 화학무기를 사용했다. 수천 명의 쿠르드족이 떼죽음을 당했고 국제사회의 비판이 쏟아졌지만 후세인은 아랑곳하지 않았다. 자국민에게 화학무기를 사용한 마지드에게는 '케미칼 알리'라는 명예롭지 못한 별명이 붙여졌다.

고집스러운 두 지도자 아래서 끝없이 지속될 것 같았던 이란·이라크 전쟁은 갑작스럽게 끝이 났다. 1988년 7월 18일 호메이니가 유엔이 주선한 휴전안을 받아들였던 것이다. 강경한 호메이니의 마음이 바뀐 것은 오랜 전쟁으로 인한 피해로 국민의 사기가 너무 떨어졌기 때문이다. 후세인은 진작부터 이 전쟁에서 승리할 수 없음을 알고 휴전을 원하고 있었다. 메소포타미아 고대문명의 두 중심 국가들이 기약 없이 벌이고 있던 전쟁이 드디어 끝났다. 이란·이라크 전쟁은 양측의 군대뿐만 아니라 전 국민이 동원되어 서로 싸운 엄청난 소모전이었다. 이 전쟁으로 인한 사상자수는 과거 50년 간 아랍-이스라엘 전쟁에서 생긴 사상자와 레바논 내전에서 발생한 사상자수를 합친 것

호메이니Ayatollah Ruhollah Khomeini 이란의 최고지도자. 팔레비 왕정을 종식시키고 이슬람 세계의 변혁을 주도했다. 이란-이라크 전쟁을 마무리하고 1년 후인 1989년에 사망했다.

보다도 훨씬 많았다. 승자도 패자도 없는 이 전쟁에서 최대의 피해자는 두 나라 국민이다. 정치인의 개인적 갈등과 이념의 충돌, 자존심Ego과 또 다른 자존심의 대립, 갑작스런 국제정세의 변화 등이 이 전쟁의 배경이었다. 빨리 끝날 수도 있었던 전쟁이 이렇게 오래 지속된 것은 기본적으로 양측의 전력이 비슷한 데 그 원인이 있었다. 또 하나의 이유는 두 고집쟁이 지도자들이 양측에 포진하고 있었기 때문이었다. 국민의 희생을 줄이는 것보다 자신의 자존심을 더 중시하는 독재자들의 성향이 이 전쟁에서 뚜렷이 드러났다고 볼 수 있다.

전쟁은 끝났지만 그 후유증은 컸다. 이라크 정부는 이 전쟁에서 자신이 승리했다고 주장했지만 승패는 없었고 상처만 남았다. 통계에 따라 차이는 있지만 전사자 25만~50만 명, 부상자 40만 명, 포로 7만 명, 경제적 손실 5,600억 달러, 이밖에도 천문학적인 외채를 짊어지게 되었다. 전쟁으로 얻은 것은 아무것도 없었다. 이라크는 샤트 알 아랍 수로 및 강변 국경지역에 대한 영유권을 주장했지만 실제로 땅을 차지하지 못했고 수로는 폐쇄되었다. 허망하기 짝이 없는 결과이다. 바그다드 전쟁 기념관에는 이란·이라크 전쟁에서 사망한 수많은 젊은이들의 이름이 새겨져있다. 망자(亡者)들이 이를 보면 뭐라고 할 것인지.

전쟁이 끝날 무렵 이라크군의 숫자는 1백만 명에 육박했다. 신체 건장한 모든 남자들이 군에 동원되었기 때문이다. 군인이 다시 민간인으로 복귀하는 것은 쉬운 일이 아니다. 이들은 전선에서 배운 습관이 몸에 배어 있었다. 너무 많은 죽음을 목격했고 스스로가 생사를 넘나들었던 그들은 예전처럼 고분고분하게 복종하지 않았다. 그들의 성향은 훨씬 거칠어졌다. 과거와 같은 위협에 별로 겁을 집어먹지 않았으며 화가 나면 폭력을 휘두르기 일쑤였다. 전쟁은 시계 바늘을 되돌려 놓았다. 1980년 이전 바트 정권이 이루었던 유형, 무형의 성과들은 모두 백지화되고 말았다. 이라크의 국내 문제는 점점 심각해졌으며 안정을 되찾는 것이 시급한 과제로 떠올랐다.

이라크 화폐의 공식 환율은 1디나르 당 3달러였는데 암시장에서는 0.5달러에 불과했다. 암시장은 자유시장이라고 부르는 것이 더 적절했다. 이라크 정부가 외화를 국내로 끌어들이기 위해 암시장을 반쯤 합법적인 것으로 인정해주었기 때문이다. 이라크 내에서 제조된 상품의 가격은 낮았으나 질이 좋지 않았고 공급량이 부족했다. 수입품이 많이 들어왔기 때문에 쉽게 구입할 수는 있었으나 문제는 가격이었다. 수입품은 디나르로만 거래되었고 환율은 암시장 환율을 적용했다. 그렇게 되니 상품의 가격이 엄청나게 뛰어 일반 시민에게는 그림의 떡과 같았다. 필름 한 통이 7디나르, 남자용 셔츠가 30디나르, 요르단 산 샴푸 한 병이 4디나르로 팔렸다.[109] 오로지 부자들만이 물질적인 풍요를 누릴 수 있었다.

쿠웨이트 침공과 걸프 전쟁

1986년 11월 충격적인 사건이 발생했다. 레이건 행정부가 비밀리에 이란에게 무기를 판매했다는 이란-콘트라 사건이 터진 것이다. 이란·이라크 전쟁이 한창 진행 중이던 때 이 같은 사건이 발생하자 미국 정부도 당황했다. 미국은 후세인을 달래기 위해 '손상통제'로 알려진 회유정책을 발표했고 이듬해에는 이를 행동으로 보여주었다. 이란이 이라크 원유를 실은 쿠웨이트 유조선을 공격하겠다고 위협하자 이 배들에 미국 국기를 달도록 허용한 것이다. 미국의 강한 제스처가 후세인의 분노를 겨우 가라앉힐 수 있었다.

1987년 또 다른 사건이 양국관계를 위협했다. 이번에 사건을 일으킨 쪽은 이라크이다. 이라크 전투기가 발사한 프랑스제 엑조세 미사일이 미국 전함 스타크 호에 명중하여 37명의 승무원이 사망한 것이다. 후세인은 이라크 식으로 신속한 '손상통제' 조치를 취했다. 후세인은 사고에 대해 정중하게 사과한 데 이어 희생자 유가족에게 2천 7백만 달러의 보상금을 지급하겠다고 약속했다.[110]

후세인은 왜 무모하게 쿠웨이트를 공격했을까? 진정 자신이 무사할 것으로 생각했을까? 사실 후세인이 쿠웨이트 침공이라는 어리석은 카드를 쓰도록 빌미를 제공한 책임은 미국에게 있다. 워싱턴은 처음부터 후세인을 높이 평가하지 않았다. 호메이니의 이란을 견제하기 위해 후세인을 이용했지만 그를 대단한 인물로 여기지는 않았다. 미국이 이라크와 긴밀한 관계를 갖기 원한 이유는 이라크가 지정학적으로 중요하기 때문이다. 미국이 이라크 정권에 기대하는 것은 서방에 대한 적대적 태도를 버리고 보다 더 개방적으로 나오는 것이다. 관계 개선을 중요시하는 미국은 이라크 내 인권탄압과 권력 남용에 대해서는 관대했다. 후세인과 그의 측근들이 저지르는 여러 가지 악행을 알고 있으면서도 눈을 감았다. 후세인은 미국의 전략적 이익을 위해 여전히 중요한 존재였기 때문이다. 사담 후세인은 처음에는 이란·이라크 전을 치르기 위해 그리고 전쟁이 끝난 후에는 국가의 안정과 재건을 위해 미국과 온건한 아랍 국가들의 도움을 필요로 했다. 그러나 후세인의 야심은 그것만으로 그치지 않았다. 그는 이란·이라크 전이 한창 진행 중일 때부터 다른 먹잇감을 노리고 있었다. 후세인이 이렇게 엉뚱한 생각을 할 수 있었던 것은 자신이 어떤 일을 저지르던지 미국은 이를 용납할 것이라는 자신이 있었기 때문이다. 결국 미국의 유화정책이 후세인의 오판을 유도한 셈이다.

성대한 이란·이라크 전 승전기념행사가 끝나자 참전용사들은 곧바로 냉엄한 현실로 돌아와야 했다. 전장에서 돌아온 백만 명의 군인들을 기다리고 있는 것은 극도로 궁핍한 생활이었다. 군인들은 좌절했다. 국가를 위해 한 몸을 바친 결과가 겨우 이것인가 하는 생각에 심사가 뒤틀렸다. 8년 동안 죽음과 폭력 앞에서 살아온 군인들은 제대한 뒤에도 시체가 즐비했던 전장의 기억을 잊을 수 없었다. 무언가 끓어오르는 분노를 분출할 대상이 필요했다. 그들은 분풀이 대상으로 외국인을 택했다. 수십만 명에 달하는 이집트 노동자가 그 대상이었다. 외국인이 자신들의 일자리를 빼앗고 자신들이 누려야 할 혜택을 가로챘다는 이유를 댔다. 퇴역군인들이 가한 폭력으로 인해 수천 명에 달하는 애꿎은 노동자들만 피해를 입었다. 이집트 노동자의 시신이 담긴 수천 개의 관이 바그다드로부터 카이로로 옮겨졌다.[111] 사건을 무마하기 위한 대가로 얼마만한 액수가 이집트 측에 제공되었는지는 아무도 모른다. 병든 이라크 사회의 모습은 베일에 싸인 채로 남았다.

이라크 정세는 계속 요동쳤다. 북쪽에서는 쿠르드인 그리고 남쪽에서는 시아파가 끊임없이 폭동을 일으켰다. 곧 무언가 더 큰 일이 벌어질 것 같은 분위기가 조성되어 갔다. 더욱 심각한 것은 이라크의 재정 형편이었다. 전쟁 초 후세인은 약 3백억 달러의 현금을 보유하고 있었는데 전쟁말기가 되자 1천억 달러 이상의 빚으로 변했다. 가히 상전벽해(桑田碧海)식이다. 빚 중의 절반은 페르시아 만 국가들에게 진 것이나 이밖에도 서방에 350억 달러, 소련에 110억 달러의 빚이 있었다. 쿠웨이트와 사우디로부터 무상으로 석유를 얻고 있었음에도 불구하고 양국에게 진 빚이 400억 달러에 달했다. 아랍 국가들은 이 빚을 받을 수 없다는 사실을 잘 알고 있었다. 한 외교관에 의하면 사우디는 더 이상 차관을 장부에 기재도 않고 있는 것으로 알려졌다. 후세인도 물론 이 빚을 갚을 생각이 없었다. 이라크가 아랍의 대표로 이란과 큰 전쟁을 치렀기 때문에 빚을 갚기는커녕 이라크를 보다 많이 지원해주는 것이 도리라고 생각하고 있었다.

그러나 쿠웨이트의 태도는 좀 달랐다. 쿠웨이트는 전쟁이 끝난 후 이라크가 영토 문제를 꺼내거나 또는 더 많은 돈을 내라는 요구를 되풀이할 때마다 빚 문제를 협상 카드로 번번이 제시했다. 쿠웨이트는 이라크의 압력에 익숙해져 있었다. 이라크-쿠웨이트 국경분쟁이 50년 이상 간헐적으로 지속되어왔기 때문이다. 후세인은 쿠웨이트의 태도를 모욕적인 것으로 받아들였다. 쿠웨이트가 좋은 카드라고 생각했던 것이 오히려 화를 불렀다. 결과론적이지만 쿠웨이트가 보다 조심스러운 태도로 나왔더라면 이라크의 침략을 막았거나 아니면 최소한 지연시킬 수는 있었을 것으로 보는 견해가 많다.[112]

이라크는 세상에서 가장 오래된 고대 메소포타미아 문명의 중심지이다. 원시 문명시대까지 9천 년을 거슬러 올라갈 수 있으며 문자로 기록된 역사시대도 5천 3백 년 전부터 시작되었다. 쿠웨이트는 이라크에 비하면 역사라고 할 수도 없다. 18세기 중엽 중앙 아라비아의 나지 지방으로부터 사바 족이 물을 찾아 옮겨온 것으로부터 쿠웨이트 역사가 시작된다. 사바 족은 현재의 쿠웨이트 시에 정착한 후 조그만 요새를 구축했다. 쿠웨이트라는 이름은 페르시아 만 일대에서 요새를 칭하는 쿠트kut라는 단어에서 유래한다. 요새 주위에 생겨난 도시들은 어업과 진주채취, 그리고 무역으로 생활했다. 이들이 사용했던 '다우'라는 조그만 범선은 화물을 싣고 한때는 멀리 서아프리카까지 항해하곤 했다. 쿠웨이트는 제1차 세계대전까지 오스만 지배하에 있었고 행정구역으로는 바스라에 속했으니 이라크의 일부였다. 그러나 실질적 지배자인 사바 족이 오스만, 영국, 사우드 가문 등을 서로 견제하도록 조종함으로써 어느 정도 독립성을 유지할 수 있었다. 제1차 세계대전 후에도 계속 영국의 보호령이었던 쿠웨이트는 1961년에 독립하게 된다.

제1차 세계대전 중 영국과 프랑스가 밀약을 통해 임의로 국경을 정함으로써 이라크는 좁은 통로를 빼놓고는 거의 육지로 둘러싸인 나라로 남게 되었다. 페르시아 만과 접하고 있는 이라크의 해안선은 40킬로미터 정도에 불과했다. 바다로 향하는 유일한 통로는 샤트 알 아랍 강 뿐이다. 샤트 알 아랍은 유프라테스 강과 티그리스 강이 하류에서 합류하여 만들어진 강이다. 그렇기 때문에 이라크의 해안 통로는 언제든지 막힐 수 있는 위험에 처해있었다. 바로 인근에 이란이라는 강력한 국가가 있음을 감안할 때 이는 치명적인 안보상의 약점이었다. 그와는 대조적으로 바다 쪽에 붙어 있는 쿠웨이트는 190킬로미터의 해안선과 그 일대에서 가장 큰 천연 항구를 소유하고 있다. 그러므로 이라크가 남쪽의 조그만 이웃나라를 탐내는 것은 전혀 놀라운 일이 아니다.[113] 사실 이라크는 틈만 있으면 쿠웨이트에게 시비를 걸었다. 쿠웨이트와 이라크의 국경은 1932년 이라크의 독립으로 확정됐다. 그러나 이라크는 국경이 확정된 후에도 쿠웨이트 해안의 섬들을 사용할 권리가 있다고 주장했으며 나중에는 영유권을 주장하기 시작했다. 이는 명백히 페르시아 만 쪽으로 진출하려는 야심을 드러낸 것이다. 이라크는 특히 국경지대에 있는 루마일라 유전에서 쿠웨이트가 막대한 양의 원유를 불법 채굴했다고 주장하면서 이에 대한 보상을 요구했다. 영토와 석유에 대한 이라크의 요구가 거세지면서 양국 간의 관계는 긴장 국면으로 접어들게 된다.

이라크와 쿠웨이트는 뚜렷이 구별된다. 이라크는 지리적 위치와 역사적인 배경으로 인해 내정에 전념하는 경향이 있고 의심이 많다. 시아파의 중심국가로 종교성이 강하고 이상과 명분에 따라 움직이는 성향이 있다. 이와는 대조적으로 쿠웨이트는 상업 위주의 실리적인 국가이며 종교성이 약하고 글로벌리즘을 표방한다. 중동에서 보기 드물게 소비 지향적인 국가이기도 하다. 1980년대 들어 이라크가 화학무기 등 각종 무기를 개발하고 있는 동안 쿠웨이트는 아랍에서 최초로 증권거래소를 열었다. 이란과 오랜 전쟁을 치르면서 신무기 개발에 혈안이 된 이라크가 핵무기와 첨단 미사일 부품을 구하기 위해 여러 나라에 위장회사를 설립하고 있는 동안 쿠웨이트는 수상 스키와 쇼핑을 즐겼다. 재정이 말라버린 이라크는 외국노동자를 데려올 수도 없었으나 풍족한 쿠웨이트는 많은 외국노동자를 받아들였다.[114]

쿠웨이트의 지배자 사바 족은 1756년부터 아랍 전통에 따라 협의를 통해 국가를 통치해왔다. 사바 족의 온건한 통치는 주변 아랍국가에게 모범이 될 정도로 평화롭고 안정적이었다. 쿠웨이트는 군국주의와는 거리가 먼 국가이다. 군인이 아니라 상인이 운영해온 온정과 아량이 있는 국가이다. 그러나 단순히 쿠웨이트를 보호하기 위해 미국이 페르시아 만에 군대를 파견한 것은 아니다. 미국의 판단은 언제나 냉철했다. 어디까지나 자국의 이익을 최우선에 두었다. 부시 대통령은 한 때는 친구처럼 여겼던 후세인이 미국의 에너지 수급에 있어서 중요한 지역에 평지풍파를 일으키자 행동으로 나섰다. 미국의 행동은 전략적이고 계산된 것이다.

쿠웨이트도 중요하지만 미국에게 보다 중요한 나라는 사우디 아라비아였다. 사우디와 쿠웨이트 그리고 이라크의 석유매장량을 모두 합치면 당시 세계매장량의 40%를 차지했으며 그 중 사우디의 생산량이 압도적으로 높았다. 만일 이라크가 사우디를 공격한다면 어떻게 해야 하는가? 이것이 당시 미국의 화두였다. 그러나 미국 내 분석가들은 이러한 가정을 비현실적인 것으로 보았다. CIA나 국방부는 모두 이라크의 사우디 침공 가능성을 제로로 보았으며 결과적으로 이들의 추측이 옳았다. 이란과 전쟁을 벌이기 전처럼 후세인은 쿠웨이트에 대한 역사적인 권리를 강조하면서 요란한 선전공세를 벌였다. 사우디에 대해서는 별다른 움직임을 보이지 않았다.

쿠웨이트를 침공하기 불과 8일 전인 7월 25일 미 대사 에이프릴 글래스피April Glaspie는 이라크의 요청으로 후세인과 만났다. 그녀가 단독으로 후세인을 만나기는 1988년 말 부임 이래 처음이었다. 워싱턴으로 발송한 그녀의 전문(電文)에 의하면, 후세인은 자신을 걸프 국가를 보호하기 위해 이란과 맞서 싸운 투사로 묘사했다고 한다. 그러면서 자신은 일주일 동안 1만 명의 병력을 잃고도 눈 하나 깜짝하지 않고 또 병력을 투입했으며 그 다음 주에 다시 1만 명을 잃었다고 말했다. 그러나 자칭 불굴의 투사라는 후세인은 자신이 전쟁을 일으킨 장본인이라는 사실은 언급하지 않았다. 그에게 중요한 것은 사막의 왕정국가들을 이란으로부터 보호하기 위해 이라크 병사들이 피를 흘리고 목숨을 잃는 대가로 걸프 국가의 국민은 평화로운 생활을 즐길 수 있었다는 사실이다. 후세인은 회담이 있을 때마다 그 점을 반복적으로 강조했다. 사실 걸프 국가들이 무임승차한 것은 아니다. 그들은 전쟁 중 후세인의 요청에 따라 돈과 석유와 무기를 지원했다. 문제는 후세인이 그들의 지원이 충분치 않았다고 평가한 데 있다. 종전 후 후세인은 여러 경로를 통해 걸프 국가들의 기여가 불충분했던 것에 대한 불평과 분노를 늘어놓았다.

후세인은 쿠웨이트 침공 직전 걸프 국가들에게 끊임없이 돈을 요구했던 것으로 보인다. 걸프 국가들이 그에게 충분한 돈을 줬더라면 쿠웨이트 침공은 없었을까? 알 수는 없지만 그럴 가능성은 높았다. 당시 후세인은 매우 궁핍했기 때문이다. OPEC회의를 한 달 앞둔 1990년 6월말 이라크의 고위 관리 사둔 하마디가 쿠웨이트와 다른 토후국들을 순방했다. 명목상 그의 순방 목적은 OPEC 산유 쿼터를 낮춰 유가를 인상할 수 있도록 아랍 국가들의 결속을 도모하려는 것이었다. 그러나 진심은 다른 데 있었다. 그는 각국을 순방하면서 1백억 달러를 모아오라는 후세인의 지시를 전달했다고 한다. 미션을 관철하기 위해 꼼꼼한 하마디는 외교적 의전을 무시한 채 이라크 측이 조사한 쿠웨이트의 재산목록을 제시했다. 쿠웨이트가 원조를 주기에 충분한 재력이 있음을 지적하기 위한 것이다. 그러나 쿠웨이트는 요지부동이었다. 이라크 측이 보기에 모욕적인 5억 달러라는 하찮은 금액을 제의했던 것이다.[115]

후세인이 돈을 밝히고 있다는 사실을 일찌감치 파악한 사람은 바그다드에 상주한 글래스피 대사였다. 그녀는 워싱턴에 보내는 전문에서 '돈 카드'의 활용 가능성을 여러 번 보고했다. 글래스피는 이라크-쿠웨이트 문제를 다루기 위해 사우디 주재로 제다에서 열릴 회담에 관해 언급했다. 그녀는 이 회담에서 쿠웨이트가 인색하게 나오지 않는 한 군사력 사용은 없을 것이라는 언질을 후세인으로부터 받았다고 보고했다. 후세인과의 마지막 면담을 마치고 난 후 글래스피는 그가 쿠웨이트를 병합하려는 의도는 없고 군사행동은 으름장에 불과한 것으로 보인다는 의견을 달았다. 이라크는 쿠웨이트를 침공하지 않을 가능성이 높고 설사 침공하더라도 분쟁 대상인 영토의 일부나 쿠웨이트 연안 섬들 가운데 하나를 점령하는 정도일 것이라고 확신했다.

1990년 7월 17일 후세인은 대 국민 연설에서 쿠웨이트와 아랍에미리트가 약속과는 달리 석유를 과잉 생산하고 있다고 비난했다. 후세인은 그들이 약속을 지키지 않을 경우 군사적 행동을 취할 것임을 처음으로 경고했다. "말로 안 될 경우 상황을 바로잡고 우리의 권리를 지키기 위해 효과적인 행동에 의존할 수밖에 없다." 연설 직후인 7월 21일 미국 CIA는 이라크가 약 3만 명의 병력을 쿠웨이트 국경으로 이동시켰다고 보고했다. 이라크 병력과 물자의 이동은 계속되었다. 7월 24일 미국은 이에 대한 대응으로 아랍에미리트와의 합동 군사훈련 명목으로 6척의 전함을 걸프 만에 배치했다. 7월 30일 CIA는 쿠웨이트 국경에 집결한 이라크의 군사력이 탱크 3백 대를 비롯 병사가 약 10만 명에 이르렀다고 보고했다. 쿠웨이트와 이라크는 사우디의 주선으로 상호 이견을 조정하기 위해 7월 31일 제다에서 긴급 회동했다. 양측은 회담 결과를 서로 다르게 평가했다. 쿠웨이트 황태자겸 총리인 셰이크 사드 알 압둘라 알 사바는 서로의 이견을 해소할 수 있다는 희망을 갖고 열린 마음으로 회담에 임했다고 말했다. 쿠웨이트 측은 이라크가 일방적으로 분쟁영토의 일부와 석유채굴권을 양도하고 1백억 달러를 내놓을 것을 요구했다고 주장했다. 이에 대해 이라크는 조그만 가게 주인에 불과한 쿠웨이트가 오만하게 굴었다고 비판했다. 어떻든 다음날 새벽 2시 이라크군은 국경을 넘어 6시간 만에 쿠웨이트를 점령했다. 이라크의 전격적인 침공은 쿠웨이트와 미국은 물론 전 세계에 충격을 던졌다. 미국 CIA만이 이라크가 침공할 것이라고 사전에 경고했을 뿐 다른 기관들은 예측하지 못했다.

후세인은 쿠웨이트 침공이 큰 파장을 일으킬 것으로 예상했다. 하지만, 미국이 분노할 것은 확실하나 이란을 견제해야 하므로 자신에게 총을 겨눌 것으로는 생각지 않았다. 그의 판단이 어긋난 것은 서방의 석유시장을 어지럽힌데 대한 미국의 분노와 우려의 강도였다. 후세인은 이란·이라크 전에 이어 다시 한 번 큰 착각에 빠진 셈이 되었다. 1980년에도 후세인은 큰 착각을 범했다. 호메이니의 혁명 후 혼란에 빠진 이란을 침공하면 2주 내에 승리를 거둘 것으로 장담했던 것이다.[116] 하지만 이란 국민의 애국심, 호메이니의 집요함, 이슬람 정권의 견고함 등 핵심적인 요소에 대해서는 판단이 부족했다. 오판했던 후세인이 살아남을 수 있었던 것은 그의 능력 때문이 아니다. 미국 대사관 인질사건으로 인한 충격, 시아 원리주의 정권의 위험성, 그리고 두 고집쟁이 중에서는 그래도 후세인이 더 다루기 쉽다는 서방의 인식 등으로 인해 겨우 살아남을 수 있었던 것이다.

후세인이 쿠웨이트 점령 후 정권의 후계자로 점찍었던 인물은 국왕 자베르 알 아마드 알 사바의 막내 동생 파드 알 아마드 알 사바이다. 하지만 파드 알 아마드는 후세인이 생각했던 것보다 훨씬 애국적인 인물이었다. 그는 이라크가 맹폭을 퍼붓는 중에도 도망치지 않고 왕족이 거주하는 다스만 궁을 지키다가 죽음을 맞이했다. 그러자 후세인은 반정부 성향이 강한 국회의원 아지즈 알 라시드와 거래했으나 실패했다. 후세인은 마지막으로 쿠웨이트 바트당 소속 정치인 파이잘 알 사니와 접촉했다. 하지만 알 사니 역시 아랍의 단결이라는 바트당의 신념을 따르는 인물로써 이라크의 무력 침공을 용납하지 않았다.[117] 이로써 후세인은 쿠웨이트의 신정부 구성 계획에서 완벽한 실패를 경험했다.

1991년 3월 3일 사프완의 사막 마을에 친 텐트 안에서 노먼 슈워츠코프Norman Schwarzkopf 미 장군과 사우디의 하리드 빈 술탄 장군은 이라크군 대표인 술탄 하심 아마드 장군과 살라 아비드 모하메드 장군의 항복을 받아들였다. 다국적군은 이미 이라크 깊숙이 들어왔지만 바그다드를 향한 진격을 중단한 채 군사 행동을 멈췄다. 이라크가 서명한 항복 문서에는 유엔의 모든 결의를 수용한다는 내용이 포함되었고 다국적군은 이른 시일 내 철수를 약속했다. 사막의 폭풍Desert Storm 작전은 이미 완벽한 성공을 거두었으므로 연합군은 더 이상 피해를 원치 않았다. 이제 전쟁의 원흉인 후세인을 처리하는 문제만 남았다. 그러나 부시 대통령은 구체적인 입장을 밝히지 않았다. 1990년 10월 11일 부시 대통령은 "우리 모두는 사담 후세인이 제거되기를 바라고 있다. 이를 위해 이라크 국민이 무엇인가 해주기를 원한다."라고만 말했을 뿐 그 후로는 아무 말이 없었다.

항복문서에 서명한 지 이틀 후인 3월 5일 이라크 남부 시아파는 공개적으로 폭동을 일으켰다. 곧 이어 쿠르드도 이 반란에 가담했다. 모두 예상되었던 일이었다. 시아파와 쿠르드는 후세인의 숙적이기 때문이다. 이라크군의 사기는 최악이었고 반군의 사기는 최상이었다. 이라크 영토의 60% 이상이 반군의 손에 들어갔다. 그러나 반군의 최종 승리 여부는 다국적군에 달려있었다. 만일 다국적군이 이때 반군을 지원했더라면 아마도 사담 후세인은 끝장이 났을 것이다. 그러나 다국적군은 반군을 지원하지 않았고 사태 개입을 거부했다. 부시는 시아파가 이라크를 장악하는 것에 우려를 가지고 있었다. 이란과의 연계 가능성 때문이다. 후세인은 침착했고 결코 당황하지 않았다. 후세인은 차례차례 반란을 진압하면서 정상을 회복했다. 반군은 미국을 의식하고 있는 이란의 지원을 얻을 수 없었고 조직력에 있어서도 정규군을 보유한 후세인에게 상대가 되지 못했다.

바그다드와 바스라에는 시아파 빈민가들이 대규모로 밀집되어 있

미군의 공격으로 부서진 이라크 탱크.

으며, 이라크 남부 시골은 시아파의 본고장이다. 유프라테스 강과 티그리스 강이 만드는 습지대는 시아파에게 매우 훌륭한 피난처였다. 제1차 세계대전 중 약 2만 3천 명의 영국인이 이곳에서 목숨을 잃었다. 영국정부는 그들의 희생을 기리기 위해 묘지를 조성했다. 습지대에 만든 묘지라 비석은 늘 진흙탕 물속에 반쯤 잠겨 있었다. 전쟁 당

미군의 바그다드 입성.

시 '알 다와 엘 이슬라미야(Al Dawa El-Islamiyah: 이슬람의 목소리)'라고 불리는 시아파 저항군은 이곳 묘지 위에 자라난 갈대밭에 숨어 영국 군 정찰기의 눈을 피했다. 그들은 용감하고 지략이 있는 전사로서 죽음을 두려워하지 않았다. 전사들의 힘의 원천은 신앙이었다. 코란에서 외치는 지하드의 부름에 응답한 것이다. 그러한 전통을 이어받은 시아파 반군은 이번에도 용감히 싸웠으나 외부 지원 없이 후세인의 정규군에게 승리하는 것은 불가능했다.[118] 이라크 내전 중 남부 시아파 지역에서만 5만~30만 명이 희생되었다.

패전 후 후세인을 견제하는 일은 주로 유엔이 맡았다. 비행금지구역이 설정되고 엄격한 경제제재가 시행되었다. 1991년 4월 18일 이라크의 대량파괴무기와 탄도미사일을 제거하기 위해 유엔특별위원회(UNSCOM：United Nations Special Commission)가 발족되었다. 유엔특별위원회는 비엔나에 본부를 둔 국제원자력기구 IAEA와 함께 이라크가 감추고 있는 모든 대량파괴무기와 미사일을 찾아내어 폐기하는 임무를 부여받았다. 유엔의 경제제재로 이라크 국민의 고통은 점점 가중되었다. 1991년 8월 유엔은 이라크 국민이 겪고 있는 고통을 덜어주기로 했다. 이라크가 연 20억 달러 상당의 원유를 팔아 식량과 의약품을 구할 수 있도록 승인한 것이다. 이것이 바로 'Oil for Food'프로그램의 시작이다.

후세인은 여러 차례 유엔특별위원회의 활동을 방해했으나 대량파괴무기 개발의 증거는 이곳저곳에서 드러났다. 그러나 이라크는 여전히 많은 것을 감추고 있었다. 스웨덴 출신의 에케우스에 이어 호주 출신의 리처드 버틀러가 유엔특별위원회 단장을 맡았다. 강성인 버틀러가 단장이 되면서 이라크 정부와의 충돌이 더 늘어났다. 유엔특별위원회의 활동과 'Oil for Food' 프로그램은 양측의 실랑이 속에서도 지속되었다. 이라크의 대량파괴무기를 에워싼 유엔과 이라크의 신경전은 마치 술래잡기놀이와 비슷했다. 이러한 과정에서 이라크가 말을 듣지 않을 때마다 미국은 간헐적으로 이라크를 폭격했다.

대량파괴무기 개발과 후세인의 최후

'바빌론 작전Operation Babylon'은 순식간에 끝났다. 1981년 6월 7일 황혼 무렵 이스라엘 공군의 F16과 F15 전폭기들이 갑자기 나타나 이라크가 가장 소중히 여기는 프랑스 기술로 건설한 원자로를 완전히 파괴했다. 이 원자로의 이름은 '오시라크Osirak.' 고대이집트의 죽음의 신 '오시리스'에서 따온 이름이다. 이스라엘 공군기들은 초 저공으로 요르단과 사우디 영공을 거쳐 바그다드 근교에 있는 '알 투와이타' 핵 연구소에 도착했다. 프랑스제 지대공미사일 롤랑이 핵시설을 방어하고 있었지만 무용지물이었고 대공포 사격도 아무런 효과가 없었다. 이스라엘 전폭기들은 원자로의 황갈색 콘크리트 돔을 타이머가 부착된 14발의 폭탄으로 공격했는데 막 가동에 들어가려던 원자로는 이 공습으로 폐허가 되고 말았다. 바빌론 작전에서 이라크 병사 10명과 프랑스인 원전기술자 1명이 사망했으며 이스라엘 측의 손실은 전혀 없었다. 언론인 스티브 와이스만과 허버트 커스니가 이 사건을 극적으로 표현한 바에 따르면, 당시 이스라엘 총리 메나헴 베긴에게 "스위스 시계처럼 정확하게 임무를 완수했다"라는 보고가 올라갔다고 한다.[119]

이스라엘의 기습으로 후세인의 핵무기 개발 계획은 오시라크 핵시설 주변에 흩어진 콘크리트 덩어리처럼 산산조각이 났지만 그는 포기하지 않았다. 1979년 대통령이 된 후세인은 이스라엘의 압도적인 군사력과 핵무기로부터 이라크를 방어해줄 것을 전 세계에 촉구했다. 그는 "평화를 사랑하는 국가들은 이미 이스라엘이 보유하고 있는 핵무기와 균형을 맞추기 위해 아랍 국가들의 핵무기 보유를 지지해야 한다"라고 선언했다. 그러나 그의 호소에 귀를 기울이는 사람은 아무도 없었다. 프랑스가 사우디 자금으로 원자로를 다시 건설하는데 합의했다는 언론보도가 수없이 나왔음에도 불구하고 오시라크는 재건되지 않았다. 그러나 후세인은 그의 목표를 포기하지 않았다. "배부른 인민은 혁명을 꿈꾸지 않는다" 라든가 "행동으로 옮기지 않으려면 위협해서 안 된다"는 평소 믿음대로 후세인은 무기 개발에 대한 투지를 불태웠다. 이스라엘의 오시라크 공습 후 이라크가 취한 후속 조치로 판단할 때 대량파괴무기를 갖지 못하도록 하려는 목표는 오히려 반대되는 결과를 낳았다. 이스라엘의 공습은 한 종류의 군사기술을 한 국가에게만 의존하는 방식으로는 무기를 개발할 수 없다는 교훈을 남겼기 때문이다. 이라크는 발견하기도 어렵고 파괴하기는 더욱 힘든 화학무기와 생물무기 그리고 핵무기로 포괄적인 군사력을 구축할 심산이었다.

오시라크 사건 후 이라크는 단순히 무기만을 구입하는 것이 아니라 자체적으로 대량파괴무기 생산에 필요한 물자와 기술을 획득하는 장기계획을 세웠다. 곧 위장된 회사와 가짜 무역업체들이 만들어졌으며 무기의 부품을 생산하는 유럽의 기업들과 비밀거래가 이루어졌다. 이라크는 필요한 물자와 부품의 목록이 적힌 매우 두툼한 책자를 갖고 있었다. 이란·이라크 전쟁의 와중에서도 바그다드는 이미 또 다른 무기 조립에 열을 올렸다. 후세인은 그가 숭배하는 스탈린의 전략을 무기 개발에도 응용했다. 그 프로젝트에서 후세인이 가장 중요시한 것은 기밀이었다. 유달리 의심이 많았던 스탈린이 만들어낸 기밀 규정은 후세인 밑에서 일하는 사람들뿐만 아니라 무기를 판매한 나라에도 적용되었다. 정보가 언론에 새어나가 공식 발표를 해야 할 때까지 어느 정부도 이라크와의 무기 거래에 대해 언급한 적은 없었다.

이라크 힘의 원천은 석유이다. 바그다드는 필요한 것을 사들일 수 있을 만큼 충분한 석유를 가지고 있기 때문이다. 그러나 무작정 돈으로 모든 것을 사올 수는 없었다. 이라크는 구입한 무기나 시설을 개조하여 성능을 현저히 향상시키는 수완도 발휘했다. 미사일의 사정거리를 연장하고 신형미사일도 개발했는데 이러한 것은 주로 이집트와 아르헨티나의 기술 지원 아래 이루어졌다. 후세인은 세계 전역에 흩어져 있는 아랍의 과학자와 엔지니어들을 데려오는 데 많은 공을 들였다. 최소한 수백 명의 과학자와 기술자들이 이라크로 들어왔다. 후세인은 도착한 과학자와 기술자들이 능력을 발휘할 수 있는 환경을 조성했으며 그들에게 약속했던 특혜를 제공했다. 인재들을 능력에 따라 적절한 부서에 배치했고, 주거에서부터 제공되는 자동차 종류까지 불만이 없도록 신경을 썼다. 그들의 가족이 편안히 지낼 수 있도록 관심을 기울였고 자녀들의 학업 문제도 최대한 배려했다.

후세인은 석유 수입이 국고로 들어가기 전 5퍼센트를 따로 떼어 스위스 은행에 개설한 비밀구좌에 예치했다. 이른 바 통치자금이었다. 1981년 통치자금은 25억 달러에 달하는 거금이 되었다. 후세인은 이 돈을 주로 비밀무기 구입과 개발에 사용했다. 윌리엄 웹스터 전 CIA 국장은 일찍이 탄도미사일과 화학무기 확산을 공개적으로 비판해온 인물이다. 그는 1989년 3월에 행한 연설에서 약 15개국이 자체 탄도미사일 개발을 추진 중인데, 이는 제3세계 국가들의 대량파괴무기 개발이 확산되는 추세와 더불어 세계의 안정을 심각하게 저해할 것이라고 경고했다. 워싱턴이 국가 이름을 밝히지는 않았으나 미 행정부 관리들은 쿠웨이트를 침공하기 훨씬 전부터 이미 이라크를 명단의 상위에 올려놓고 있었다.

이라크가 대량파괴무기 중에서도 화학무기 분야를 중시하고 있다는 증거는 후세인의 사위 후세인 카말이 이 분야를 장악하고 있다는 사실에서 드러났다. 후세인 카말은 그 당시 떠오르는 별이었다. 후세인 카말은 민감한 군사물자를 총괄하는 공업군사부, 즉 MIMI를 맡았다. 후세인은 장녀 라가드를 알 마지드 집안의 자손인 후세인 카말과 결혼시켰다. 그러나 이 결혼은 문제를 일으켰다. 후세인의 이복형제 바라잔이 아들의 신부 감으로 라가드를 원하고 있었던 것이다. 바라잔으로부터 협박당한 카말은 이를 후세인에게 발설했고 화가 난 후세인은 무카바라트의 수장이었던 바라잔을 제네바 대사로 쫓아 보냈다. 1년 후 후세인의 둘째 딸 라나가 후세인 카말의 동생과 결혼함으로써 양 가문은 겹사돈이 되었다. 두 번에 걸친 혼인으로 말미암아 후

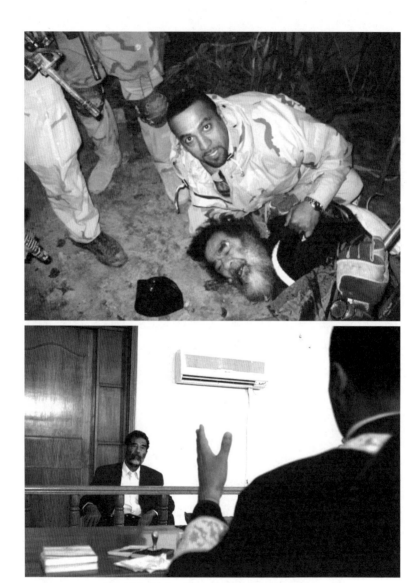

(위) 사담 후세인 체포 장면(티크리트). (아래) 법정에서의 후세인.

세인과 이복형제들 간의 사이가 벌어지게 되었다. 이복형제들 모두 후세인과 사돈이 되기를 간절히 원했기 때문이다.

제1차 세계대전 이후 거의 사용되지 않던 화학무기는 사담 후세인 때문에 다시 들썩이기 시작했다. 화학무기는 바트당의 전통과 관련이 있다. 바트당 지도자들은 예전부터 중금속이나 화학물질로 반체제인 사들을 조용히 제거하곤 했다. 사미르 알 칼릴은 저서 『공포의 공화국』에서 바트당은 1970년대 말 방심하고 있는 죄수들에게 탈륨과 납 등 해독을 끼치는 물질을 장기적으로 음료수에 타서 먹였다고 폭로한 바 있다.[120] 후세인의 총애를 받던 화학무기 책임자 후세인 카말은 처남 우다이와 사이가 벌어져 협박을 당하자 동생과 함께 요르단으로 망명했다. 이로 인해 이라크 내 화학무기 개발의 전모가 밝혀졌다.

카말 형제들은 너무 순진했거나 아니면 판단력이 부족한 사람들이었다. 망명생활이 고달파지자 그들은 1996년 2월 이라크군 장교 제복을 입고 가족과 함께 이라크로 돌아왔기 때문이다. 후세인은 그들이 돌아오기만 하면 죄를 사면하겠다고 했지만 후세인의 말을 믿은 것이 잘못이었다. 귀국한 지 며칠 후 알리 하산 알 마지드가 이끄는 특공대가 그들의 집을 공격했다. 두 변절자와 그들의 아버지, 두 여동생 그리고 아이들이 살해당했고, 그 과정에서 요원 한 명도 죽었다. '빈자(貧者)의 무기' 중 화학무기는 이라크가 직접 사용했으니 말할 것이 없고 또 하나의 무기인 생물무기에 대해서도 관심이 쏠렸다. 물론 이라크는 생물무기 개발 의혹을 펄쩍 뛰며 부인했지만 유엔사찰단이 수집한 증거는 만만치 않았다. 조사 결과에 의하면 이라크가 비밀리에 추진한 생물무기 연구시설이 바그다드 근교의 살만파크에 있는 것으로 밝혀졌다. 이라크 과학자들은 티푸스, 콜레라, 탄저병, 뇌염 등을 일으키는 병균을 무기화하는 방안을 연구해 온 것이다. 그러나 이라크가 화학무기 외에 다른 엄청난 무기를 완성하여 보유하고 있다는 증거는 어디에서도 발견되지 않았다. 후세인이 여러 종류의 대량파괴무기를 갖고 싶어 했던 것은 사실이지만 그러한 무기들이 그의 손으로 들어오지는 않았던 것이다.

후세인은 대량파괴무기를 개발함으로써 서방에 대한 안전판을 만들려고 했지만 그의 계획은 결국 실패로 돌아갔다. 걸프전 패배 후 유엔에 의해 시작된 사찰에 순응하지 않았던 후세인은 일시적으로 미국을 이라크로부터 쫓아내는 데에는 성공했을지 모르지만 결국 그에 대한 대가를 톡톡히 치러야 했다. 조지 부시 대통령은 후세인이 대량파괴무기를 감추고 있다고 판단하여 9.11 이후 이라크를 침공키로 결정했다. 훗날 부시 대통령의 판단은 잘못된 것으로 드러났지만 당시에는 누구도 미국의 결정을 막을 수 없었다. 2003년 파죽지세로 바그다드를 점령한 미군은 땅굴을 파고 은신한 후세인을 찾는데 상당한 시일을 소모해야 했다. 미국은 결국 그를 체포했으며 후세인은 그 후 이라크 법정에서 진행된 재판을 거쳐 형장의 이슬로 사라졌다. 그러나 후세인의 죽음으로 이라크 국민의 시련은 끝나지 않았다. 그의 죽음은 험난한 세월을 살아온 이라크 국민들에게 일말의 위안을 안겨주

는데 불과했다. 미국의 오판으로 시작된 이라크 침공으로 말미암아
비록 후세인은 사라졌지만 이라크 국민의 고통은 아직도 계속되고
있다.

42   하랄트 슈테판, 최경은 옮김, 「아돌프 히틀러」, 서울: 한길사, 1997, 50쪽.

43   아돌프 히틀러, 이명성 역, 「나의 투쟁」, 서울: 홍신문화사, 1991, 31쪽.

44   이언 커쇼, 이희재 역, 「히틀러 I: 의지 1889~1936」, 478-479쪽.

45   이언 커쇼, 이희재 역, 앞의 책, 519-520쪽.

46   이언 커쇼, 이희재 역, 앞의 책, 746쪽.

47   하랄트 슈테판, 최경은 옮김, 앞의 책, 154쪽.

48   이언 커쇼, 이희재 역, 앞의 책, 476쪽, 498쪽.

49   하랄트 슈테판, 최경은 옮김, 앞의 책, 166-167쪽.

50   이언 커쇼, 이희재 역, 앞의 책, 508-510쪽.

51   하랄트 슈테판, 최경은 옮김, 앞의 책, 110-114쪽.

52   이언 커쇼, 이희재 역, 「히틀러 II: 몰락 1936~1945」, 323, 328쪽.

53   이언 커쇼, 이희재 역, 앞의 책, 180쪽.

54   하랄트 슈테판, 최경은 옮김, 앞의 책, 177쪽.

55   이언 커쇼, 이희재 역, 앞의 책, 294쪽, 300-301쪽.

56   이언 커쇼, 이희재 역, 앞의 책, 483-484쪽.

57   이언 커쇼, 이희재 역, 앞의 책, 506쪽.

58   이언 커쇼, 이희재 역, 앞의 책, 629-630쪽.

59   이언 커쇼, 이희재 역, 앞의 책, 680쪽, 694쪽.

60   이언 커쇼, 이희재 역, 앞의 책, 751쪽.

61   이언 커쇼, 이희재 역, 앞의 책, 954쪽.

62   다니엘 마이어슨, 임경민 옮김, 앞의 책, 190-191쪽.

63 수전 캠벨 바톨레티, 손정숙 역, 「히틀러의 아이들」, 서울: 지식의 풍경, 2008, 33-34쪽.

64 이언 커쇼, 이희재 역, 앞의 책, 1018-1019쪽.

65 방기환 등 편역, 앞의 책, 79-80쪽.

66 방기환 등 편역, 앞의 책, 119-120쪽.

67 방기환 등 편역, 앞의 책, 142쪽.

68 방기환 등 편역, 앞의 책, 150-151쪽.

69 다니엘 마이어슨, 임경민 옮김, 앞의 책, 265쪽.

70 방기환 등 편역, 앞의 책, 168쪽.

71 방기환 등 편역, 앞의 책, 69-70쪽.

72 스베틀라나, 민병산 역, 「나의 아버지 스탈린」, 서울: 일신서적출판사, 1993, 145-146쪽.

73 방기환 등 편역, 앞의 책, 217쪽.

74 다니엘 마이어슨, 임경민 옮김, 앞의 책, 269쪽.

75 방기환 등 편역, 앞의 책, 256쪽.

76 스베틀라나, 민병산 역, 앞의 책, 171-172쪽.

77 방기환 등 편역, 앞의 책, 274-280쪽.

78 방기환 등 편역, 앞의 책, 298쪽

79 방기환 등 편역, 앞의 책, 303쪽.

80 방기환 등 편역, 앞의 책, 311쪽.

81 방기환 등 편역, 앞의 책, 315쪽.

82 방기환 등 편역, 앞의 책, 319쪽

83 토머스 후블러, 김기연 역, 「조세프 스탈린」, 서울: 대현출판사, 1993, 148쪽.

84 스베틀라나, 민병산 역, 앞의 책, 251-252쪽.

85 다니엘 마이어슨, 임경민 옮김, 앞의 책, 281쪽.

86 방기환 등 편역, 앞의 책, 333-334쪽.

87 주디스 밀러, 로리 마일로이, 신영수 역. 앞의 책 36쪽

88 사이드 아부리쉬, 박수철 옮김, 앞의 책, 61쪽.

89 다니엘 마이어슨, 임경민 옮김, 앞의 책, 304쪽.

90 다니엘 마이어슨, 임경민 옮김, 앞의 책, 296-297쪽.

91 주디스 밀러, 로리 마일로이, 신영수 역, 앞의 책, 48-49쪽.

92 주디스 밀러, 로리 마일로이, 신영수 역, 앞의 책, 66-68쪽

93 주디스 밀러, 로리 마일로이, 신영수 역, 앞의 책. 70쪽

94 주디스 밀러, 로리 마일로이, 신영수 역, 앞의 책, 71쪽.

95 주디스 밀러, 로리 마일로이, 신영수 역, 앞의 책, 73-74쪽.

96 주디스 밀러, 로리 마일로이, 신영수 역, 앞의 책, 76-77쪽, 80쪽.

97 주디스 밀러, 로리 마일로이, 신영수 역, 앞의 책, 82-83쪽.

98 주디스 밀러, 로리 마일로이, 신영수 역, 앞의 책, 40쪽.

99 주디스 밀러, 로리 마일로이, 신영수 역, 앞의 책, 92쪽.

100 주디스 밀러, 로리 마일로이, 신영수 역, 앞의 책, 98쪽

101 주디스 밀러, 로리 마일로이, 신영수 역, 앞의 책, 100쪽.

102 주디스 밀러, 로리 마일로이, 신영수 역, 앞의 책, 102-103쪽.

103 사이드 아부리쉬, 박수철 옮김, 앞의 책, 178쪽.

104 주디스 밀러, 로리 마일로이, 신영수 역, 앞의 책, 52-54쪽.

105 주디스 밀러, 로리 마일로이, 신영수 역, 앞의 책, 55쪽.

106 주디스 밀러, 로리 마일로이, 신영수 역, 앞의 책, 43-45쪽.

107 사이드 아부리쉬, 박수철 옮김, 앞의 책, 315-316쪽.

108 주디스 밀러, 로이 마일로이, 신영수 역, 앞의 책, 46-48쪽.

109 주디스 밀러, 로리 마일로이, 신영수 역, 앞의 책, 139쪽.

110 주디스 밀러, 로리 마일로이, 신영수 역, 앞의 책, 156쪽.

111 다니엘 마이어슨, 임경민 옮김, 앞의 책, 328쪽.

112 주디스 밀러, 로리 마일로이, 신영수 역, 앞의 책, 21쪽

113 주디스 밀러, 로리 마일로이, 신영수 역, 앞의 책, 202-204쪽

114 주디스 밀러, 로리 마일로이, 신영수 역, 앞의 책, 207-208쪽.

115 주디스 밀러, 로리 마일로이, 신영수 역, 앞의 책, 26쪽

116 주디스 밀러, 로리 마일로이, 신영수 역, 앞의 책, 33쪽

117 사이드 아부리쉬, 박수철 옮김, 앞의 책, 536쪽.

118 다니엘 마이어슨, 임경민 옮김, 앞의 책, 316쪽.

119 주디스 밀러, 로리 마일로이, 신영수 역, 앞의 책, 163쪽.

120 주디스 밀러, 로리 마일로이, 신영수 역, 앞의 책, 170-172쪽.

참고문헌

구종서, 「칭기즈칸에 관한 모든 지식」, 파주: 살림출판사, 2008.

다니엘 마이어슨, 임경민 옮김, 「폭군들」, 서울: 이마고, 2005.

마이클 우드, 남경태 옮김, 「알렉산드로스, 침략자 혹은 제왕」, 서울: 중앙 M&B, 2002.

방기환 등 편역, 「세계인물대회고록: 스탈린」, 서울: 한국출판공사, 1989.

사이드 아부리쉬, 박수철 옮김, 「사담 후세인 평전」, 서울: 자전거, 2003.

수전 캠벨 바틀레티, 손정숙 역, 「히틀러의 아이들」, 서울: 지식의 풍경, 2008.

스베틀라나, 민병산 역, 「나의 아버지 스탈린」, 서울: 일신서적출판사, 1993.

아더 웨이고올, 김기웅 역, 「알렉산더 대왕」, 서울: 정음문화사, 1983.

아돌프 히틀러, 이명성 역, 「나의 투쟁」, 서울: 홍신문화사, 1991.

이두성 편저, 「초원에 뜨는 별: 칭기즈칸가의 영광」, 서울: 이목구비사, 1996.

이삭 도이쳐, 정홍진·유완식 공역, 「스탈린」, 서울: 한림출판사, 1972.

이언 커쇼, 이희재 역, 「히틀러 I: 의지 1889~1936」, 서울: 교양인, 2010.

이언 커쇼, 이희재 역, 「히틀러 II: 몰락 1936~1945」, 서울: 교양인, 2010.

잭 웨더포드, 정영목 옮김, 「칭기즈칸, 잠든 유럽을 깨우다」, 파주: 사계절출판사, 2005.

주디스 밀러, 로리 마일로이, 신영수 역, 「사담 후세인의 대야망: 페르시아만의 위기와 그 진상」, 서울: 경향신문사출판제작국, 1991.

토머스 후블러, 김기연 역, 「조세프 스탈린」, 서울: 대현출판사, 1993.

피에르 브리앙, 홍혜리나 옮김, 「알렉산더 대왕」, 서울: 시공사, 1995.

하랄트 슈테판, 최경은 옮김, 「아돌프 히틀러」, 서울: 한길사, 1997.

해럴드 램, 문선희 옮김, 「칭기즈칸」, 서울: 대성닷컴, 2003.

Amy Chua, 「Day of Empire」, New York: Anchor Books, 2009.

Con Coughlin, 「Saddam: King of Terror」, New York: HarperCollins Publishers, 2002.

Guy MacLean Rogers, 「Alexander: The Ambiguity of Greatness」, New York: Random House, 2005.

Jack Weatherford, 「Genghis Khan and the Making of the Modern World」, New York: Random House, 2005.

John Toland, 〈The Rising Sun: The Decline and Fall of the Japanese Empire, 1936-1945〉, New York: The Modern Library, 2003.

Mary Renault, 「The Nature of Alexander」, New York: Pantheon Books, 1975.

Nemir Kirdar, 〈Saving Iraq: Rebuilding A Broken Nation〉, London: Phoenix, 2010.

Partha Bose, 〈Alexander the Great's Art of Strategy〉, New York: Gotham Books, 2003.

Richard Overy, 〈The Dictators: Hitler's Germany, Stalin's Russia〉, New York: W. W. Norton & Company, 2004.

Simon Sebag Montefiore, 「Stalin: The Court of the Red Tsar」, London: Weidenfield & Nicolson, 2003.

T. C. F. Hopkins, 「Empires, Wars, and Battles」, New York: Tom Doherty Associates, 2007.

Waldemar Heckel, 「The conquests of Alexander the Great」, New York: Cambridge University Press, 2008.

George Packer, 〈The Assassins' Gate: America in Iraq〉, New York: Farrar, Straus and Giroux, 2005.

여타 인터넷 자료

통치와 광기

2017년 7월 7일 초판 1쇄 인쇄
2017년 7월 15일 초판 1쇄 발행

지은이 류광철
펴낸곳 도서출판 **말글빛냄**
펴낸이 한정희
주소 파주시 회동길 445-1 경인빌딩 B동 4층
전화 02-325-5051 팩스 02-325-5771
홈페이지 www.wordsbook.co.kr
등록 2004년 3월 12일 제313-2004-000062호
ISBN 979-11-86614-07-5 03900
가격 18,000원